Klaus Beyer

Eigentlich wollte ich nur ein Jahr bleiben …

Erinnerungen, Episoden, Gedanken
aus vierzig Jahren Berufsleben
im westerzgebirgischen Uranerzbergbau
der SAG/SDAG Wismut

Man sagt den Bergleuten nach, dass sie nach längerer Zeit eine Hassliebe zu ihrem Beruf entwickeln – das stimmt wahrscheinlich, denn obgleich ich nun schon mehr als fünfzehn Jahre nicht mehr im Bergwerk arbeite, verweile ich mit meinen Gedanken noch oft in meiner Arbeitswelt und blättere gern in den Unterlagen, die mir aus diesen Jahren geblieben sind. Es tut mir leid, dass mit dem letzten Wismutbergmann aus dem Auer Raum all das Wissen und alle Erfahrungen verschwunden sind, die die Menschen hier gesammelt haben.
Wenn ich daran denke, wie viele Fossilien aufbewahrt, wie viele alte Burgen oder andere Gebäude sorgsam und liebevoll gepflegt, welche Mengen alter Folianten archiviert werden, dann grämt es mich schon, dass die Lebenserfahrungen, die Kenntnisse und die Erlebnisse von Tausenden und Abertausenden Wismutkumpeln so mir nichts, dir nichts vergessen werden sollen.
Reportagen und Berichte von Journalisten, die vielfach erschreckend oberflächlich arbeiten, von Historikern, die unser Berufsleben vom Schreibtisch aus einschätzen wollen und von selbst ernannten Chronisten, die nur kurz im Uranerzbergbau arbeiteten, finde ich bedrückend und würde mich als Bergmann vor meinen ehemaligen Kumpeln schämen, dass ich nichts dazu gesagt habe.
Mir, dem Markscheider, Bergmann und Bergingenieur stehen immer wieder die menschlichen Beziehungen und die technische Entwicklung in diesem „meinen" Bergbaubetrieb vor Augen. Sie geben Kunde davon, dass in den Jahren 1946 bis 1990 engagierte, kluge und fachlich versierte Leute am Werk waren – und an diese, meine Freunde, Kollegen, Genossen, möchte ich ein kleines bisschen erinnern, wenn ich aus meinem Leben erzähle.

Aue, im Jahre 2006

Vorwort

Ich bin jetzt mitten im achten Jahrzehnt meines Lebens und muss feststellen, dass manches, was man im Laufe der Jahre überaus Ernst genommen hat, mit zunehmendem Alter an Bedeutung verliert. Das findet sicherlich auch in meinen Erinnerungen seinen Niederschlag.

Ich weiß, dass die geschichtlichen Rückblicke von Zeitzeugen, ihre Erinnerungen, nur eine bedingte Aussagekraft haben sollen, weil sie zu subjektiv gefärbt sind. Wegen meiner Subjektivität als Zeitzeuge aber werde ich mich mehr oder weniger auf Episoden, auf Erfahrungen, auf Anstoße zum Denken und Handeln in meinem Berufs- und Privatleben beschränken.

Seit meiner Arbeit beim Stadionbau in Aue, seit meinem Start bei der Wismut haben mir die „einfachen" Menschen geholfen. Das sind die Leute, die stets ein Ohr und eine helfende Hand für den Nachbarn, den Freund haben. Ich habe zum Thema Wismut viel gelesen, alles, was mir zufällig in die Hände gefallen ist. Das ist aber sicherlich nur ein Hundertstel (oder weniger) von dem, was gesagt, gefilmt und geschrieben wurde. Dazu gehört zum Beispiel die hervorragende „Chronik der Wismut", Publikationen von Historikern oder selbst ernannten Wismutkennern, Dokumentarfilme über den Uranerzbergbau in der ehemaligen DDR oder aber die Entwicklung und Erprobung von Atomwaffen in aller Welt. Ich lese auch heute noch alles, was ich finde und mache mir mein Bild darüber. Das stimmt nicht unbedingt mit dem gegenwärtig vorherrschenden Bild von der Wismut überein, das vor allem Politiker und einige Journalisten verbreiten.

Noch ein Wort zu dem vielfach strapazierten Terminus „Freiheit": Ich habe mich bei der Wismut nie so unfrei gefühlt, wie man mir das bis heute einzureden versucht und betrachte den Uranerzbergbau in der ehemaligen DDR als eine unter dem Gesichtspunkt des „Kalten Krieges" historisch notwendige Maßnahme.

Dass mein ganzes Berufsleben davon geprägt war, ist wohl eher der menschlichen Trägheit zuzuschreiben. Heute fühle ich mich nicht unbegrenzt frei, nur weil ich die vielen bunten Blättchen mit nackten Mädchen oder Geschichten über die Hautevolee darauf kaufen kann. Mir geht das Schicksal meiner Mitmenschen mehr denn je unter die Haut. Dass man im östlichen deutschen Staat vieles hätte anders machen können, weiß ich nicht erst seit heute. Ich hatte aber wie viele andere nicht den Mut, mir das einzugestehen und etwas dafür oder dagegen zu tun. Das braucht mir aber kein Bürger oder Politiker aus den alten Bundesländern vorzuwerfen, das weiß ich selbst.

Ich habe mich bemüht, in meinen Aufzeichnungen keine ehemaligen Arbeitskollegen und Genossen zu diffamieren und deshalb bewusst auf die Nennung von Namen verzichtet. Es wird trotzdem nicht ausbleiben, dass sich dieser oder jener selbst oder den einen oder anderen Betriebsangehörigen wieder erkennt. Da ich so gut wie alles aus dem Gedächtnis aufgezeichnet habe, war es mir nicht möglich, einzelne zitierte Passagen bestimmten Autoren zuzuordnen. Soweit es mir möglich war, habe ich versucht, einen Quellen- und Bildernachweis zu bringen. Um es nochmals mit aller Deutlichkeit zu sagen: Meine Schreiberei soll keine historisch und fachlich exakte Darstellung sein, sondern wie der Untertitel sagt, eine zwanglose und nicht immer chronologisch richtige und objektive Aneinanderreihung von Erinnerungen, Episoden und Gedanken aus meinen vierzig Berufsjahren im westsächsischen Uranerzbergbau der Staatlichen und späteren Sowjetisch-deutschen Aktiengesellschaft „WISMUT". Dabei nehme ich mir die „Freiheit", einige Ereignisse aus meiner ganz individuellen Sicht hin und wieder zu kommentieren.

Was so bis 1950 passierte

Eigentlich wollte ich nie in meinem Leben in den Bergbau gehen. Das war für mich mit Schmutz, Knochenarbeit und Gefahr verbunden, aber ich ordnete mich den Vorstellungen meiner etwas dominanten Mutter unter. Oberschule, Studium, Promotion und dann vielleicht eine Stelle an einer Universität oder in der Forschung war mein angedachter Werdegang. Überdies hatte meine besorgte Mutter in Gedanken schon eine Professorentochter als zukünftige Frau für mich eingeplant. Deshalb wurde ich nach dem vierten Volksschuljahr 1943 von meinen Eltern auf das ehemalige Friedrich-Nietzsche-Gymnasium im Leipziger Süden geschickt. Es hatte damals gerade den Namen seines bekanntesten Schülers, des U-Boot-Kommandanten und Helden von Scapa Flow Günther Prien erhalten.
Wir jungen Burschen, wir waren alle Pimpfe im Jungvolk, kannten den Lebenslauf des Kapitänleutnants Günther Prien und waren mächtig stolz, auf „sein" Gymnasium gehen zu können. Erst nach Kriegsende haben wir erfahren, dass er zu dieser Zeit bereits mit seiner Mannschaft im KZ Torgau ermordet worden war. Auch unsere Lehrer bemühten sich, diesem großen Vorbild gerecht zu werden.
Ich konnte erst fünf oder sechs Wochen nach Schulbeginn 1943 am Unterricht teilnehmen. Eine etwas missglückte Blinddarmoperation hatte mich viel länger als üblich ans Krankenhaus gefesselt. Mir war der Schulbetrieb an einem Gymnasium vollkommen fremd, ich kannte weder meine Mitschüler noch die Lehrer, die im Gegensatz zur Volksschule mit akademischen Titeln angeredet werden mussten. Eine der wenigen Erinnerungen an diese Zeit ist ein mächtiges Donnerwetter, das über mich hereinbrach, als ich beim morgendlichen Appell mit einer kurzen Kopfbewegung meine Haare nach hinten warf. Ich wurde vor der Klasse so abgekanzelt, dass ich mir überlegte, ob ich nicht durch mein defätistisches Benehmen den Endsieg in Frage gestellt hätte. Der für diese Standpauke verantwortliche Lehrer war nicht in der NSDAP und deshalb nach 1945 wieder im Sinne der neuen Gesellschaftsordnung tätig, während man weniger scharfmacherische Pädagogen, die Mitglieder der NS-Partei waren, gleich nach Kriegsende gefeuert hatte. So traf ich bei einem Besuch unseren Mathematiklehrer, einen stets freundlichen Menschen, der keiner Fliege etwas zu Leide tun konnte und es verstanden hatte, uns für die Mathematik zu begeistern, beim Topfflicken an. Er war irgendwann einem braunen Rattenfänger auf den Leim gegangen und in die NSDAP eingetreten.
Beim ersten großen Bombenangriffe auf Leipzig am 4. Dezember 1943 war unser Haus zerstört worden, „ausgebombt", wie das im Volksmund hieß. Wir siedelten

ins Vogtland in die Musikstadt Markneukirchen im Vogtland um und erlebten dort den Einmarsch der amerikanischen Truppen. Den Einzug der sowjetischen Armee mit Panjewagen, Pferdegespannen und Fahrrädern sahen wir im Juli 1945 bereits wieder in Leipzig.

Das Stammgebäude unserer ehemaligen „Günther-Prien-Schule" war am 4. Dezember 1943 zerstört worden und der Unterricht fand bis 1947 irgendwo in der Stadt in einem Ausweich-Domizil statt. Danach wurden wir restlichen Schüler auf die Oberschulen in Leipzig verteilt. Den letzten Abschnitt der Schulzeit verbrachte ich auf der Petri-Schule in der Sidonienstraße. Unsere Abiturklasse bestand aus sechzehn Schülern. Darunter war ein Mitschüler, der vor seiner Einberufung in den frühen vierziger Jahren das Notabitur gemacht hatte und an die Ostfront musste. Nun sollte er zur Aufnahme eines Studiums einen regulären Abschluss nachweisen und fand sich zwischen uns Jünglingen wieder. Er war uns jungen Spunden durch sein Alter, seine Lebenserfahrung und Kriegserlebnisse weit überlegen. Er schwärmte nicht von Heldentaten und vom Heldentod, sondern erzählte von Angst und Schrecken an der Front, von Kameraden, die gleichaltrig neben ihm gefallen waren. Von ihm erfuhren wir, dass der Bombenhagel in unseren Großstädten, etliche von uns hatten bei den angloamerikanischen Luftangriffen auf Leipzig wie unsere Familie alles verloren, tatsächlich nur

Bild 1 – Unsere Oberprima von der Petri-Schule in Leipzig 1949

Episoden gewesen waren und er an der Front immer in Lebensgefahr geschwebt hatte. Seine Berichte prägten uns so nachhaltig, dass für uns die Antikriegspropaganda der Sozialistischen Einheitspartei auf durchaus günstigen Boden fiel. Andererseits hatten wir aber insofern in dieser Zeit das Glück, dass die Einflussnahme durch diese Partei noch nicht so ausgeprägt war wie später. Wir wurden mit politischer Propaganda und Agitation bis zum Abitur ziemlich in Ruhe gelassen.

Wir hatten an diesen Gymnasien oder Oberschulen, wie sie nach 1945 hießen sehr gute Lehrer, die bereits in Vorkriegs- und Kriegszeiten unterrichtet und etwas von den alten „Paukern" an sich hatten. Das Arbeitstempo war hart und man musste sich ernsthaft bemühen, wenn man dem Unterricht folgen wollte. Ich habe noch bei meinem Fernstudium in den sechziger Jahren in den naturwissenschaftlichen Fächern von meinem Oberschulwissen gezehrt. Um 1948 herum hatte unser Chemielehrer, ein studierter Mediziner, mein Interesse für die Chemie im Allgemeinen und die Arzneimittelchemie im Besonderen geweckt. Er hatte eine Arbeitsgemeinschaft gegründet, und wir sechs, acht Interessenten durften nach Herzenslust im Schullabor hausen. Außerdem hatte er uns Zutritt zu einem Berufsschullaboratorium verschafft, dessen hervorragende Ausrüstung einschließlich einiger seltener Chemikalien – es gab sogar Uransalze – die Bombenangriffe und die Kriegswirren in Leipzig überlebt hatte. Dieses erwachte Interesse war der Grund, weshalb ich mich im Frühjahr 1950 vor dem Abitur an der Universität Leipzig für ein Chemiestudium bewarb.

Da mein Vater als Finanzangestellter nach der so genannten Machtübernahme der Nazis im Mai 1933 in die Partei eingetreten war, wurde mein Studienantrag ohne große Begründung abgelehnt. Ich weiß heute nicht einmal mehr, ob ich einen Bescheid darüber erhielt. Ich stand mit dem Abiturzeugnis, ohne Beruf und mit den wenigen Pfennigen Taschengeld, die mir meine Eltern geben konnten, da und musste mich nach einer Arbeit umsehen. Handwerkliche Fertigkeiten hatte ich nicht und so kam mir die Werbung für den Stadionbau in Aue recht gelegen.

Natürlich gab es zu Hause viele Diskussionen, denn die Propaganda der westlichen Medien malte das Erzgebirge als ein Schreckenskabinett aus. Besonders taten sich dabei der Westberliner „Telegraf" und der RIAS, „die freie Stimme der freien Welt", mit Horrormeldungen hervor. Seit dieser Zeit finde ich manche Journalisten, vor allem die, die ich 1989/90 kennen lernte, so unerhört sympathisch.

Beim Stadionbau

Anfang Juli 1950, es muss der 3. oder 4. gewesen sein, setzte ich mich, wenige Tage nach meinem neunzehnten Geburtstag, mit einer zweisprachigen Bescheinigung des Arbeitsamtes in den Zug nach Aue. Die erste Überraschung kam in Wiesenburg, kurz hinter Zwickau. Mit viel Gepolter kamen sowjetische Soldaten, das Gewehr mit aufgepflanztem Bajonett auf dem Rücken, in die Wagen gestürmt und verlangten: „Пропуск" (Ausweis).

Bild 2 – Das Gebäude, in dem 1950 das Arbeitsamt in Aue untergebracht war. In der DDR wurde es später als Lehrlingswohnheim für den Kreisbaubetrieb genutzt. Nach der Wende war dort die Zulassungsstelle für Kraftfahrzeuge des Landratsamtes Aue bzw. Aue-Schwarzenberg. Jetzt haben in dem Gebäude mehrere Firmen ihre Geschäftsräume.

Für meine Mitreisenden war das keine Besonderheit. Sie kannten dieses Ritual, hielten ihren braunen Wismutausweis hin und nahmen kaum Notiz von der Kontrolle. Ich war etwas erschrocken, hatte aber mit meiner Bescheinigung vom Arbeitsamt Leipzig überhaupt keine Probleme. Auf dem Arbeitsamt in Aue gleich in der Nähe des Bahnhofs, wo ich mich pflichtgemäß meldete, wies man mir den Weg zum Stadion.

In einer wackligen Baracke, die man in dem Baustellenchaos erst einmal finden musste, war die Bauleitung untergebracht. Ich wurde der Betonbrigade für das Schwimmbecken zugeteilt. Die Bauarbeiterunterkünfte befanden sich ebenfalls in Baracken mit 8- bis 10-Mann-Zimmern, die im Lößnitztal aufgestellt waren.

Die Schichten gingen von 8 bis 20 Uhr und von 20 bis 8 Uhr. Mir tun heute noch

alle Glieder und vor allem die Hände weh, wenn ich an meine ersten Arbeitstage denke. In der Baukolonne, der man mich zugeteilt hatte, war bestimmt niemand besonders erfreut, am wenigsten der Polier, dass man ihnen so einen verweichlichten Oberschüler in die Truppe gesteckt hatte, der nicht einmal eine Schaufel richtig halten konnte. In der ersten Woche habe ich meine zwölf Stunden Freizeit voll zum Schlafen gebraucht. Ich weiß nicht, was um mich herum in unserer Behausung passierte. Ich habe damals vor allem die Frauen bewundert, dreißig, vierzig Jahre und vielleicht noch älter, die zwölf Stunden lang gleichmäßig den Betonmischer beschickten. Zwanzig Schaufeln Sand, fünf Schaufeln Zement, zwei Eimer Wasser und dabei noch die Zeit fanden, mir dem Neuling, mit mütterlicher Fürsorge zu zeigen, wie man die Schaufel richtig anfassen musste, damit man sich keine „Blos´n an de Pfuten" holt .
Besonders beeindruckte mich die Begegnung mit „echten" Wismutbergleuten – ein Treffen, das wohl meine weitere berufliche Zukunft entscheidend geprägt hat. Auf dem Berg oberhalb des Stadions wurde damals im Juli 1950 ein Schacht geteuft. Die Bergleute dieser Teufe kamen öfters bei uns Stadionbauern vorbei. Gummibestiefelt, in ihren verschlammten plastbeschichteten Arbeitsanzügen, so genannten Gummianzügen, mit dem Leichtmetallhelm und der Karbidlampe, waren es schon verwegene Burschen, die da bei der geheimnisumwitterten Wismut Tausende Mark im Monat verdienen sollten. Irgendwie lockte das, zumal ich mir überhaupt keine Vorstellung von dieser Arbeit machen konnte.
Eine weitere Erfahrung machte ich in unserer Unterkunft. Als ich nach einer Woche Arbeit endlich so weit war, dass es mich zu einem Spaziergang ins Freie trieb, schloss sich mir ein älterer Kollege an. Für mich mit meinen 19 Lenzen war damals jeder, der deutlich älter als ich war, ein alter Mensch. Ich habe wohl sehr überrascht geguckt, als er mir mit einem glücklichen Lächeln offenbarte: „Es ist doch schön zu wissen, dass man eines Tages an der Tafel des Herrn sitzen wird". Er war, das erfuhr ich im Gespräch und aus der Zeitschrift „Der Wachturm", die er mir zu lesen gab, Mitglied der Religionsgemeinschaft der „Zeugen Jehovas". Ich habe selten so einen liebenswerten und freundlichen Menschen kennen gelernt, einen, der sich über jeden Tag freute, für alles dankbar, hilfsbereit und mit seiner Weltanschauung selig war.
Er bemerkte, dass er mich mit seinen zaghaften, unaufdringlichen Bemühungen nicht überzeugen konnte – da saß das naturwissenschaftliche Weltbild, das auf dem Gymnasium vermittelt worden war, doch zu tief. Trotzdem wartete er immer, dass er mit mir am Abend bummeln gehen konnte. Diese Begegnung hat mir die Erkenntnis vermittelt, dass die menschlichen Charaktere so sehr verschieden sind,

Bild 3 – Die Einweihung des neuen Stadions in Aue im August 1950 war mit einem großen Sportfest verbunden, an dem Sportler aus allen Bereichen der Wismut teilnahmen. Mit dem Stadionbau sollte die Bedeutung des Uranerzbergbaues und die zentrale Stellung von Aue dokumentiert werden.

Bild 4 – Das Erzgebirgsstadion in Aue, das ehemalige Otto-Grotewohl-Stadion, nach mehreren Rekonstruktionen im Juli 2001. Das Bad, in dem einige Kubikmeter Beton von mir mit verbaut waren, musste verfüllt werden. Der Aufwand für eine neue Abdichtung wäre zu hoch gewesen.

dass es wohl niemals eine einheitliche Weltanschauung geben kann und wird. Jede Weltsicht hat, da sie stets von dem Einzelnen ausgeht, ihre Berechtigung. Es hat keiner das Recht, sie einem anderen aufzuzwingen, gleichgültig, ob dieser Fundamentalismus sich nun christlich, islamistisch, marxistisch oder sonst wie gebärdet und dem Ungläubigen einzureden versucht, dass alles zu seinem Heil ist. Meine fachliche und politische Arbeit in den Folgejahren habe ich stets versucht, nach der Devise abzuhandeln, dass mir ein ehrlicher Christ lieber ist als ein so genannter Marxist, der wegen seiner Karriere in die Partei, die SED, eingetreten ist.

Schnell waren die vier Wochen Stadionbau vorbei. Meine Baukolonne ging zum Gleisbau zwischen Schwarzenberg und Johanngeorgenstadt und baute diesen Streckenabschnitt zweigleisig aus. Ich fuhr mit meinem ersten selbstverdienten Geld nach Leipzig zurück und war mir eigentlich schon klar darüber, wo ich in den nächsten Wochen und Monaten, aber höchstens ein Jahr lang, meine Brötchen verdienen wollte. Dass daraus mal ein Lebensberuf mit Irrungen und Wirrungen, mit etlichen Qualifizierungen werden könnte, hätte ich damals selbst nicht geglaubt.

Ich gehe zur Wismut

Zurück in Leipzig war noch keine Studienzulassung von der Karl-Marx-Universität da und so gab es kein langes Rätseln für mich, dafür viele Diskussionen mit meinen Leuten. Meine Mutter hätte es lieber gesehen, wenn wir gen Westen gezogen wären. Sie hatte da einen recht vermögenden Bruder in oder bei Frankfurt am Main, der uns sicherlich unterstützt und mir vielleicht sogar das Studium ermöglicht hätte. Das wollte ich auf keinen Fall, hätte es doch Dankbarkeit und Abhängigkeit auf Dauer bedeutet. Da wollte ich lieber auf eigenen Füßen stehen, selbst wenn der Start nicht ganz leicht würde.

Ohne mich auf weitere nervenaufreibende Auseinandersetzungen einzulassen, ließ ich mir Ende August 1950 beim Arbeitsamt eine Zuweisung zur Wismut geben. Dass ich zu dieser Zeit nur einer von vielen war, die man mit Versprechungen in den Bergbau gelockt hatte, zeigte sich auf dem Leipziger Hauptbahnhof, wo am Abreisetag ein Sammeltransport mit vielleicht 200 Leuten bereitstand.

Am ersten Tag gelangten wir nach Aue und mussten im Saal des Gasthofes „Auerhammer" auf dem Fußboden übernachten. Ich denke immer wieder an meinen Einstieg bei der Wismut zurück, wenn ich an diesem Gasthof vorbeifahre. Er ist heute eine riesige Diskothek. Nachdem wir am nächsten Tag auf dem Arbeitsamt

Bild 5 – Der Gasthof „Auerhammer“ in Aue – mein allererstes Domizil bei der Wismut – heute eine Riesendiskothek. Ich war nie wieder in diesem Lokal und kenne den „Vergnügungsschuppen“ nur von außen, denn einen Gehörschaden habe ich schon bei der Wismut mitbekommen!

in Aue vorgestellt worden waren, erhielten wir die Zuweisung zum Objekt 8 in Breitenbrunn. Dorthin brachte uns ein für den Personentransport umgebauter sowjetischer LKW. Auf dessen Ladefläche hatte man einen Holzkasten aufgesetzt und mit primitiven, aus schlecht gehobelten Brettern zusammengenagelten Bänken versehen.

Die erste Überraschung gab es beim Aussteigen in Breitenbrunn. Dort saßen zwanzig, dreißig junge Kerle, die das Objekt 8 nach Ablauf ihres Arbeitsvertrages ohne Begründung von heute auf morgen entlassen hatte. Wir konnten daran nichts ändern, das wollte sicher auch keiner von uns, und wurden in der Kaderabteilung angelegt. Diese aus dem Russischen stammende Bezeichnung für die Personalabteilungen hat sich nicht nur im Industriezweig Wismut, sondern bis 1990 in der gesamten Industrie der DDR gehalten. Ich war für den Schacht 248 in Antonsthal vorgesehen und erhielt eine Quartierzuweisung für das Lager Antonshöhe. Am späten Abend, als es schon dunkel war, landeten wir im Lager und ließen uns in einer Baracke in die Zimmer einweisen.

Am nächsten Morgen liefen wir dann hinunter zum Schacht 248 am Bahnhof Antonsthal. Die Verwaltung war auf mehrere Gebäude im Ort verteilt. Die Kaderabteilung fand ich in einem alten Haus am Hang gegenüber der Papierfabrik. In den Nachbarhäusern arbeiteten auch die Fachabteilungen wie die Geologie, die Markscheiderei und – für die Kumpel das Wichtigste – die Normabteilung und die Buchhaltung. Mit einem Laufzettel ging es dann ans Anmelden, schließlich wollten wir ja nicht nur Arbeitsklamotten und die Karbidlampe haben, sondern vor allem auch Essen-, Milch-, Käsetalons. Im Lande nannte man das zwar Bezugsscheine, aber wir bekamen bei der Wismut nun einmal Talons. Besonders wichtig war für uns alle der Vorschuss. Als erstes waren das 30 DM (Ost), die beim ersten Lohn mit verrechnet werden sollten.

Das, was wir an Arbeitsbekleidung erhielten, war nur das Nötigste: ein Helm aus Aluminiumguss oder war es Magnesium, die Gummiklamotten aus einem mit Kunststoff beschichteten Gewebe und die Gummistiefel. Alles andere, wie den Arbeitsanzug, Unterwäsche und Fußlappen, musste man selbst mitbringen. Bloß gut, dass meine besorgte Mutter mir so etwas eingepackt hatte.

Mit relativ wenig Aufwand war der Bürokratie Genüge getan. In den späteren Jahren erhöhte sich der Aufwand von Jahr zu Jahr und man brauchte für einen Laufzettel mindestens fünf bis sechs Stunden, wenn man in einer Schicht überhaupt all die Leute antraf, die unterschreiben mussten.

Dann kam der große Augenblick, wir wurden zum Schacht geführt. Es war das erste Mal, dass ich einen der Holzfördertürme aus der Nähe sah. Er erhob sich über einer Vielzahl von Baracken und erschien mir sehr, sehr groß. Es ging ein ohrenbetäubender Lärm von ihm aus. Unten auf der Rasensohle waren einige Männer und Frauen dabei, Holz und Material in Förderwagen, die hier Hunte hießen, zu verladen. Die Fachausdrücke für die verschiedenen Einrichtungen und deren Zweck erfuhr ich im Laufe der Arbeitswochen. Später zeigte man uns, dass zum Schacht noch der so genannte Mai-Stollen gehörte. Er führte direkt am Bahnhof Antonsthal in den Berg und es gab noch keine Verbindung zwischen ihm und dem Schacht. Von der Stollensohle her wurde bereits ein Gesenk niedergebracht, um beide Tagesöffnungen zu verbinden und damit gleichzeitig eine durchgehende Wetterverbindung herzustellen.

Nun kam die Arbeitseinteilung und im Augenblick wusste keiner recht, was er mit uns anfangen sollte. Deshalb wurden wir „Neubergleute" zur Arbeit auf der Halde eingeteilt. Dazu mussten wir auf einer Art „Hühnerstiege", Bretter, auf die man quer Trittleisten aufgenagelt hatte, eine Schräge etwa 30, 40 Meter hinaufklettern. Auf den dicht daneben liegenden Gleisen rollten pausenlos die Förderwagen, die der Schacht zutage brachte, zur Hochhalde. Oben auf dem Haldenplateau, der Kippe, sollte für die nächsten Tage unser Arbeitsplatz sein.

Bild 6 – Eine typische Schachtanlage aus den Anfangsjahren der Wismut, der Apfelschacht im Objekt 4 in Annaberg. Im Bild ist die planlose Anhäufung von Baracken und Hütten ersichtlich: Reichte eine Werkstatt nicht mehr aus, wurde ohne Bauplan eine weitere angebaut.

Hier traf ich sie wieder, die Frauen aller Altersgruppen, die ich schon beim Stadionbau ob ihrer Ausdauer und Härte bewundert hatte. In drei Schichten, bei Sonnenschein, Regen oder Nachtfrost, schoben sie die 500-Liter-Kipphunte über die Halde bis zum äußersten Haldenrand und leerten sie. Die Restarbeit, die Berge über den Haldenrand zu schieben, mussten wir Neulinge mit Schaufel und Hacke erledigten. Es war gar nicht so einfach, das grobstückige Haufwerk über den Haldenrand zu befördern ohne 20, 30 Meter tief abzurutschen.

Nach drei Tagen Haldenarbeit schickte man uns das erste Mal ins Bergwerk hinein. Es war schon ein komisches Gefühl im Magen als ich den Förderkorb betrat und dieser mit vielleicht vier bis maximal sechs Meter in der Sekunde in die Tiefe rauschte. Später habe ich mich an ganz andere Geschwindigkeiten gewöhnen müssen. Weit hinunter fuhren wir nicht, die erste Tiefbausohle lag bei etwa 90 Meter. Dort nahm mich der Brigadier der Streckenvortriebsbrigade, bei der ich zukünftig arbeiten sollte, in Empfang. Es ging in eine der nächsten Strecken bis vor Ort. Die Sohlen dieses Schachtes waren noch nicht sehr groß, so dass die Förderwagen bis zum Schacht geschoben werden mussten. Die bergmännische Einweisung durch meinen neuen Chef war kurz und knapp: „Da sind Schaufel und Hacke. Du besorgst jetzt am Schacht Hunte und sackst sie hier voll." Punktum!

Bild 7 – Der hölzerne Förderturm (genauer das Fördergerüst) wurde überall nach denselben Plänen (keinen!) errichtet und sah auf jeder Schachtanlage anders aus. Dabei muss man den Erbauern nachsagen, dass kein Förderturm der Wismut trotz der großen Belastung umgefallen ist. Die hölzerne Förderbrücke führte zur Halde. (Bilder 6 und 7: Archiv Kaden, Annaberg)

Bild 8 – Vom Mai-Stollen sieht man im Jahre 2001 nur noch einen Haufen Steine herumliegen, während der alte Lokschuppen aus unerfindlichen Gründen noch einen Nutzer gefunden hat.

Ich habe erst später erfahren, dass Bergbauneulinge laut den betrieblichen Sicherheitsvorschriften der Wismut von 1947 ärztlich untersucht und sicherheitstechnisch eingewiesen werden sollten (Bild 11, §§ 1 und 2). Auf die ärztliche Untersuchung wartete ich bis 1960, wo ich vor Aufnahme eines Fernstudiums an

Bild 9 – Kumpel Beyer in voller Schacht-Montur, fertig zur Seilfahrt. Die Schutzhelme aus Leichtmetallguss sind schon die zweite „Generation" – die erste waren alte Stahlhelme der Wehrmacht, die ich aber nicht mehr kennen lernte.

der Bergakademie Freiberg das erste Mal bergbauspezifisch gecheckt wurde. Auch dabei hat niemand festgestellt, dass ich mit einer Sehleistung von 5% auf dem rechten Auge an sich in der Grube gar nichts zu suchen hatte. Ich kannte zwar meine Sehschwäche, wusste aber nicht, dass diese möglicherweise eine

Bild 10 – Die Bergarbeitersiedlung Antonshöhe mit den Wiener Häusern, hinter denen sich unsere Baracken versteckten. Am linken Bildrand sind die ersten Steinhäuser für Bergarbeiterfamilien zu sehen. Rechts im Hintergrund der Magnetenberg oberhalb Antonsthal.

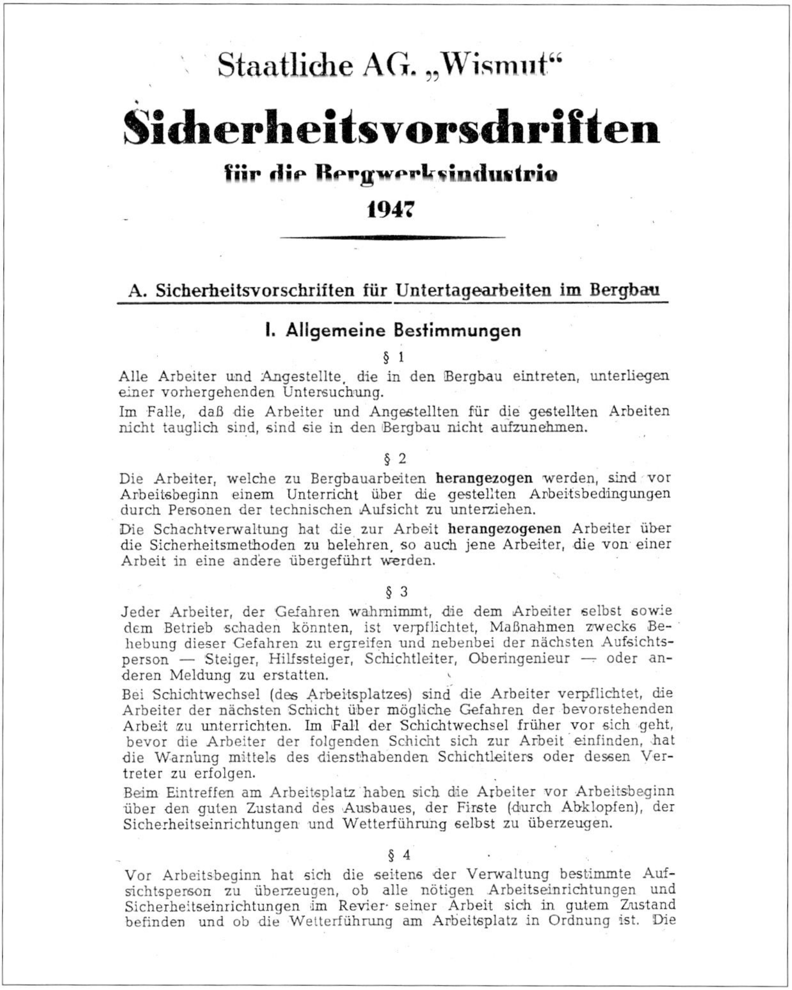

Staatliche AG. „Wismut“

Sicherheitsvorschriften

für die Bergwerksindustrie

1947

A. Sicherheitsvorschriften für Untertagearbeiten im Bergbau

I. Allgemeine Bestimmungen

§ 1

Alle Arbeiter und Angestellte, die in den Bergbau eintreten, unterliegen einer vorhergehenden Untersuchung.

Im Falle, daß die Arbeiter und Angestellten für die gestellten Arbeiten nicht tauglich sind, sind sie in den Bergbau nicht aufzunehmen.

§ 2

Die Arbeiter, welche zu Bergbauarbeiten **herangezogen** werden, sind vor Arbeitsbeginn einem Unterricht über die gestellten Arbeitsbedingungen durch Personen der technischen Aufsicht zu unterziehen.

Die Schachtverwaltung hat die zur Arbeit **herangezogenen** Arbeiter über die Sicherheitsmethoden zu belehren, so auch jene Arbeiter, die von einer Arbeit in eine andere übergeführt werden.

§ 3

Jeder Arbeiter, der Gefahren wahrnimmt, die dem Arbeiter selbst sowie dem Betrieb schaden könnten, ist verpflichtet, Maßnahmen zwecks Behebung dieser Gefahren zu ergreifen und nebenbei der nächsten Aufsichtsperson — Steiger, Hilfssteiger, Schichtleiter, Oberingenieur — oder anderen Meldung zu erstatten.

Bei Schichtwechsel (des Arbeitsplatzes) sind die Arbeiter verpflichtet, die Arbeiter der nächsten Schicht über mögliche Gefahren der bevorstehenden Arbeit zu unterrichten. Im Fall der Schichtwechsel früher vor sich geht, bevor die Arbeiter der folgenden Schicht sich zur Arbeit einfinden, hat die Warnung mittels des diensthabenden Schichtleiters oder dessen Vertreter zu erfolgen.

Beim Eintreffen am Arbeitsplatz haben sich die Arbeiter vor Arbeitsbeginn über den guten Zustand des Ausbaues, der Firste (durch Abklopfen), der Sicherheitseinrichtungen und Wetterführung selbst zu überzeugen.

§ 4

Vor Arbeitsbeginn hat sich die seitens der Verwaltung bestimmte Aufsichtsperson zu überzeugen, ob alle nötigen Arbeitseinrichtungen und Sicherheitseinrichtungen im Revier seiner Arbeit sich in gutem Zustand befinden und ob die Wetterführung am Arbeitsplatz in Ordnung ist. Die

Bild 11 – Im Archiv der Wismut GmbH gefunden: Die ersten Sicherheitsvorschriften der Staatlichen Aktiengesellschaft (SAG) Wismut (erste Seite). Sie enthielten schon umfassende Festlegungen für die Einstellungsuntersuchungen, Belehrung der neu eingestellten Bergleute, Maßnahmen für den Gesundheitsschutz und detaillierte Festlegungen für so gut wie alle untertägigen Arbeiten. Bis 1952/53 wurde ihnen wenig Bedeutung beigemessen. Einer ihrer „Väter“ war der spätere Berginspektor Rudolph Oelsner (verstorben Juli 2002) der Bergbehörde Karl-Marx-Stadt, einer der bekanntesten Bergleute der Wismut bis zu deren Liquidation.

Bedeutung bei der Berufswahl haben könnte. Das bemerkte erst 1972, mehrere Jahre nach meinem Diplomabschluss in der Fachrichtung Bergbau-Tiefbau, ein Augenarzt in Aue bei einer Reihenuntersuchung. Die damals verbindlichen Sicherheitsvorschriften der Wismut von 1947 habe ich selbst das erste Mal im Archiv der Wismut GmbH 1991 gesehen. In der Zwischenzeit hatte ich ab 1955 alle Sicherheitsvorschriften der DDR und die speziellen Bestimmungen für den Industriezweig Wismut gelernt und musste sie bei meiner Arbeit berücksichtigen. Teilweise war ich sogar an ihrer Ausarbeitung beteiligt.

Doch zurück zu meiner ersten Schicht als Bergmann. Die erste Aufgabe war nicht allzu schwer. Das Schaufeln hatte ich schon beim Stadionbau ausgiebig geübt, wenn es auch nicht so ein Gestocher war wie hier im frisch aufgesprengten Haufwerk. Die vorhergehende Schicht hatte aber vor dem Sprengen Schaufelbleche ausgelegt, so dass es hätte schlimmer sein können. Das Problem lag ganz wo anders. Am Schacht einen leeren Hunt zu bekommen, war wie ein Sechser im Lotto. Immer standen vier, fünf Förderleute von den verschiedenen Brigaden in Wartestellung, die sich auf jeden Förderwagen stürzten, der aus dem Förderkorb rollte.

Wenn ich mit einem vollen Wagen an den Schacht zurückkam, standen meistens noch die Letzten vom vorhergehenden Schub da. Da ich neu war und mich noch niemand kannte, tricksten mich die alten Hasen mehr als einmal aus. Mein Hauer schimpfte wie ein Rohrspatz, doch schließlich hatte ich zwölf oder dreizehn Förderwagen bekommen und das Ort freigeschaufelt. Als Abschiedsgeschenk der ersten Untertageschicht wurde mir beim Sprengen am Schichtende mehrmals meine Karbidlampe ausgeblasen, so dass ich im Finstern stand. Ich hatte nicht einen Gedanken daran verschwendet, etwa Streichhölzer mit in die Grube zu nehmen.

In meinen dreckigen Gummiklamotten schleppte ich mich leicht angeschlagen den Berg nach Antonshöhe hinauf und hatte keine Lust mehr darauf, mich in meiner neuen Heimat, und das sollte sie ja laut Arbeitsvertrag für ein Jahr sein, umzusehen. In der Küchenbaracke kurz vor dem Quartier löste ich meine Essenmarke gegen zwei gefüllte Schüsseln ein. Eine Schüssel voll Graupen, so genannte „Kälberzähne" mit Zucker und Zimt war die Vorspeise, die andere Schüssel Graupen mit einem Schöpflöffel voll Gulasch das Hauptgericht. Da in der kleinen Baracke nicht genug Platz war, ließ man sich einfach auf dem Rasen davor nieder.

Wassergeschützt war man gekleidet, so dass einem auch der Regen nichts ausmachte. Übrigens, mir hat es geschmeckt und vor allem war es reichlich.

Bild 12 – Streckenförderung mit einem 500 Liter Kipphunt

Meine durchnässten Arbeitssachen konnte ich im Trockenraum unserer Wohnbaracke abgeben. Diese Räume wurden Tag und Nacht geheizt, um den Arbeitern nach 14 bis 15 Stunden wieder trockene Anzüge mitgeben zu können. Vor dem Trockenraum auf dem Schacht hatte man mich gewarnt. Dort bekam man seine Arbeitssachen am nächsten Tag je nach Wetterlage klamm, feucht oder sogar nass zurück und außerdem sollte dort auch tüchtig gestohlen werden. In den Trockenräumen der Heime wurde nicht geklaut, obgleich es sicherlich sehr einfach gewesen wäre. Es kam manchmal zu Verwechslungen, aber die Missverständnisse wurden schnell und friedlich geklärt. Natürlich wurde einmal einer über den Durst getrunken und besonders an den Lohntagen ging die Flasche reihum. Ich habe es aber nicht erlebt, dass es in unseren Quartieren zu Schlägereien kam.
Im Verlaufe der Tage und Wochen lernte ich meine Wahlheimat näher kennen, es war noch ein kleines Barackenlager. Einige Wiener Häuser – Erdgeschossteil aus Ziegelmauerung, das erste Obergeschoss in Holz (Bild 10) – ließen schon erahnen, dass dies alles für längere Zeit gedacht war. Der Baubetrieb der Wismut werkelte an allen Ecken im Ort. Es entstanden weitere Wiener Häuser und mehrstöckige

Häuser in Ziegelmauerung mit abgeschlossenen Mehrzimmerwohnungen für Familien. Darüber hinaus wuchsen mitten im Ort ein Klubhaus und ein kleines Einkaufszentrum. Es wurde alles getan, um die primitiven Verhältnisse allmählich abzustellen und wohnliche Bedingungen zu schaffen.

Wir lebten in Antonshöhe auf engstem Raum. In den Baracken waren bis zu fünf Bergleute in einem Zimmer untergebracht und jeder hatte nur einen Nachttisch und einen Spind, aber jeder brachte seine Sachen unter. Obgleich bei einigen wenigen Kumpeln aus den guten Brigaden zu den Zahltagen in der Monatsmitte schnell einmal 1 000, 1 500 oder 2 000 Mark im Nachttisch lagen, ist mir kein Diebstahl aus dem Lager Antonshöhe bekannt. An diesen Tagen wurde die Spitze ausgezahlt, die sich aus dem Gesamtverdienst abzüglich des Vorschusses errechnete.

Die Frauen und Mädchen, die die Baracken säuberten, die Trockenräume beheizten, Kaffee und Tee kochten und uns in bestimmten Zeitabständen frisches Bettzeug hinlegten, wohnten in einem Haus mitten zwischen den Kumpelhäusern. Da viele von uns junge Kerle waren, hatten wir bald alle eine Freundin und bestimmt hat auch mancher Verheiratete hier ein kleines Verhältnis gehabt.

Mit Wehmut und einiger Verwunderung habe ich erst nach der Wende aus der Presse und von selbsternannten „Wismutkennern" erfahren, wie unsolide, leichtsinnig und sexuell überspannt wir Wismutbergleute damals gelebt haben. Ich bedauere insgeheim immer wieder, dass ich da wohl stets zur falschen Zeit am falschen Ort gewesen bin, ob in Antonshöhe (1950/51), in Neuoberhaus (1952), auf dem Rabenberg (1953), in Raschau (1953), in Aue (1953/56) oder in der

Bild 13 – Das Kulturhaus in Antonshöhe, erbaut 1951 und bis Mitte der 90er Jahre mehrfach umgebaut und modernisiert.

Bild 14 – Man kann mich ja für bösartig halten, aber ich frage mich, wem das Kulturhaus in Antonshöhe im Wege war. Hätte man 1997 nicht etwas Besseres daraus machen können?

Hennecke-Siedlung in Niederschlema (1956/59). Leider habe ich nie erlebt, dass ein Mädchen nackt auf dem Tisch getanzt hat, dieses Erlebnis musste auf die Nachwendezeit nach 1989 verschoben werden.
Das, was die „Journalisten" der bundesdeutschen Presse seit den 50er Jahren, seriöse oder weniger seriöse Historiker von 1946 bis heute und einige Wismut-Chronisten, die wie der profunde „Wismutkenner" und Annaberger Wismutheimatforscher Mario Kaden erst 1980 und später zur Wismut kamen, über die Disziplin- und Zügellosigkeit und die kriminelle Energie der Wismutbergleute zu berichten wissen, ist vielfach, um einmal beim etwas rauen Bergmannsdeutsch zu bleiben,„erstunken und erlogen".
Etwas außerhalb der kleinen Stadt befand sich die sowjetische Garnison. Dort wohnten die Wachmannschaften, Sprengstoffausgeber, Radiometristen, Kipperfahrer und anderes Personal. Die sowjetischen Offiziere der Garnison, denen außer Antonshöhe noch die Kasernen in Erla und Breitenbrunn unterstanden sowie das sowjetische ingenieur-technische Personal der Schächte und der Objektverwaltung wohnten in Berliner Häusern um die Orte herum. Das sind Einfamilienhäuser mit Betonsockel und Holzaufbau. Wie auf den Schächten war auch hier Holz das bevorzugte Baumaterial.
Typisch für die sowjetischen Kasernen, nicht nur im Wismut-Gebiet sondern in der gesamten DDR, waren grün gestrichene, portalartige Einfahrten mit riesigen Losungen im Bogen. Die Bilder Lenins und Stalins blickten von den Pfeilern auf ihre Landsleute herab und zu jeder Jahreszeit fand sich immer etwas, das man mit „Да здравствует",„Da strasdwujet...",„es lebe" ... hochleben lassen konnte. Um das gesamte Gelände herum verbarg ein mindestens drei Meter hoher, natürlich grün gestrichener Bretterzaun das Geschehen im Inneren der Garnison.
Die Lebensbedingungen der Soldaten und Offiziere blieben uns bis zum Ende der DDR weitgehend unbekannt. Sie sollen aber sehr bescheiden gewesen sein. Es kam selten vor, dass ein sowjetischer Sergeant oder Offizier einen Soldaten wegen eines Vergehens in der Öffentlichkeit ohrfeigte, aber das war neben Gerüchten alles, was man erfuhr. Über unsere Söhne, die in den siebziger Jahren bei der NVA mit sowjetischen Soldaten zusammenkamen, hörten wir dieses oder jenes, meistens nichts Vorteilhaftes, konnten uns aber kein richtiges Bild vom Leben der jungen Männer in den erdbraunen Uniformen machen.
Ich möchte an dieser Stelle einmal einen kurzen Blick vorauswerfen. Wir, die deutschen Mitarbeiter der Schächte, Betriebe und Verwaltungen lernten erst ab Mitte der fünfziger bis Anfang der sechziger Jahre die sowjetischen Mitarbeiter und ihre Lebensbedingungen in der DDR näher kennen. Sie lebten und wohnten so, wie

Bild 15 – Die sowjetische Kaserne in Antonshöhe. Das Leben in der Bergarbeitersiedlung und in der Garnison lief vollkommen getrennt voneinander ab. Ich kann mich erinnern, dass ich während meines Aufenthaltes in Antonshöhe nur sehr selten sowjetische Soldaten in der Siedlung angetroffen habe.
Es war ein sehr riskantes Unternehmen sowjetische Militär- oder Wismuteinrichtungen zu fotografieren. Wurde man dabei erwischt, zog das unweigerlich eine Anklage wegen Spionage nach sich. Deshalb sind Bilder aus dieser Zeit meist nicht besonders gut, weil der Fotograf lieber einen etwas verborgenen Standpunkt wählte. (Aus: Dialog, Heft 12/1996)

uns das als deutsche Bürger schon vor dem Zweiten Weltkrieg nicht gefallen hätte. Es wäre uns zu primitiv gewesen. Für sie muss es aber gegenüber den Verhältnissen in ihrer sowjetischen Heimat ein Riesenfortschritt gewesen sein. Wie wir später hörten, als sich die Kontakte mit den sowjetischen Ingenieuren etwas vertieften, und bei Reisen in die Sowjetunion sahen, gab es in der Sowjetunion bis in die 80er Jahre hinein üblicherweise „Quartiere", in denen zwar die Wohnräume in sich abgeschlossen, Küchen, Bäder und Toiletten aber Gemeinschaftseinrichtungen waren.
Die sowjetischen Ingenieure und Angestellten bekamen die gleichen Gehälter wie das leitende deutsche Personal und damit weit mehr als sie jemals in der Sowjetunion verdienen konnten. Dieser Umstand trug wesentlich zur Disziplinierung der sowjetischen Mitarbeiter und ihrer Familien bei, die auch im Privatleben dem Objektleiter oder Hauptingenieur rechenschaftspflichtig waren. Sie hatten in den Siedlungen ihre eigenen „Magazine" (Geschäfte), deren einziger Vorteil

Bild 16 – Die sowjetische Kaserne in Schneeberg wurde nach der Umquartierung der sowjetischen Garnison ins ehemalige Amtsgericht als „Kampfgruppenobjekt" genutzt. Nach der Wende entstand hier das schöne Hotel „Steiger", das sich seither um ein bergmännisches Ambiente – passend zur Bergstadt Schneeberg – verdient gemacht hat.

war dort, dass sie sich mit der Verkäuferin auf Russisch verständigen konnten. Ein anderes Sortiment als in unseren Läden gab es kaum, außer den typischen russischen Tabakwaren, Alkohol und Süßigkeiten, vielleicht etwas mehr Ramsch, Nippes und ähnlichen Spittel, den heute jeder Supermarkt anbietet. Die Raucher unter uns gingen dort allerdings gern einkaufen, denn es gab sehr preiswerte Zigarettenmarken, halb so teuer wie unsere. Diese Papyrossi mit den phantasievollen Namen wie „Bjelamor Kanal" (Weißmeerkanal) und „Kasbek", Zigaretten mit einem etwa vier Zentimeter langen Pappmundstück, hatten einen fürchterlich beißenden Geschmack, aber wen störte das schon, wenn es nur richtig qualmte.

In meinem ersten Wismutjahr bemerkte ich kaum, dass ich in einem „Russenbetrieb" arbeitete. Was ständig daran erinnerte, war, dass man ab Anfang 1951 am Schachteingang, an dem ein Erzkontrollgerät stand, einem sowjetischen Soldaten mit aufgepflanztem Bajonett beim Betreten bzw. Verlassen des Betriebes seinen Пропуск („Propusk"), seinen Wismutausweis, vorzeigen musste. In der Grube kontrollierte regelmäßig ein sowjetischer Soldat mit einem Grubenradiometer vor Ort, dass wir nicht Erz im Berg vergessen würden. Es gab keinen Grund, uns anzufeinden, und wir rauchten manche Zigarette miteinander. Diese Soldaten, oft

nicht älter als wir, hatten den Krieg wie wir mehr oder weniger als Kinder er- und überlebt. Über Tage liefen die jungen Kerlchen in Sergeantenuniformen herum und durften uns nicht kennen.
Damit war mein Kontakt zum sowjetischen Kollektiv erschöpft, denn auch bei meiner späteren Tätigkeit in der Markscheiderei bis Anfang 1953 hatte ich es grundsätzlich mit deutschen Leitern zu tun. Die sowjetischen Abteilungsleiter wie der Hauptmarkscheider, der Hauptgeologe oder der Hauptökonom sprachen zu dieser Zeit bis auf wenige Ausnahmen nur mit ihren deutschen Vertretern, die dann Wünsche und Anweisungen der „Начальники" (Leiter) an die Mitarbeiter übermitteln mussten. Das war mit allen leitenden sowjetischen Mitarbeitern so. Hinter vorgehaltener Hand wurde erzählt, dass engere Kontakte mit deutschen Arbeitern und Angestellten, auch wenn sie nur arbeitsmäßig bestanden, unerwünscht oder sogar verboten waren. Ähnliches berichtet übrigens auch Ralf

Bild 17 – Der Mittelpunkt des Lebens der sowjetischen Kollektive der Wismut das Klubhaus, wie hier im sowjetischen Sektor von Oberschlema. Es wurde Mitte der 50er Jahre einschließlich der umliegenden „Berliner Häuser" an die Gemeinde Schlema übergeben und ist seit dieser Zeit im modernisierten Zustand Sitz des Rates der Gemeinde. Die „Berliner Häuser" wurden schon zu DDR-Zeiten für durchschnittlich 5000 Mark sehr preiswert vor allem an kinderreiche Familien verkauft. Ihre neuen Besitzer modernisierten sie liebvoll zu Schmuckkästchen.

Mustroph in seinem Buch „Uranerz, Kumpel und Begebenheiten aus der ‚Wismutzeit'" (Druckerei J. Schmidt, Schwarzenberg 2000). Er war Hauptmarkscheider im Objekt 12 in Breitenbrunn und Johanngeorgenstadt und durfte nicht mit seinem sowjetischen Kollegen und dessen Familie privat verkehren.

Aber zurück zu meiner Arbeit als Fördermann auf dem Schacht 248 in Antonsthal. Glücklicherweise hatte ich mich beim Stadionbau schon etwas an den Drei Schicht-Betrieb gewöhnt. Die erste Schicht, die Frühschicht, ging von 8 bis 16 Uhr, die Mittelschicht von 16 bis 24 Uhr und die Nachtschicht von 24 bis 8 Uhr. Das war sehr gewöhnungsbedürftig und wer beispielsweise die dritte Schicht hatte, musste unbedingt darauf achten, dass ihm beim Nickerchen am Abend jemand gegen 22 Uhr weckte, sonst konnte man es, so paradox das auch klingen mag, zur Nachtschicht verschlafen. „Ungeübten" Schichtarbeitern wiederum spielten die Kumpel im Zimmer schnell mal einen Streich. Meine Zimmerkollegen weckten mich zur Frühschicht. Schlaftrunken stand ich auf, wusch mir den Schlaf aus dem Gesicht und frühstückte noch in Eile. Als ich losgehen wollte, machten mich meine Gesellen „freundlich" darauf aufmerksam, dass es gerade Mitternacht vorbei war und ich wohl etwas zu früh aufgestanden wäre. Ich machte gute Miene zum bösen Spiel und legte mich wieder hin, um diesmal zur richtigen Zeit aus dem Bett zu kriechen.

Vorteilhaft für alle „Auswärtigen" wie mich war, dass auf den Schächten im Objekt 1 in Johann'stadt (wer sagte schon Johanngeorgenstadt) und bei uns im Objekt 8 sonntags durchgearbeitet wurde. Wir fuhren dann bei Nacht- und Mittelschicht jeweils von Montag bis Sonnabend sieben Schichten durch. Wir nahmen in Kauf, dass von der Nachtschicht am Sonntag bis zur Mittelschicht am Montag und gleichermaßen zwischen Mittel- und Frühschicht am nächsten Wochenende ein „kurzer" Schichtwechsel mit jeweils nur 8 Stunden Freizeit entstand. Das war uns aber recht, denn dadurch hatten wir zwei Tage herausgearbeitet, die man in der Frühschichtwoche „abfeiern" konnte. Dadurch hatte man ein langes, langes Wochenende von Donnerstagmittag bis Montagabend.

Wir arbeiteten in einer Hauerbrigade. Der Begriff „Brigade" für eine Arbeitsgruppe war aus dem Russischen übernommen worden und hielt sich im Wismutbergbau und in der gesamten volkseigenen Industrie bis 1990. In unserer Truppe hatte der Brigadier wenig und wir als absolute Bergbauneulinge gar keine Ahnung vom Bergbau. Deshalb war der angepeilte große Verdienst nicht so aufregend groß. Darüber hinaus stand in der Skarnlagerstätte am Fuße des Antonsthaler Magnetenberges das Uranerz recht mager an, so dass nur kleine Erzprämien anfielen. Mir fehlen über meinen damaligen Verdienst die Nachweise, aber ich glaube, mehr als

600 bis 700 Mark im Monat waren es nicht. Übrigens sah es bei meinen Stubenkollegen, die gleichzeitig mit mir im September bei der Wismut angefangen hatten, nicht besser aus, wobei sie das etwas härter traf, denn sie hatten alle Familie und wollten sich schneller eine neue Existenz aufbauen.
Es fehlte in dieser Zeit im Objekt 8 jemand, der uns Neubergleute systematisch anlernte. So habe ich das Bohren der Sprengbohrlöcher mehr oder weniger in einem Crash-Kurs erlernt. Ich war vielleicht zwei oder drei Wochen vor Ort, als mein Ortsältester nicht zur Frühschicht antrat. Bis jetzt hatte ich das Bohrgezähe, Bohrhammer und -stütze sowie ein für mich unübersichtliches Gewirr von Schläuchen nur in der Hand gehabt, um es meinem Hauer an den Stoß zu schleppen oder das Bohrgestänge beim Anbohren zu halten. Jetzt stand ich plötzlich allein vor Ort und fing an, die „organisierten" Hunte vollzusacken.
Die erste Frage des Steigers bei der Befahrung war folgerichtig: „Wo ist dein Alter?" – „Keine Ahnung, Steiger, entweder hat er es verpennt oder er ist krank." Und dann kam der Hammer: „Auch kein Problem, dann musst du bohren – ich brauche den Vortrieb! Kannst du bohren?" Nein, natürlich konnte ich nicht bohren. „Das macht nichts, ich zeig es dir." Glücklicherweise hatte ich schon das Bohrgezähe freigeschaufelt, das die vorhergehende Schicht unter den Schaufelblechen versteckt und mit zugeschossen hatte, weil es sonst mit Sicherheit ohne Rücksicht auf Verluste von den Nachbarbrigaden ganz oder teilweise geklaut worden wäre. Unter Aufsicht des Steigers baute ich die Bohrstütze mit dem Hammer auf und bohrte drei Sprengbohrlöcher, wobei mich die Bohrstütze mehr als einmal aushob oder mir der Bohrhammer samt Bohrstange und Schläuchen auf die Füße fiel. „Du bekommst das schon hin", kommentierte der Steiger meine Bohrversuche, malte mir mit Kreide die Bohrlöcher auf den Stoß und verschwand.
Als ich nach fünf, sechs Stunden die Arbeit gemacht hatte, die mein Ortsältester sonst in maximal drei Stunden erledigte, zerschlagen, mit blutigen Händen und Armen, nass und ölbeschmiert, tauchte unser Steiger wieder auf: „Fertig?" Im doppelten Sinne fertig. Er grinste: „Was hab ich gesagt – Du schaffst es!" Er half mir auch in den nächsten Tagen, schickte mir zum Schaufeln einen Fördermann, der noch kürzer im Bergbau war als ich und irgendwie ging es weiter. Mein erster Abschlag kam beim Schießen genau so gut oder schlecht, wie der meines „Alten". Später auf dem Bergtechnikum lernte ich, dass im Bergbau nicht geschossen, sondern gesprengt wird.

In der Markscheiderei auf dem Schacht 248

Irgendwann im Dezember 1950 teilte mir der Steiger mit: „Du sollst morgen einmal in die Kaderabteilung kommen". Also lief ich am nächsten Tag nicht den Berg hinauf nach Antonshöhe, sondern in voller Kriegsbemalung, im Gummianzug, mit Aluhelm und Karbidlampe nach Antonsthal hinein. In einer Villa am Hang gegenüber der Papierfabrik war die Kaderabteilung untergebracht. Ein deutscher Mitarbeiter teilte mir mit, dass ich mich beim sowjetischen Hauptmarkscheider melden solle. Ich ließ mir den Weg in die Markscheiderei zeigen. Es war nicht weit.

In einem etwas abgeblätterten Häuschen, wenn ich richtig gesehen habe, steht es sogar noch heute, neben der Kaderabteilung residierten die Markscheiderei und die Geologische Abteilung. Wahrscheinlich hatten die Leute der Kaderabteilung angerufen, denn mir kam ein lebhafter, gut gekleideter Herr entgegen, der so gar nichts Offizierhaftes an sich hatte. Über seinen Dolmetscher ließ er mich fragen, ob ich nicht Interesse hätte, als Arbeiter in der Markscheiderei anzufangen. Er hätte meine Personalakte eingesehen, die bestand zu dieser Zeit bestimmt nur aus dem obligatorischen Fragebogen und einer Zeugnisabschrift, und als Abiturient hätte ich doch bestimmt Ahnung von Mathematik.

Ich hatte zwar öfter einmal Leute mit Winkelmessgerät und Bandmaß in der Grube angetroffen, konnte mir aber unter der Arbeit des Markscheiders nicht viel vorstellen. Warum sollte man es nicht mal versuchen? Viel weniger als bei der miesen Normerfüllung in meiner Brigade würde ich kaum verdienen. Außerdem hatte der „glawni markschejder" ja die Worte „po probu" (auf Probe) einfließen lassen, die der Dolmetscher allerdings nicht übersetzt hatte, und damit die Rückkehr in die Brigade offen gelassen.

Ich musste meine Grubensachen ausziehen, wusch mir die Hände und bekam einen Koordinatenberechnungsbogen vorgelegt. Neu für mich daran war nur, dass die X-Achse und die Y-Achse vertauscht waren, aber das spielte erst mal keine Rolle. Es klappte alles prima, aber als ich zur Berechnung der Koordinatendifferenzen die Sinus- und Kosinuswerte nach den mir bekannten Formeln

$$\sin(180 - \alpha) = \sin\alpha$$

$$\cos(180 - \alpha) = -\cos\alpha$$

aufsuchte, gab es beim „Natschalnik" doch Zweifel hinsichtlich meines mathematischen Könnens. Aus seiner Diskussion mit dem Dolmetscher hörte ich mehrfach die Worte „plocho" (schlecht) und „njeprawilno" (nicht richtig) heraus, war aber der Meinung, dass meine Rechnung weder schlecht noch falsch war. Da unser Dolmetscher kein mathematisches Genie war, schrieb der Hauptmarkscheider mir die Formeln auf, die seiner Meinung nach richtig waren

$$\sin(90 + \alpha) = \cos\alpha$$

$$\cos(90 + \alpha) = -\sin\alpha$$

Am Endes des Gesprächs stand die Floskel: „Schauen Sie nur morgen noch einmal herein." Mit dem Gedanken: „Du kannst mich mal", verließ ich die Markscheiderei. Am nächsten Tag maulte mein Steiger: „Du warst wohl gestern gar nicht in der Kaderabteilung? Du sollst nach der Schicht unbedingt zum Hauptmarkscheider kommen." Ich überlegte fieberhaft, ob ich das wirklich tun sollte, aber wer wollte sich einen der oberen „Russen" zum Feind machen. Schließlich wollte ich bei der Wismut zukünftig noch ein paar Pfennige verdienen. Also ging ich aus angeborener Höflichkeit zum zweiten Male in die Markscheiderei. Ich staunte nicht schlecht, als mich der Hauptmarkscheider selbst sehr freundlich, um nicht zu sagen herzlich, mit einem großen Bogen Papier in der Hand begrüßte. Er hatte am vorhergehenden Abend einmal in einigen Mathematiklehrbüchern nachgeblättert und dabei festgestellt, dass unsere beiden Rechenwege identisch, also beide richtig waren. Er entschuldigte sich wegen des Missverständnisses und ließ mich wissen, dass er Interesse hätte, mich als Mitarbeiter aufzunehmen. Was dann auch geschah.

Dieses Erlebnis hat meine Einstellung zu den sowjetischen Mitarbeitern entscheidend geprägt und mir bei meinen späteren Tätigkeiten sehr geholfen. Ich konnte ohne Voreingenommenheit an die Zusammenarbeit mit den sowjetischen Ingenieuren und Angestellten herangehen.

In der Markscheiderei auf dem Schacht 248 waren etliche Vermessungstechniker beschäftigt, die alle Messgeräte, Rechentechniken und Kniffe der Geodäsie beherrschten und sich zugleich mit den bergbaulichen Grundlagen vertraut gemacht hatten. Ich habe dort in sehr kurzer Zeit viel über das Vermessungswesen und den Bergbau gelernt. Die Arbeitsatmosphäre war sehr kollegial und es gab keine fachlichen Geheimnisse untereinander, was vielleicht auch daran lag, dass wir nahezu gleichaltrig und noch nicht vom Karrieredenken besessen waren.

Die rechnerischen Arbeiten fielen mir leicht, zumal sich die Auswertung der Messungen in der Grube, Koordinatenberechnungen und die Erfassung der Übertage-Situation ständig wiederholten. Die Arbeit mit den geodätischen Instrumenten war sehr schnell zu begreifen, weil es sich 1951 noch um leicht zu bedienende Geräte handelte, die mit Stellschrauben und Libellen justiert wurden. Die Rechentechnik war das Einfachste vom Einfachen und bestand aus siebenstelligen

Logarithmentafeln von VEGA und Rechenmaschinen mit Kurbelbetrieb. Mein Verlangen ging zwar später immer dahin, mir einmal so ein Maschinchen als Souvenir zuzulegen, aber irgendwann habe ich Ende der fünfziger Jahre die Zeit verpasst, als sie ausgemustert wurden.

Bild 18 – Achtung! Ernsthaft arbeiten – es wird fotografiert!

Der Schacht 248 war Ende 1950/Anfang 1951 noch nicht so groß, dass wir als Vermessungstruppe voll ausgelastet waren. So blieb nicht nur Zeit für diverse Spielchen, sondern dafür, mich, den Neuling in der Abteilung, richtig anzulernen. Bei den vielen Vermessungstechnikern, einer war, wenn ich mich richtig entsinne, vor dem Krieg oder kurz danach sogar als Vermessungsingenieur beschäftigt, musste ich hintereinander bis zu vierzig Winkel über Tage messen oder die gleiche Strecke unzählige Male nivellieren. Das hat mir später am Bergtechnikum in Freiberg, vor allem bei meiner Tätigkeit als Reviermarkscheider auf dem Schacht 250 im Objekt 9 sehr geholfen, wo ich bei Durchschlagsarbeiten dreißig und mehr Theodolithaufstellungen in einer Schicht bewältigen musste.
Natürlich gab es nicht nur Freude. Einige Wochen lang musste in jeder Schicht ein Markscheidergehilfe alle Vortriebsorte im Schacht messen, um die Planerfüllung zu kontrollieren. Ich glaube nicht, dass dadurch mehr Vortriebs- oder Abbau-Umfänge erzielt wurden, aber der sowjetische Schachtleiter und sein Hauptingenieur konnten nachweisen, dass sie etwas für den Plan getan hatten. Solche kindischen Einfälle blieben aber nicht auf diese Zeit beschränkt. In den 70er Jahren war zu Zeiten üblich, Schwierigkeiten bei der Erfüllung des Erzplanes dadurch zu beseitigen, dass ganze Schacht- und Revierverwaltungen auf Schichten verteilt und in die Grube geschickt wurden. Jeder wusste, dass das nur eine Alibi-Aktivität war, bei der nichts herauskam.

Bild 19 – Schach spielen ist schon eine sehr anstrengende Tätigkeit, vor allem, wenn man laufend aufpassen muss, dass keiner kommt. Das war zwar nicht unsere Hauptbeschäftigung, aber Entspannung musste schon mal sein.

Eines Tages wurde einer unserer Reviermarkscheider mittags in die Grube geholt, weil eine Strecke in seinem Revier beim Sprengen ohne Warnung in eine andere durchgeschlagen war. Bestand die Gefahr, dass zwei Grubenbaue bei den Sprengarbeiten ineinander durchschlagen konnten, musste die Markscheiderei mit einer speziellen Warnmeldung die Räumung beider Grubenbaue bei den Sprengarbeiten veranlassen. Das war hier versäumt worden. Der Skandal war groß. Glücklicherweise war nichts passiert und man konnte das unliebsame Ereignis, das bis in die Objektleitung oder noch weiter hinauf Wellen geschlagen hätte, auf dem Schacht „unter den Teppich kehren". Unser Kollege und die verantwortlichen sowjetischen Mitarbeiter kamen mit einem blauen Auge davon.
Es muss im Juni oder Juli 1951 gewesen sein, als unser sowjetischer Hauptmarkscheider unsere zwei Schwarzenberger Vermessungstechniker und mich zu sich bestellte. Wir waren alle drei etwas beunruhigt und überschlugen unser Sündenregister. Es kam anders, denn bei ihm saß ein sowjetischer Mitarbeiter. Es war, wie sich herausstellte, der Kaderleiter aus Breitenbrunn und der Dolmetscher. Der Personalchef machte uns mit der Tatsache vertraut, dass wir drei auf Vorschlag der Objekt- und Schachtleitung dazu vorgesehen wären, ein Jahr in eine Markscheiderklasse an das Bergtechnikum nach Freiberg zu gehen.
Ich wusste zu dieser Zeit noch nicht, dass es bei der SAG Wismut zahlreiche Qualifizierungsmaßnahmen gab. Das erfuhr ich erst im Verlaufe meines Ingenieurstudiums, als ich Kollegen kennen lernte, die schon 1948/49 viele verschiedene Lehrgänge besucht hatten. So gab es in allen Objekten von Marienberg über Annaberg, Johanngeorgenstadt, Aue bis Auerbach so genannte Bergschulen, auf denen fach- und sachkundige Bergleute in Vierwochenlehrgängen Hauer ausbil-

Bild 20 – Das Team der Markscheiderei des Schachtes 248 in Antonsthal – meine ersten Lehrmeister bei der Wismut.

Martin Schmidt (3. von rechts), ein zukünftiger Mitstreiter in Freiberg

deten. Steiger, Markscheider, Geologen, Normierer, Sprengmeister und andere Berufsgruppen erhielten in Sonderlehrgängen für leitende Mitarbeiter ein konzentriertes Fachwissen.

Ich hatte außer dem Abiturzeugnis nichts, keinen Nachweis über einen Beruf oder eine Fertigkeit in der Tasche. Viel Lust, mich mit einem Hungerstipendium vier oder fünf Jahre in einen Hörsaal zu setzen hatte ich auch nicht. Ich würde damit meinen Eltern, die beide auf die Sechzig zugingen und jeden Pfennig zweimal umdrehten, auf der Tasche liegen. Dabei war es fraglich, ob ich überhaupt eine Studiengenehmigung bekäme. Hier bot sich mir die Chance, wenngleich nicht mit einem Riesenverdienst, in absehbarer Zeit einen Technikerabschluss zu erhalten, mit dem man vielleicht sogar einmal in der volkseigenen Industrie unterkommen konnte. Ich übersah zu dieser Zeit noch nicht, dass ich damit selbst den Grundstein für ein Arbeitsleben im Uranerzbergbau legte.

Mir fiel der Abschied von meiner ersten Arbeitsstelle recht schwer. Er wurde mir dadurch erleichtert, dass mich zwei meiner Arbeitskollegen auf diesem Wege begleiteten. Ende August 1951 war es so weit. Vor der Objektverwaltung in Breitenbrunn stand ein Crossley-Sattelschlepper bereit, und wir dreißig zukünftigen Techniker aus dem Objekt fuhren in Richtung Freiberg.

Ein Jahr am Bergtechnikum der SAG Wismut in Freiberg

Das Schuljahr in Freiberg begann mit dem obligatorischen Laufzettel. Da alle anderen Objekte von Marienberg bis Auerbach (Objekt 6 im Vogtland) jede Menge Bergschüler geschickt hatten, war der Andrang riesengroß, aber die Leute vom Objekt 105, wie alle Betriebe der SAG Wismut hatte auch das Bergtechnikum seine „Geheimnummer, hatten alles im Griff. Die Klasseneinteilung war fertig, ich kam mit meinen zwei Kollegen vom Schacht 248 in die Markscheiderklasse M. Die Unterbringung erfolgte in der alten sächsischen Hausenkaserne an der Chemnitzer Straße.

Dort hatte man wahrscheinlich seit den Zeiten der alten Wettiner nichts mehr renoviert. Die Gebäude waren zerfallen, die Gänge dunkel, und die Zimmer, wie in einer Kaserne üblich, für acht Mann vorgesehen. Über die Wasch- und Toilettenräume schweigt des Sängers Höflichkeit. Ich hatte, durch meine Wismutzeit in Antonshöhe gewarnt, an sich nicht viel anderes erwartet, aber meine zwei Kumpel, die bis jetzt bei Muttern in Schwarzenberg gewohnt hatten, waren schockiert. Sie bissen jedoch die Zähne zusammen und haben mit uns anderen auf der Bude das Jahr gut durchgestanden. Wenn es ganz schlimm wurde, konnte man abends einmal in eine der vierundsechzig Freiberger Kneipen gehen, einen Skat spielen oder ein Bier trinken, mit 48 Pfennigen fürs einfache Helle war man dabei.

Der Unterricht war straff organisiert. Er begann um 7.30 Uhr und ging unterbrochen von einer Mittagspause bis 15.00 Uhr. Da die Küche direkt in der Schule war, gab es keine großen Aufenthalte. Für Frühstück und Abendbrot mussten wir selbst aufkommen und bekamen dafür die üblichen Wismut-Lebensmittelkarten. Von der Verpflegung her lebten wir also weitaus besser als die meisten Menschen in der DDR. Damit es uns nicht zu gut ging, gab es natürlich Schularbeiten, die wir in unserem dunklen Zimmer machten und die straff kontrolliert wurden.

Die Auswahl der Bergschüler war von den sowjetischen Kader- und Abteilungsleitern in Zusammenarbeit mit den Ober- und Reviersteigern auf den Schächten ohne große Beachtung der Vorbildung des Einzelnen vorgenommen worden. Es hatten vorwiegend jüngere, aktivere und einsatzbereitere Arbeiter ohne Beachtung ihres Ausbildungsstandes den Vorzug bekommen. In unserer Klasse mit dreißig Kommilitonen waren wir fünf Abiturienten, die nun die Aufgabe erhielten, den anderen Achtklassenschülern unter die Arme zu greifen. Einige hatten nicht einmal diesen Abschluss, weil sie vor dem Schulabschluss ausgesiedelt worden waren oder erst den „Endsieg“ in Hitlers Armeen sichern sollten. Das war besonders in den naturwissenschaftlichen Fächern und Mathematik nicht immer ganz einfach, weil viele Grundlagen fehlten. Die Vermessungstechniker gaben Nachhilfeunterricht an den geodätischen Geräten sowie über Messmethoden und Rechenverfahren. Wir haben es damals erreicht, dass alle dreißig Schüler unserer Klasse ihren Abschluss in den fünfzehn Fächern schafften, ohne dass irgendwelche Abstriche hinsichtlich der Leistung gemacht wurden. Nach den Noten der Abschlusszeugnisse fragte nach dem Abheften in den Kaderabteilungen der Schächte und Objekte niemand mehr.

Die Dozenten waren in den Markscheiderklassen, in denen sie als Klassenlehrer fungierten, Koryphäen ihres Faches. Einige waren Aussiedler aus den Bergbaugebieten Oberschlesiens, Rumäniens, Ungarns, der Tschechoslowakei. Es gab auch einige ehemalige Dozenten der Bergakademie Freiberg, von denen Lästermäuler behaupteten, dass sie dort wegen ihrer Mitgliedschaft in der NSDAP gefeuert worden wären. Die sowjetische Personalverwaltung interessierte das nicht, wenn es gute Fachleute waren. Sie waren alle Experten, und wir konnten bei ihnen etwas lernen. Ob sich vielleicht die fünf SED-Mitglieder aus unserer Klasse daran gestoßen haben, weiß ich nicht, beschwert hat sich niemand.

Unter diesen meist schon älteren Leutchen des Lehrpersonals gab es manches Unikum. Da war zum Beispiel ein konzessionierter Markscheider aus den oberschlesischen Steinkohlengruben des Grafen von Pless. Er war Klassenleiter einer Markscheider-Parallelklasse. Wir dachten immer, dass unsere Kollegen übertrieben, wenn sie von ihm erzählten, aber dann lernten wir „einen der Mannen des Grafen Pless“ als Vertretung für unseren erkrankten Klassenleiter kennen. Er erzählte uns voller Stolz aus seiner Vergangenheit. Sein Gehilfe teilte „dem Herrn Markscheider mit, dass der Theodolit aufgestellt war“, so dass dieser seine weißen Handschuhe überstreifen und den Winkel messen konnte. Das wird wohl niemand von uns bei der Wismut nachgeahmt haben.

Unser Klassenleiter und Lehrer für Markscheidekunde war ein konzessionierter Markscheider, der allein lebte und immer unglaublich liederlich angezogen zum Unterricht erschien. Seine Bergmannshabit, seine Arbeitskleidung, war nach jedem Unterricht von Kreide wie gepudert, aber man konnte sich in ihm sehr täuschen. Er war ein ausgezeichneter Mathematiker und was wir im Mathematikunterricht nicht mitbekamen, brachte er uns im Laufe seiner Geodäsiestunden bei. Zu dieser Zeit mussten alle Rechenoperationen von Hand, also mit Papier, Bleistift, und der siebenstelligen Logarithmentafel von VEGA ausgeführt werden. Die einzigen maschinellen Hilfsmittel waren die schon erwähnten Handkurbel-Rechen-

maschinen aus den Vorkriegsbeständen. Formulare für Koordinatenberechnungen, Nivellements, Vor- und Rückwärts-Einschnitte und was an vermessungstechnischer „Kleinarbeit" anfiel, stammten aus der Geodäsie oder wurde von uns selbst entwickelt. Ich habe hier besonders viele Erfahrungen gesammelt und später immer wieder gern darauf zurückgegriffen. Mit eigenen Vordrucken und Formularen konnte ich meine Arbeit teilweise übersichtlicher und leichter gestalten. Es gab ja bis zum Ende der Wismut in den einzelnen Abteilungen keine PC. Alles, was aufgehoben werden sollte oder musste, füllte lange Reihen von Ordnern.
Seit 1947/48 war in den Wismutbetrieben das Wort „Uran" mit allen seinen Begleiterscheinungen wie Zerfallsreihen und dem gasförmigen Abkömmling Radon streng geheim und kam nur aus Versehen einmal ins Gespräch. Auf dem Technikum habe ich zum ersten Male etwas von Atomphysik gehört. Unser Physiklehrer erläuterte sehr ausführlich die radioaktiven Zerfallsreihen bis hin zu den Grundlagen der Atombombe. Er ging sogar auf die gesundheitliche Gefährdung durch das Leber- und Nierengift Uran und das lungenkrebserregende Gas Radon ein.
Besonders angenehm habe ich am Bergtechnikum im Vergleich mit späteren Schulbesuchen empfunden, dass der gesellschaftspolitische Unterricht zu dieser Zeit nur zwei bis drei Stunden ausmachte. Politische Veranstaltungen liefen ausschließlich im Klassenrahmen ab. Meistens ging es darum, dass unsere Genossen in der Klasse einmal ein Plenum auswerteten oder ein Wettbewerbsaufruf im Kollektiv abgesprochen wurde. Damals hatte man mir sehr übel genommen, dass ich den Wettbewerb an einer Schule für ausgesprochenen Blödsinn erklärte. Ich war der Meinung, dass ich mich auf die Schulbank gesetzt hatte, um zu lernen und das nicht noch großartig schriftlich erklären müsste. Damit hatte ich den Nerv unserer „Berufsrevolutionäre" empfindlich verletzt und musste politisch vor der Klasse offenbaren, dass ich nichts, bitteschön aber auch gar nichts, gegen einen „sozialistischen Wettbewerb" hätte.
Einige zentrale Veranstaltungen fanden zu großen Feiertagen wie dem zweiten Jahrestag der DDR am 7. Oktober, dem vierundvierzigsten Jahrestag der „Großen Sozialistischen Oktoberrevolution" am 7. November 1951 oder am 1. Mai 1952 statt. Dort waren wir alle in die Aula eingeladen, unser Direktor Nowikow und der Sekretär der Schulparteileitung hielten flammende Reden mit dem obligatorischen Lob auf Stalin, die KPdSU und die mit ihr brüderlich verbundene SED. Wir erfuhren zum wer weiß wievielten Male, dass von Stalin lernen siegen lernen hieß. Die Vorbilder, Gelobten, Verehrten und Beglückwünschten haben wir anschließend mit einem großen Besäufnis auf Schulkosten hochleben lassen. Damals war

Bild 21 – Die feine Art ist das nicht, einen Kumpel beim Essen im Unterricht zu fotografieren, wo an sich eine straffe Disziplin gefordert war. Es gab kein unentschuldigtes Fernbleiben vom Unterricht. Es musste ein Krankenschein oder eine amtliche Bescheinigung vorgelegt werden. Als ich im März 1952 heiratete war eine Bestätigung des Standesamtes gefordert, bevor man mir zwei Tage frei gab.

mir zwar noch nicht klar, dass mich diese Rituale noch knapp vierzig Jahre begleiten würden, aber ich hätte es sowieso nicht ändern können und wollte es auch gar nicht.

Eine angenehme Unterbrechung im Schulalltag mit seinem strengen Rhythmus war das bergbautechnische Praktikum im April 1952 im Bergbau- und Hüttenkombinat „Albert Funk", dem Nachfolger und Nachräumer des uralten Freiberger Silberbergbaues. Die Wismut hatte in diesem uralten Silberbergwerk vergebens versucht, Uranerz zu finden und hier 1950 ihre Zelte abgebrochen. Seit dieser Zeit gewann ein volkseigener Betrieb Bleierz mit mehreren beigemengten Metallen, unter anderem Silber, Zink, Germanium und einigen weiteren Elementen. Für mich war es das erste Mal, dass ich in eine fremde Grube einfahren konnte und auf tiefere Sohlen kam. Ich hätte zwar auch gern einmal den berühmten Rothschönberger Stollen gesehen, aber das war zu dieser Zeit nicht möglich. Später habe ich das leider immer verpasst.

Die Wismut hatte sich das Recht ausbedungen, auf der halbelften Sohle ein Lehrbergwerk einzurichten. Dort konnten sich ihre Bergschüler auslassen. Unsere Markscheiderklasse musste verschiedene bergbauliche Arbeiten durchführen. Wir fuhren mit vier oder fünf Mann zum Beispiel einen Streckenvortrieb. Ich kann allerdings versichern, dass wir als Streckenvortriebsbrigade auf keinem Wismutschacht „das Salz in der Suppe" verdient hätten. Uns fehlte der Ehrgeiz, neue Rekorde aufzustellen. Das Aufsichtspersonal für alle diese Arbeiten musste das Bergtechnikum stellen, mit anderen Worten, wir kontrollierten uns selber.

Bild 22 – Unsere „Vortriebsbrigade" nach einer gelungenen Sprengung. Diese Fotos 1952 in einem Wismutschacht zu machen, wäre ein Spiel mit dem Feuer gewesen, es hätte ohne weiteres den Vorwurf der Spionage nach sich ziehen können.

Bild 23 – Treff im Füllort des Turmhofschachtes. Das Fotografieren in den Betrieben der Wismut und in deren Umgebung war bis in die 70er Jahre hinein immer ein Vabanquespiel. Man wusste nie, ob man nicht an einen „Scharfmacher" geriet, der in allem einen Verstoß gegen die Sicherheitsbestimmungen sah. Trotzdem existieren aus dieser Zeit viele Bilder.

Das Fotografieren und Filmen in den Schächten und Betrieben der SDAG Wismut war auch bis zur Wende für betriebliche Zwecke nur mit Sondergenehmigung zulässig. Ich kann mir aber vorstellen, dass das heute kein Privatbetrieb ohne weiteres erlaubt.

Langsam näherte sich die Zeit des Abschlusses. Wir wurden wieder an das Objekt 8 vermittelt. Für mich war der Schacht 161 im Seifenbachtal bei Johanngeorgenstadt vorgesehen. Die Kaderabteilungen wussten, wo welche Leute gebraucht wurden und so kamen wir nicht auf die Schächte, die uns ans Technikum delegiert hatten. Es war sinnlos, Wünsche nach dem Einsatz auf einem besonderen Schacht vorzutragen, weil die Perspektive des Objektes 8 sehr ungewiss und die Zusammenlegung mit dem Objekt 1 in Johanngeorgenstadt nur noch eine Frage der Zeit war. Sie erfolgte dann auch am 1. Dezember 1953. Ich arbeitete zu dieser Zeit schon viele Monate im Objekt 9 in Aue. Von den Ereignissen im oberen Erzgebirge erfuhren wir nur, wenn Kumpel aus diesen Objekten zu uns versetzt wurden.

Bild 24 – Ich habe die Zeit in Freiberg nie als Zwang empfunden und mich während der gesamten Arbeitsjahre bei der Wismut gern daran zurückerinnert. Leider weiß ich heute von keinem einzigen Kommilitonen aus dieser Zeit, wo er steckt, wie es ihm geht und ob er überhaupt noch lebt. Das liegt aber nicht nur an den anderen!

Noch ein Zwischenspiel im Objekt 8

Ich meldete mich in der Kaderabteilung auf dem Schacht 164 im Seifenbachtal und erhielt Quartier in der Barackenstadt Neuoberhaus, beide am Nordrand von Johanngeorgenstadt gelegen. Bei meiner späteren Beschäftigung mit der Geschichte der Wismut stellte ich fest, dass es nirgends eine solche Häufung von Schächten wie im Seifenbachtal bei Johanngeorgenstadt und im Silberbachtal in Oberschlema gab.

1952 fiel mir das nicht auf und es war mir gleichgültig, wie viele Stollen und Schächte dicht gedrängt beieinander angelegt waren. Erst mit einem besseren Wissen über technische und wirtschaftliche Grundlagen des Bergbaues sowie einer kritischeren Einschätzung fand ich die Gründe für dieses Phänomen heraus. Hier war tatsächlich nach der Methode der amerikanischen Goldgräber vom Yukon: „ein Claim, ein Kilo Erz, hundert Claims, hundert Kilo Erz" gearbeitet worden, ja es musste sogar so gearbeitet werden. Im Nachhinein betrachtet gab es für diese Handlungsweise vier Ursachen:

- In den Jahren von 1945 bis 1949 hatte die Sowjetunion keine Zeit, um auf Erz aus regulär erkundeten, ausgerichteten und abgebauten Lagerstätten zu warten, wenn sie nicht im Wettlauf um die Atombombe hoffnungslos zurückfallen wollte.
- Die Sowjetunion und die DDR hatten zu diesem Zeitpunkt weder finanziell noch von der Ausrüstung her die Mittel, um die notwendigen geologischen Untersuchungen für ein modernes Bergwerk durchzuführen und ein solches aufzubauen.
- Der Zweite Weltkrieg lag erst wenige Jahre zurück. Die Gefühle der Besatzungstruppen schlugen verständlicherweise durchaus nicht für die deutsche Bevölkerung. Viele der neuen Herren hatten im eigenen Lande miterlebt, wie die deutschen Besatzungstruppen in der Sowjetunion gehaust hatten. Sollte man da im besetzten Land des ehemaligen Todfeindes Rücksicht nehmen?
- Die Qualifikation der sowjetischen bergmännischen Leiter auf den Schächten bis hin zu den Objektverwaltungen war unzureichend, obwohl Spezialisten für die bergmännischen „Nebenberufe" wie Geologen, Markscheider, Geophysiker, Mechaniker und Ökonomen aus der Sowjetunion importiert wurden. Die bergmännischen Leiter in den Objektleitungen der Objekte 1/Johanngeorgenstadt und 8/Breitenbrunn waren vor allem gut ausgebildete Offiziere aller Waffengattungen, aber eben keine Bergleute. Das änderte sich erst, als Anfang der 50er

Jahre sowjetische und deutsche Bergbauspezialisten in die Objekte und die Generaldirektion in Siegmar einzogen und in der III. Verwaltung, dem späteren Projektierungsbetrieb, die Leitung in die Hand nahmen.

Unser deutscher Hauptmarkscheider auf dem Schacht 164, sozusagen der Mittelsmann zwischen dem sowjetischen „Natschalnik" (Chef) und uns, den „Pomoschtschniks" (Gehilfen), war ein „Spezialist" auf seiner Strecke. Er hatte in der Wehrmacht als Artillerieoffizier gedient. Die Landmesserei über und unter Tage war für ihn ein Buch mit sieben Siegeln. Er war nicht in der Lage, einen Polygonzug oder ein Nivellement aufzunehmen, geschweige denn, zwei Strecken im Gegenortbetrieb auf Durchschlag zu fahren. Er sprach aber fließend russisch, was ihn für sein Amt prädestinierte. Für die tägliche Kleinarbeit hatte er ein hoch qualifiziertes Team und fachlich sah unser sowjetischer Hauptmarkscheider ab und zu nach dem Rechten.
Als wir zwei Absolventen von Freiberg am 7. August 1952 auf dem Schacht 164 auftauchten, testete unser neuer deutscher Chef erst einmal unsere Fähigkeiten. Dabei ging es nicht um unsere markscheiderischen Kenntnisse, sondern wer von

Bild 25 – Das Seifenbachtal nördlich von Johanngeorgenstadt, eines der mit am meisten durchörterten Gebiete des Wismutterritoriums. Trotzdem wurden in diesem Skarngebiet nur 288 t Uran gewonnen. Was von den riesigen Hohlräumen verfüllt worden ist, entzieht sich meiner Kenntnis. (Nach Schuppan „Die Uranlagerstätten Sachsens", Sächsische Heimatblätter 41 (1995) Heft 5, Dresden 1995) (Aufnahme von Juli 2001)

uns zweien besser auf einer uralten Breitwagenschreibmaschine zu Recht kam. Es war noch ein Vorkriegsmodell, und ich hatte das Glück oder Pech, einigermaßen das Zweifinger-Such-System zu beherrschen. Deshalb bekam ich von ihm eine Spezialaufgabe. Einmal im Monat musste ich seitenlang „Frau-Wirtin-Verse" und andere obszöne Dichtungen abschreiben. Mit diesen Schriftstücken beglückte er interessierte sowjetische Mitarbeiter. Ich kann heute noch mit diesem, meinem Spezialwissen jeder guten Gesellschaft aus dem Wege gehen. Unsere sowjetischen Leiter beherrschten zwar kein Deutsch und zogen selbst für einfache Gespräche einen Dolmetscher heran, das schienen sie zu verstehen.

Von der bergmännischen Situation her war dieser Schacht ganz anders als der nur wenige Kilometer nördlich gelegene Schacht 248 in Antonsthal. Den umfangreichen Ausbau, der hier teilweise in Grundstrecken und Abbauen im Skarnbereich eingebracht werden musste, kannte ich von dorther nicht. Ich wurde damit etwas auf die Verhältnisse im Bergbaubetrieb 9 eingestimmt. In einem uranvererzten Skarnbereich kam hier zum Beispiel ein sehr ausbauintensiver Blockbau zur Anwendung, den ich in ähnlicher Form später in Aue vorfinden sollte.

Bild 26 Bild 27 – Links eine Strecke mit Türstockausbau und einem Rollenaustrag (Rollenschnauze) in Holz, rechts ein durchschlägiges Überhauen im Skarngebiet. Die Aufnahmen wurden in den 90er Jahren bei Befahrungen in den abgeworfenen Schächten 30 (Margarethe/Breitenbrunn) und 206 (Antonshöhe/Rittersgrün) gemacht.

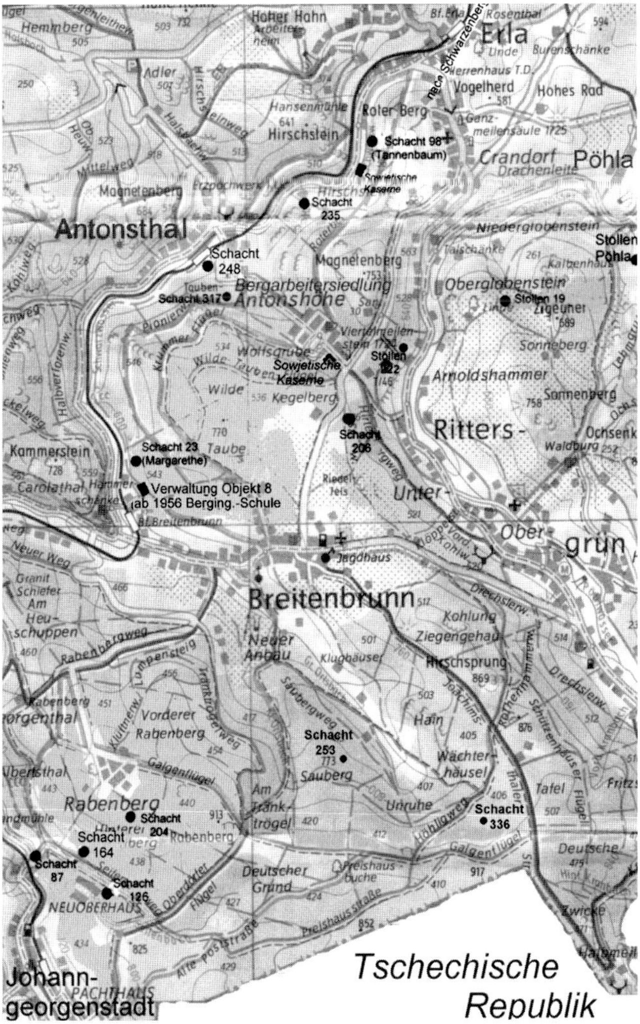

Bild 28 – Das Arbeitsgebiet der SAG/SDAG Wismut im Raum Schwarzenberg/Johanngeorgenstadt. Es werden nur einige wichtige Schächte des Objektes 8 angedeutet, die nicht koordinatenmäßig exakt erfasst sind. Bis auf den Stollen Pöhla, der erst 1967 begonnen wurde und bis zum Endes des Bergbaubetriebes 9 (Aue) in Betrieb war, endeten die Bergarbeiten hier 1958. Grundlage der Darstellung ist die Wanderkarte „Westerzgebirge" im Maßstab 1: 50 000 des VEB Tourist Verlag Berlin/Leipzig, Auflage 1988.

Markscheiderisch-fachlich gab es hier nicht viel zu lernen. Einmal schlugen wir einen alten Silberstollen aus dem 17. oder 18. Jahrhundert, den so genannten „Walt's Gott Stollen", an. Dessen Aufmessung nahm unser deutscher Chef selbst vor und gestaltete sie zu einem wahren Meisterwerk der Markscheidekunst und Geodäsie. Ich habe weder in meiner praktischen Tätigkeit auf dem Schacht 248 noch am Technikum und auch nicht danach eine derart „eigenwillige" Verknüpfung von Theodolit- und Kompassmessungen gesehen.
Es zog mich schon deshalb nach wenigen Monaten zu meinen Kumpeln vom Bergtechnikum, von denen viele im Objekt 9 in Aue arbeiteten. Zudem wollte ich näher an das Domizil meiner Familie in der Oberlausitz herankommen. Ein Umzug mit Frau und Kind, ich hatte 1952 noch als Bergschüler geheiratet, auf den Rabenberg bei Breitenbrunn war gescheitert. Meine Versetzungsgesuche landeten so regelmäßig wie ich sie einreichte beim sowjetischen Schachtleiter im Papierkorb. Ich hatte zwar vom Objekt 9 die Zusage, dass man mich einstellen würde, aber die Versetzung musste ich schon selbst klären.
Da kam mir der Zufall zu Hilfe. Am 5. März 1953 ging ich wieder einmal mit einem Antrag zu unserem Schachtleiter und fand in seinem Zimmer eine in Tränen aufgelöste sowjetische Crew vor. Mit feuchten Augen nahm er mein Versetzungsgesuch und unterschrieb es. Ich war perplex und konnte mir nicht erklären, was geschehen war. Erst als ich abends im Radio hörte, dass J.W. Stalin gestorben war, konnte ich mir das Verhalten der sowjetischen Mitarbeiter erklären. Man wird mich pietätlos nennen, aber mir war das, wie man so sagt, vollkommen schnuppe. Schon am nächsten Tag nahm ich Abschied von Johanngeorgenstadt. Auf dem Schacht 164 machte ich meinen Laufzettel und bekam in der Objektverwaltung in Breitenbrunn mein Versetzungsschreiben zum Objekt 9 in Aue. Zu dieser Zeit dachte ich nicht im Traum daran, dass dieser Betrieb, dieses Objekt, für mehr als siebenunddreißig Jahre mein berufliches Zuhause sein würde. Ich freute mich nur darauf, die Freunde und Kollegen, die mir auf dem Bergtechnikum so vertraut geworden waren, wieder zu sehen.

In der Markscheiderei auf dem Schacht 250

Zunächst musste ich mich erst einmal umgewöhnen, denn Aue war nicht Johanngeorgenstadt. Bereits in der Kaderabteilung des Objektes 9 machte man mich darauf aufmerksam, dass man keinen Wert auf Säufer, Randalierer und Fehlschichtler legen würde. Ich bekam eine Zuweisung zum Schacht 250 in Niederschlema.

Im Gegensatz zum Objekt 8 begrüßte mich in der Markscheiderei des Schachtes 250 ein junger, drahtiger Sowjetbürger, der aber kein Offizier, sondern Absolvent einer Bergbauschule in Moskau war. Er hatte, wie ich später merkte, auf uns junge Leute ein wachsames Auge, er misstraute uns nicht, aber kontrollierte unsere Arbeit. Nach außen vertrat er uns konsequent, auch gegenüber den sowjetischen Mitarbeitern und wusch, wie man zu sagen pflegt, „die dreckige Wäsche" in der Abteilung. Sein Motto war, dass ein Markscheider zwar ein guter Bergmann sein kann, ein Bergmann aber nie ein guter Markscheider. Das war natürlich auch etwas übertrieben, aber jede Berufsgruppe hat nun mal ihren Spleen!

Sein deutscher Vertreter war für uns junge Spunde ein sehr ernster älterer Herr in den vierziger Jahren. Ich stand vor meinem 22. Geburtstag und unser Durchschnittsalter war damals weit unter 30 Jahre. Er war Vermessungsingenieur und kam aus Wilkau-Haßlau bei Zwickau. Im Gegensatz zu den Schächten, die ich bisher kannte, herrschte in unserem Kollektiv auch bei der Grubenarbeit ein sehr korrekter Ton: „Herr Beyer, bitte leuchten Sie mal das Lot an". Die Hauer und alle anderen in der Grube amüsierten sich über unsere Vornehmheit, so dass wir „Jungschen" nach kurzer Zeit beschlossen, zum wismutüblichen „Du" überzugehen. Auch mit unserem „Herrn" Vermessungsingenieur kam es nach einem harten, aber sehr fair ausgetragenen Streit zu einem kollegialen „modus vivendi". Wir stellten fest, dass die gegenseitige Achtung nicht von der Ansprache, vom „Sie" oder „Du", abhängig ist.

Mein neuer Reviermarkscheider, mein unmittelbarer Vorgesetzter, war ein etwas wortkarger Mann in meinem Alter. Er legte Wert darauf, dass wir, seine Gehilfen, genauso mit allen anfallenden Arbeiten vertraut waren wie er. Mit anderen Worten: Das, was an tagtäglicher Kleinarbeit anfiel, wurde kollegial aufgeteilt. Ich musste mich sehr schnell mit allen anfallenden Mess-, Berechnungs- und Zeichenarbeiten vertraut machen. Das war notwendig, um die Urlaubs- oder Krankheitsvertretung übernehmen zu können. Unser Senior in der Truppe war von Beruf Feinmechaniker, so dass unsere Geräte wie Theodolithen, Nivelliergeräte, Stative, Bandmaße stets tipptopp in Ordnung waren. Nervend war allerdings die Enge in den Büroräumen. Zu besonderen Anlässen, wie den monatlichen Abnahmen der Bergarbeiten, hing man mit seinen Rissen immer auf dem Schreibtisch des Nachbarn oder der war einem im Wege.

Ich hatte das Glück, dass nach knapp anderthalb Jahren mein Reviermarkscheider in der Wismut keine persönliche Perspektive mehr sah und im September 1954 ein Studium an der Bauingenieurschule Glauchau aufnahm. Obgleich ich nicht Mitglied der SED war wurde ich ab 1. September 1954 zu seinem Nachfolger berufen. Die Parteizugehörigkeit spielte damals noch nicht die Rolle wie wenige Jahre später. Der Einsatz von ingenieurtechnischen Mitarbeitern hing mehr von der Einschätzung des sowjetischen Hauptingenieurs und seinen Abteilungsleitern ab. Für mich war es ein großer Vorteil, weil sich mein Einkommen dadurch um mindestens die Hälfte erhöhte. Bei einem getrennten Haushalt und mit zwei Kindern ein Geschenk des Himmels.

Durch die geschickte Arbeitsverteilung unseres Reviermarkscheiders hatte ich schon in meiner Zeit als Markscheidergehilfe, der richtige Titel war „Markscheideroberarbeiter", sehr lang, aber nicht sehr lukrativ – einen so guten Kontakt mit dem ingenieurtechnischen Personal „meines" Bergreviers, so dass es zu keinerlei Einarbeitungsproblemen und einem nahtlosen Übergang in meine neue Tätigkeit kam. Der Reviersteiger, ein älterer und ruhiger schlesischer Bergmann, der Reviergeologe, mit dem mich bis zu seinem Tode 1996 gute kollegiale Beziehungen verbanden, der Reviergeophysiker, der mich nach meinem Ingenieurstudium 1958 in eine neue Tätigkeit einarbeitete, und all die anderen, die vom Markscheider Zahlen brauchten, nahmen trotz meiner Jugend meine neue Dienststellung zur Kenntnis und akzeptierten mich. Ich war gerade einmal 23 Jahre alt. Als ich wenige Monate später meinen ersten Durchschlag fahren musste, zwei Gesenke erhielten über 300 Meter Entfernung eine Verbindung, und erfolgreich abschloss, drückte mir mein Reviersteiger kräftig die Hand. Diese Geste bedeutete mir mehr als jeder Orden.

Inzwischen hatte ich auch meine Umgebung ein bisschen erkundet und mich mal so umgesehen, wohin ich denn da geraten war. Zu den Schichtwechseln – früh 6.00 Uhr, mittags 14.00 Uhr und abends 22.00 Uhr – drängten sich Tausende von Bergleuten auf den Bahnhöfen in Nieder- und Oberschlema. Auf den Busbahnhöfen, bei den Kumpeln bis zum Ende des Erzbergbaues nur als „Gummibahnhöfe" bekannt, kamen zu jedem Schichtwechsel dreißig, vierzig Omnibusse aus allen Himmelsrichtungen an. Das Objekt 2 in Oberschlema war mit dem aufgelösten Objekt 3 in Schneeberg zusammengelegt worden und hatte noch mehrere tausend Mann Belegschaft.

Das Radiumbad Oberschlema, einst ein weltbekannter Kurort, gab es nicht mehr, es war schon zum großen Teil dem Abriss zum Opfer gefallen. Die Gästehäuser um den Kurpark waren mit einem grünen Bretterzaun eingefasst und beherbergten fremde und bei den Einheimischen ungeliebte und unbeliebte Gäste. Es war das sowjetische Leitungspersonal der Schächte und Betriebe der Objekte 2 und 3 sowie der Probezeche am Bahnhof Oberschlema. Ein großer Ärger entstand, dass man die in diesem „sowjetischen Sektor" wohnenden Oberschlemaer aus

ihren Häusern ausquartiert hatte. Zu dieser Zeit 1953/54 bestanden noch einige sowjetische Garnisonen in Aue, Schlema und Schneeberg, die das Bewachungspersonal für die Schächte stellten und aufpassen mussten, dass ihre Landsleute in den Wohngebieten sicher lebten.
Für viele deutsche Bergleute und ihre Familien waren in Schneeberg ab 1951 die „Siedlung des Friedens", in Oberschlema die Siedlung in der Straße der Freundschaft (heute Rathausstraße) und in Aue die Wohnblocks auf dem Zeller Berg entstanden. Hier hatten zahlreiche Aussiedlerfamilien und Bergleute aus allen Teilen der Republik ein neues Zuhause gefunden. Sehr viele auswärtige Bergleute wohnten aber noch in den großen Baracken-Siedlungen in und um Schneeberg und in den Ortsteilen von Schlema. Trotzdem reichten die Unterbringungsmöglichkeiten für die vielen neuen Arbeiter, die das rasch wachsende Objekt 9, das Werk 512, der spätere Betrieb für Bergbauausrüstungen (BBA), das Aufbereitungsobjekt 100, die spätere Nickelhütte, die Betriebsschule in Niederschlema und der Transportbetrieb in Aue einstellten, nicht aus. Neulinge wie ich mussten erst einmal in der Bergarbeitersiedlung in Raschau, einer Siedlung für die obererzgebirgischen Objekte 1 und 8, hausen und darauf warten, dass in oder um Aue oder Schlema ein Platz frei wurde.
Das war insofern belastend, dass ich oft Probleme hatte, in mein Quartier zu kommen. Als Markscheidergehilfe erwartete man von mir, dass ich zu den halbmonatlichen und monatlichen Abnahmen der Bergarbeiten ohne zeitliche Einschränkung zur Verfügung stand. Es war nicht möglich, bei den so genannten Dekaden und deren Auswertung zur Busabfahrt um 15 Uhr zu verschwinden. Daher sah ich mich sehr schnell nach einem anderen Quartier um. Das fand ich schon im Mai oder Juni 1953 in der alten Dampfweberei in der Muldenstraße in Aue. Das war ein Arbeiterwohnheim des Aufbereitungsobjektes 100, in der Nähe bei meiner allerersten Wismutunterkunft, dem Gasthof Auerhammer. Es war ein fürchterlich dunkler Bau, aber wir wohnten zu dritt in einem recht großen Zimmer und vertrugen uns prima. Dorthin zu gelangen, war sehr einfach. Entweder fuhr man per Anhalter nach Aue oder aber lief einfach am Floßgraben entlang durch den Wald. Da etliche meiner Mitstreiter ebenfalls in Aue wohnten, bin ich den Weg eigentlich nie allein gegangen, was allerdings zur Folge hatte, dass wir öfter mal im „Wettiner Hof" in Aue auf ein Glas Bier für 48 Pfennige einkehrten.
Den 17. Juni 1953, an dem es in vielen Teilen der DDR zu Protesten gegen die Politik der SED kam, habe ich nur sehr vage in Erinnerung. Wir hatten an diesem Tag in der Markscheiderei die halbmonatliche Abrechnung der Bergarbeiten gemacht und waren erstaunt, als wir so gegen acht Uhr nach Aue kamen und einer Polizei-

streife in die Hände liefen, die uns ausgiebig kontrollierte. Unsere Frage, was denn los sei, wurde mit einem ungläubigen Blick und Kopfschütteln nicht beantwortet. Wahrscheinlich nahmen die Volkspolizisten an, dass wir sie „auf die Schippe nehmen" wollten. Es war damals nicht üblich, auf der Arbeitsstelle Radio zu hören, so dass wir tatsächlich vollkommen ahnungslos waren und wirklich nicht wussten, was im Lande vorging.

Den ganzen Umfang der Ereignisse erfuhren wir am nächsten Tag auf dem Schacht, als Partei- und Gewerkschaftsleitungen große Versammlungen veranstalteten und uns aus ihrer Sicht über die Ereignisse in der DDR informierten. Unsere Hauerbrigaden merkten die Folgen zuerst. Die so genannten „freiwilligen" Normerhöhungen der Vorwochen und -monate wurden rückgängig gemacht. Ich konnte nach dem 17. Juni meine Arbeiterrückfahrkarte, die bei einem Einkommen über 500 Mark zukünftig wegfallen sollte, wieder zum ermäßigten Preis kaufen und wie bisher jede Woche zu meiner Familie in die Oberlausitz fahren. Ohne die bisherige Fahrpreisermäßigung von 75% wäre mir das nicht mehr möglich gewesen.

Ich müsste lügen, dass ich mir zu dieser Zeit sehr viele Gedanken um diese Geschehnisse gemacht hätte. Wenn ich die Autoren, die sich nach 1989/90 mit der Wismutgeschichte beschäftigten, richtig verstanden habe, sind diese spontanen und zum Teil sehr heftigen Proteste im Lande in der ganzen Wismut kaum zur Kenntnis genommen worden. Die Erhebungen waren zwar mit sowjetischer Hilfe niedergeschlagen worden, aber wir spürten keine Reaktionen bei der Zusammenarbeit mit unseren sowjetischen Leitern. In den Abteilungen der Schächte gab es kaum Gespräche über die Vorfälle in den anderen Teilen der DDR. Teilweise brachten die Bergarbeiterbrigaden sogar besonders hohe Leistungen. Sicherlich hängt das damit zusammen, dass wir als Wismutbergarbeiter einschließlich der Kumpel anderer Bergbauzweige gegenüber der „normalen" Bevölkerung in diesen Jahren privilegiert waren. Das zeigte sich bei höheren Löhnen und Lebensmittelkarten, ging weiter mit dem forcierten Wohnungsbau in den Bergbauregionen, einer besseren Industriewarenversorgung und drückte sich in einer umfangreicheren Versorgung mit Kuren und Ferienplätzen aus.

1955 erschienen vier neue Leute in unserer Markscheiderei, alle Mitglieder der SED. Das Objekt Freital-Gittersee bei Dresden war aufgelöst und wieder als Steinkohlenbergwerk in Betrieb genommen worden. Die Urangehalte der rotliegenden Steinkohlenformation im Döhlener Becken hatten drastisch abgenommen. Dank des taktisch und menschlich klugen Verhaltens ihres ehemaligen deutschen Hauptmarkscheiders, der mit zu uns auf den Schacht 250 gekommen war, ging die Integration in unsere kleine verschworene Gemeinschaft recht reibungslos vonstatten. Ansätze von Besserwisserei gab es zwar von beiden Seiten, aber sie wurden schnell, manchmal mit einem etwas derben Humor aus der Welt geschafft.

So hatte sich einer unserer neuen Kollegen einige Werke aus der begehrten „Kontingentliteratur" besorgt. Kontingentbücher waren Fachbücher aus dem westlichen Ausland, aber ich habe nie herausbekommen, wer darüber verfügte. Er war als Mitvierziger schon bedeutend älter als wir und verspürte den Drang in sich, uns junge Leute ein bisschen zu erziehen. Stolz zeigte er uns die „Markscheidekunde" von Schulte-Löhr, ein westdeutsches Standardwerk, die „Geologie" von Kuckuck oder die „Bergbaukunde" von Heise – Herbst – Fritsche.

Die Bücher lagen wohl verwahrt und originalverpackt in seinem Schreibtisch. Am Sonnabendmittag, zu dieser Zeit war der Sonnabend noch ein Arbeitstag, holte mich unser Feinmechaniker, ein überaus geschickter, aber auch stets zu Streichen aufgelegter Kollege, in unsere Gerätekammer. Er zeigte mir vier sauber in Buchform bearbeitete Holzplatten. Da unser Buchfan gerade außer Haus war, packten wir die wertvolle „Westliteratur" vorsichtig aus und die „Holzbücher" ein, informierten aber vorsichtshalber unseren deutschen Chef. Der spielte mit und schloss die wertvolle Kontingent-Literatur in seinem Panzerschrank ein. Da die Zeit drängte, unser Kollege musste wie ich zum Zug nach Dresden, warf er seine vier Bücher in die Aktentasche und verschwand. Ich stieg an diesem Tag prophylaktisch in ein anderes Zugabteil, weil ich befürchtete, dass ihn auf der Heimfahrt die Leselust packen könnte.

Am Montagmorgen gab es Skandal. Die Vorwürfe gingen über neidische Diebe bis hin zu schwerem Diebstahl, aber als wir die Bücher dann unversehrt aus dem Blechschrank holten, gab es nur noch böse Blicke, ein Aufatmen und dann stimmte er erleichtert in unser Gelächter ein. Wir aber konnten feststellen, dass wir da eigentlich einen sehr patenten Mitarbeiter bekommen hatten. Ob diese Methode allerdings immer als Erziehungsmittel taugt, ist wohl zu bezweifeln.

Das waren nur Auflockerungen im Alltagsgeschehen und nicht immer war die Arbeit lustig. Neben den Abnahmen der Umfänge und der Aufnahme der untertägigen Grubenbaue gab es noch viele andere Aufgaben und nicht selten auch Pannen.

Ich war noch nicht allzu lange als Reviermarkscheider in Amt und Würden als mich die Aufmerksamkeit meines Reviersteigers vor einem gefährlichen Fehler bewahrte. Zu dieser Zeit arbeiteten in unserem Schacht zwei Objekte, einmal wir, das Objekt 9 als Vorrichtungs- und Gewinnungsobjekt und das Objekt 11 als Aus-

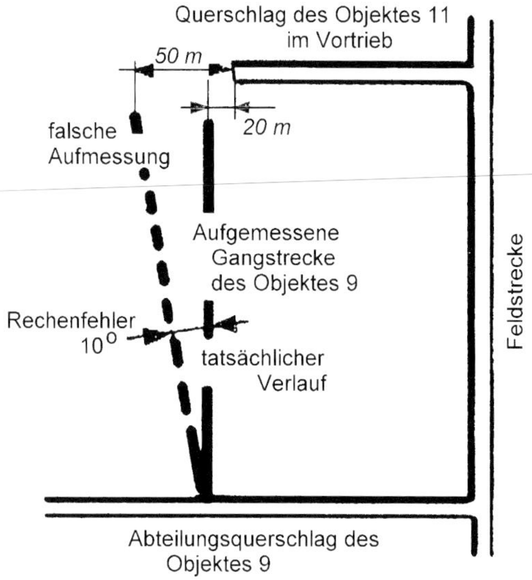

Bild 29 – In der Skizze ist die Situation bei der Annäherung unserer Gangstrecke an den im Vortrieb befindlichen Querschlag des Nachbarobjekts angedeutet. Durch die falsche Aufmessung der Gangstrecke erscheint diese 30 m weiter entfernt als sie das tatsächlich ist.

richtungsobjekt. Natürlich kamen wir mit unseren Gangstrecken immer wieder in die Nähe der Querschläge und Feldstrecken unserer Nachbarn oder schlugen in sie durch. Das setzte sehr präzise Absperrmaßnahmen von beiden Seiten voraus, damit bei Sprengarbeiten im Gefahrenbereich (ab 10 m Abstand der Grubenbaue) keine Gefährdung für die dort tätigen Bergleute auftrat. Ich hatte von meinem Vorgänger eine Gangstrecke übernommen, die auf einen Querschlag des Objektes 11 zufuhr, sich aber noch im Abstand von etwa 50 Meter von diesem bewegte. (Bild 29). So war ich zwar etwas erstaunt, aber noch keineswegs beunruhigt, als mir mein Reviersteiger mitteilte, dass man in der Gangstrecke sehr deutlich die Bohrgeräusche und noch deutlicher die Sprengungen aus dem Querschlag hörte. Meine Gehilfen überprüften das in der Grube und bestätigten mir diese Vorgänge. Nun wurde ich unruhig und machte mich daran, die Rechnungen meines Vorgängers zu überprüfen.

Mir ist noch nie der Schreck so in die Glieder gefahren wie damals, als ich das Ergebnis meiner Kontrolle vor Augen hatte. Bei der Berechnung des Anschlusswinkels aus unserem Querschlag, im Bild 29 Abteilungsquerschlag des Objektes 9, war ein Fehler von 10 Grad unterlaufen. Der führte dazu, dass auf die 170 Meter Länge unserer Strecke eine Verschwenkung von etwa dreißig Meter weg vom Querschlag des Objektes 11 zustande kam. Mit anderen Worten, wir waren nicht, wie das

meine Koordinaten aussagten, etwa 50 Meter vom Querschlag des Objektes 11 entfernt, sondern nur noch 20 Meter oder weniger. Ich musste zu meinem sowjetischen Chef beichten gehen, der mir gehörig den Kopf wusch. Ich hätte leichtfertig die Zahlen meines Vorgängers vor allem an diesem kritischen Punkt übernommen. Er sprach mit seinem sowjetischen Amtsbruder, ich mit meinem Reviermarkscheiderkollegen vom Objekt 11. Wir konnten diese Geschichte, die durchaus sehr böse Folgen hätte haben können, bereinigen.
Ich denke heute noch lieber nicht daran, wie diese möglichen Folgen meines Versäumnisses ausgesehen hätten. Dabei hätte das nicht passieren müssen, denn mit sehr einfachen Rechenoperationen, die ich in Freiberg gelernt hatte, konnte man solche Fehler aufdecken. Ich habe daraufhin in einer Gewaltaktion von zwei Tagen sämtliche Koordinaten auf meinen beiden Sohlen –180 Meter und –210 Meter überprüft. Meine Markscheiderkollegen auf dem Schacht 250 machten mir aus diesem Vorfall keine Vorwürfe. Sie waren selbst so skeptisch gegen ihre eigene Arbeit geworden, dass sie es mir nachtaten und ihre sämtlichen Berechnungen überprüften. Allerdings konnte ich nichts mehr daran ändern, dass wir etwa vierzehn Tage später mit einem Höhenunterschied von anderthalb Metern über der Querschlagsohle durchschlugen und unsere Strecke neu anfahren mussten.
Ein besonderes Bonbon waren vor allem die Seilscheibenmessungen, wo man in luftiger Höhe versuchte, sich auf dem schwankenden Holzfördergerüst mit dem Theodoliten einen festen Standpunkt zu verschaffen. Wegen einer markscheiderischen Messung stellte niemand den Förderbetrieb ein. Nicht ganz so extrem, aber vor allem im Winter genauso ungemütlich, waren die Haldenmessungen, wo die Lage der Halde, ihre Ausbreitung und ihr Volumen bestimmt wurden. Es gab damals noch keine fotogrammetrischen Messmethoden, und man musste an jedem Messpunkt die Tachymeter-Latte aufstellen. Immer wenn ich bis in die neunziger Jahre an der Halde des Schachtes 250 vorbeikam fielen mir die artistischen Einlagen ein, die ich dort als Markscheider gemacht hatte. Heute ist die Halde verschwunden und hat einer schmucken Siedlung Platz gemacht.
Mitte Juni 1955 ging ich in Urlaub und war entsetzt, als ich aus der Presse erfuhr, dass es auf unserem Schacht am 16. Juni einen Grubenbrand gegeben hatte. Dabei waren 33 Menschen, darunter einige sehr gute Bekannte, ums Leben gekommen. Wir hatten in den Ausrichtungsgrubenbauen auf den oberen Sohlen sehr wenig Ausbau, und ich konnte mir nicht vorstellen, was da überhaupt gebrannt haben sollte. Ich war, wie die meisten meiner Kollegen vom ingenieurtechnischen Personal der Ansicht, dass es in einer Erzgrube mit so wenig Ausbau wie bei uns gar nicht brennen könne. Bereits Ende der vierziger Jahre hatte es

aber in Johanngeorgenstadt und auf Nachbarschächten im Objekt 2 in Oberschlema Brände in Gesenken und Strecken gegeben. Wie wir von den Kollegen der umliegenden Schächte nach dem Brand erfuhren, waren dabei keine Menschen zu Schaden gekommen. Ich musste nach meiner Rückkehr aus dem Urlaub die Umfänge des Grubenbrandes mit aufnehmen. Wir waren alle schockiert, was da abgebrannt war, ja überhaupt brennen konnte. Es war uns unverständlich, wieso unsere Objektleitung und die Generaldirektion, die es eigentlich besser wissen mussten, mit großer Leichtfertigkeit über bekannte Gefährdungen weggehen konnten.

Ich habe mich auf der Ingenieurschule und nach der Wende intensiver mit diesem Ereignis befasst und musste mit Erschrecken feststellen, dass die große Anzahl toter Kollegen nicht allein auf den Brand zurückzuführen war. Das verantwortungslose Handeln und die Machtbesessenheit einiger Leiter, die nicht in der Lage waren, ihre Maßnahmen zu koordinieren, hatten zu dem großen Umfang der Katastrophe geführt. Das betraf nicht nur das sowjetische Leitungspersonal, sondern vor allem die deutschen Leitungsmitglieder, Mitarbeiter der Partei, der Gewerkschaft und der Sicherheitsorgane wie des Staatssicherheitsdienstes, der Feuerwehr und der Polizei.

Erst auf der Ingenieurschule in Breitenbrunn und bei einem Lehrgang an der Hauptstelle für das Grubenrettungs- und Gasschutzwesen in Leipzig wurde mir bewusst, wie unwissend auch wir, die Mitarbeiter des ingenieur-technischen Personals der Schächte und Betriebe, auf dem Gebiet von Grubenbränden waren. Ich wusste zwar, dass Kohlenmonoxid CO ein überaus giftiges Gas ist, aber konnte mir nicht vorstellen, dass in den doch recht großen und weitläufigen Grubenbauen derartig hohe Konzentrationen auftreten können.

Wenn ich heute die Berichte von Zeitzeugen über die Katastrophe auf dem Schacht 250 lese und die Leichtfertigkeit bedenke, mit der deutsche und sowjetische Leiter bis hinauf in die höchsten Leitungsebenen bei diesem Ereignis gehandelt oder auch nicht gehandelt haben, möchte man beinahe dankbar sein, dass dieser Grubenbrand nicht noch schlimmere Folgen hatte. In einem Artikel im Heft 5/95 der „Sächsischen Heimatblätter" gehen unter Berufung auf Zeitzeugen Schiffner und Neubert sehr ausführlich auf die Ursachen und den Verlauf dieses größten Grubenunglücks bei der SAG/SDAG Wismut ein.

Es ist im Nachhinein sehr bedrückend, dass es erst eines Geschehens mit dreiunddreißig Toten bedurfte, um die Verantwortlichen im Staat und im Industriezweig auf ihre Verantwortung hinzuweisen. Neue und eindeutige gesetzliche Festlegungen beendeten mit klaren Festlegungen der Verantwortlichkeit für den Einsatz von

Bild 30 – An der Stelle, wo bis in die 70er Jahre der Schacht 250 stand, hat die Gemeinde Schlema den dreiunddreißig toten Bergleuten der Grubenkatastrophe von 1955 und allen verunglückten Bergleuten der SAG/ SDAG Wismut ein schlichtes Denkmal gesetzt.

Havariekommissionen das Kompetenzgerangel. Auch für uns Betriebsingenieure war es eine bittere Lehre. In der Zukunft schenkten wir dem Unfall- und Havariegeschehen bei unserer täglichen Arbeit eine weitaus größere Aufmerksamkeit. Für mich persönlich war diese Katastrophe, bei der viele mir bekannte Kumpel starben, der Anlass, mich ständig mit den aktuellen sicherheitstechnischen Bestimmungen, oder wie es im Amtsdeutsch hieß, mit den aktuellen gültigen „gesetzlichen Bestimmungen und betrieblichen Weisungen" vertraut zu machen.
Allerdings begleitete mich mein ganzes Arbeitsleben lang der Ärger, dass auf dem Gebiet des Gesundheits- und Arbeitsschutzes durch die betrieblichen und gewerkschaftlichen Organe eine mit den Jahren immer mehr zunehmende Rückversicherungstaktik betrieben wurde.
So mussten die einfachsten Grundlagen des Facharbeiterwissens in betriebliche Unterlagen wie die Standardtechnologien und Arbeitsanweisungen eingearbeitet werden, um dem Aufsichtspersonal wie den Schicht- und Abteilungssteigern Versäumnisse ihrer Aufsichtspflicht nachweisen zu können. Ich habe das einmal sehr drastisch ausgedrückt und mir bitterböse Blicke seitens der Partei- und Gewerkschaftsfunktionäre dafür eingehandelt. So wie in den achtziger Jahren die Arbeitsanweisungen, technologischen Festlegungen und zusätzliche Arbeitsin-

struktionen für einzelne Betriebspunkte aufgebaut waren, hätten wir im Prinzip auf die Facharbeiterausbildung verzichten können. Es stand sowieso alles nochmals in diesen Papieren.
Für uns bedeutete die Auswertung dieser Katastrophe viel Arbeit. Von allen Sohlen mussten Havariepläne in vielfacher Ausfertigung gezeichnet werden. Zu dieser Zeit gab es bereits mindestens zehn Abbau- und fünf Ausrichtungssohlen. Da ich noch von der Oberschule her die kyrillische Schrift gut beherrschte, durfte ich die Pläne für die sowjetischen Einsatzleitungen beschriften, eine Arbeit, die mich das erste Mal in meiner Dienstzeit auf Wochen hinaus enger mit sowjetischen Mitarbeitern zusammenbrachte. Da wir gar nicht so viele Dolmetscher hatten, um alle Schichten zu besetzen, ging die Verständigung in einem deutsch-russischen oder russisch-deutschen Sprachgemisch vonstatten. Die sechs oder acht Wochen gemeinsame Arbeit bis in die tiefe Nacht schufen ein gutes Verständnis zwischen uns. Außerdem konnte ich meine Russischkenntnisse auffrischen und vervollständigen.
Ende 1955 hatte unser deutscher Hauptmarkscheider des Schachtes 250, stellenplanmäßig gab es diese Funktion nicht, sondern es war der dienstälteste Reviermarkscheider, die tägliche Eisenbahnfahrerei satt und fing in seiner Heimatstadt Wilkau-Haßlau in einem Vermessungsbüro an zu arbeiten. Er war Vermessungsingenieur und hatte kein Problem damit, eine vernünftig bezahlte Arbeit zu finden. Seine Stelle übernahm der Kollege, der mit den „Freitalern" zu uns gekommen war und dort schon diese Funktion inne gehabt hatte.
Er ist einer der Menschen, die mich für mein ganzes Leben so nachhaltig geprägt haben, dass ich heute noch gern an ihn denke und glücklich wäre, wenn ich ihn hin und wieder um Rat fragen könnte. Ich habe in meinem Arbeitsleben selten wieder so einen klugen, kompromissbereiten und guten Menschen kennen gelernt. Als Soldat hatte er im Krieg, den er in voller Länge mitmachen musste, viel Elend gesehen und war darüber menschlicher geworden. Natürlich musste er uns jungen Spunden, er war so um die Ende dreißig, auf Grund seiner Funktion auch einmal die Leviten lesen, aber er hat nie jemanden dabei gedemütigt. Wenn es sich nur um ein persönliches Versagen gehandelt hatte, rügt er den Fehler im persönlichen Gespräch mit dem betreffenden Kollegen. Ein Nachtragen habe ich bei ihm nie erlebt. Seine besondere Stärke war sein gutmütiger Spott, der Kleinigkeiten als das wertete, was sie tatsächlich waren. Er machte „aus einer Mücke keinen Elefanten." Leider habe ich ihn nach meiner Rückkehr von der Ingenieurschule im Frühjahr 1958 nicht mehr angetroffen: er war an einem bösartigen Gehirntumor verstorben.

Im Frühjahr 1956 sprach es sich herum, dass in Breitenbrunn eine Ingenieurschule für den Erzbergbau aufgemacht worden war. In der konnten langjährige Wismutkader, wie die Leiter der Gründerjahre, aber auch die, die als Aussiedler ohne Qualifikation die erste Wismutgeneration mit den Grundlagen des Bergbaues vertraut gemacht hatten, in Kurzlehrgängen von neun Monaten ihren Ingenieurabschluss erwerben.
In weiteren Kurzlehrgängen von achtzehn Monaten Dauer sollten Leute, die bereits am Bergtechnikum Freiberg bestimmte Grundlagen erworben hatten, diese Möglichkeit erhalten. Darüber hinaus war vorgesehen, in Fachschulklassen von drei Jahren Dauer, der in der DDR üblichen Fachschulzeit, jüngere Leute auszubilden, um genügend qualifiziertes Personal für die mittleren Leitungsebenen aller Fachrichtungen zu erhalten.
Durch Neuzugänge erfuhren wir, dass in den Objekten im mittleren und oberen Erzgebirge in der Gegend um Annaberg herum, aber auch in den Bergbauregionen der ersten Stunde, Johanngeorgenstadt, Breitenbrunn, Schneeberg und Oberschlema, der Uranerzbergbau in den letzten Zügen lag. Im Vogtland hielten sich wohl um Zobes bei Auerbach herum noch einige Schächte, aber auch deren Ende sollte bereits vorprogrammiert sein. Dagegen taten sich im nordwestlichen Teil der Lagerstätte Niederschlema-Alberoda (Stadtteil von Aue) bis hin nach Hartenstein große Vorräte auf. Gerüchte sprachen von erbohrten Uranerzgängen bis in 2400 Meter Teufe.
Es stimmte uns nachdenklich, dass unsere Kollegen aus der Zwickauer Gegend so gut wie alle nach Thüringen versetzt wurden, wo die sedimentären Ostthüringer Erzkörper eine ungeahnte Erweiterung zeigen sollten. Man sprach schon von Bohrungen unter die Braunkohlenflöze in der Leipziger Tieflandsbucht. In der Sächsischen Schweiz liefen, wie wir durch Bekannte bei den Erkundungsexpeditionen erfuhren, umfangreiche Bohrprogramme. Das waren zwar alles nur Gerüchte, aber sollte es jemals zum Abbau all dieser Lagerstätten kommen, erforderte das eine große Anzahl mittlerer leitender Angestellter für den bergmännischen Bereich und die Fachabteilungen. Diese Umfänge hätten die zwei Bergbaufachschulen der DDR in Eisleben und Senftenberg und eventuell noch die Bergakademie Feiberg niemals ausbilden können. Diese Tendenz ließ auch erahnen, dass das Abschlusszeugnis des Bergtechnikums Freiberg zukünftig nicht mehr für eine leitende Funktion ausreichen würde.
Ich weiß nicht, ob unser deutscher Abteilungsleiter den Auftrag erhalten hatte oder von sich aus an mich herantrat und mir nahe legte, die einmalige Chance zu nutzen, in achtzehn Monaten zu einem Ingenieurabschluss zu gelangen. Beson-

ders wichtig war dabei für mich, dass ich gleichzeitig mein Grundgehalt als Reviermarkscheider, das waren immerhin 900 Mark, weiter erhielt. Da wir bereits eine vierköpfige Familie waren und im Herbst 1956 nochmals Nachwuchs anstand, sprach ich mich mit meiner Frau ab und willigte ein. Gleichzeitig stellte ich einen Antrag auf Aufnahme in die SED. Ich war zu der Überzeugung gelangt, dass man nicht immer nur nehmen kann, sondern auch bereit sein musste, etwas für das Land zu tun, in dem man lebte und noch mindestens vierzig Jahre arbeiten wollte. Einen entscheidenden Einfluss auf diesen Entschluss hatte ebenfalls unser deutscher Hauptmarkscheider, den ich als integren Menschen kennen und schätzen gelernt hatte. Dass nicht alle Mitglieder dieser Partei dieses Prädikat verdienten, war mir auch klar. Mir wurde bewusst, dass ich mit meiner Entscheidung für den Beruf des Bergingenieurs meine ganze bisherige Tätigkeit neu einordnen musste. Sie war vom Wissenserwerb nicht umsonst gewesen, aber auf einem zukünftigen Berufsweg als Leiter im Bereich der Bergarbeiten musste ich noch einmal vollkommen neu beginnen. Anfang Oktober 1956 verließ ich meine Freunde und Kollegen in der Markscheiderei des Schachtes 250. Der Abschied fiel mir wieder einmal sehr schwer und ich habe später als Ingenieur in anderen Tätigkeiten oft und gerne einmal bei ihnen vorbeigeschaut.

Auf der Ingenieurschule in Breitenbrunn

Nach etwa dreieinhalb Jahren stand ich Anfang Oktober 1956 wieder einmal in Breitenbrunn. Da, wo früher die Verwaltung des Objektes 8 saß und eine sowjetische Garnison den Uranerzbergbau vor feindlichen Elementen, Sabotage und Anschlägen schützen sollte, gab es jetzt schön renovierte Gebäude, helle Zimmer und Sitznischen mit Tischtennisplatten in den Fluren. Die Schulräume waren geräumig und die einzelnen Wismutobjekte hatten es sich nicht nehmen lassen, für die Lehrkabinette umfangreiches Material zur Verfügung zu stellen, sicherlich auf „Prikas" (Befehl) der Generaldirektion. Eine große und saubere Wismutküche sorgte für Lehrer und Schüler. Wie am Bergtechnikum brauchten wir uns nur um Frühstück und Abendbrot selbst zu kümmern. Dazu gab es in unmittelbarer Nachbarschaft eine Wismutverkaufsstelle.
Aber erst einmal passierte noch gar nichts. Der Baubetrieb der SDAG Wismut hatte zwar die großen Renovierungsarbeiten erledigt, aber um die Schule und die Berliner Häuser der Lehrer standen noch allerhand Aufräumungsarbeiten an. Da wir alle, ob zukünftige Bergbauer, Maschinenleute oder Ökonomen, körperliche

Bild 31 – Das „Institut für Gangerzbergbau“ wurde ab Mitte 1957 in „Institut für Erzbergbau“ umbenannt. Die Aufnahme vom gegenüberliegenden Hang im Winter 1956/57 zeigt Internate, Unterrichtsgebäude, Küche, Verwaltung und am rechten oberen Bildrand die „Berliner Häuser“ für die Dozenten und ihre Familien. (Foto Archiv Gotthard Bretschneider, Obercrinitz, Juli 2001)

Bild 32 – Die alte Kaserne und Verwaltung des Objektes 8 aus den frühen 50er Jahren und spätere Ingenieurschule war in der DDR eine Zweigstelle der TU Karl-Marx-Stadt und ist im Breitenbrunn seit 2002 wieder eine Bildungseinrichtung.

Arbeit gewohnt waren, ging der Außenputz schnell voran, so dass wir am 15. Oktober mit dem Unterricht beginnen konnten. In der Zwischenzeit hatten wir die Möglichkeit, unsere Vorgänger, die Neun-Monate-Studenten, wieder vor Ort zu haben. Da brachten zwei deutsche Objektleiter mit ihrem neuen Dienstauto, einem „Sachsenring", der neuesten Kreation der Automobilindustrie der DDR, verspätet ihre Ingenieurabschlussarbeiten, herein. Das war natürlich der Anlass zum großen Lästern, dass sie jetzt genug Zeit gehabt hätten, die Arbeiten in ihren Betrieben durch einige intelligente Leute besser schreiben zu lassen als sie es selbst gekonnt hätten. Aber wer lästert denn nicht gern über die Chefs.
Um es gleich vorauszuschicken: Studentische Freiheiten gab es nicht, die Teilnahme am Unterricht und schulischen Veranstaltungen war Pflicht. Für das Geld, was uns der Industriezweig zahlte, wollte er verständlicherweise Leistung sehen. Hier lernte ich zum ersten Male die Parteiarbeit kennen. Von den Studenten waren mindestens 50% SED-Mitglieder, die natürlich einmal im Monat eine ordentliche Parteiversammlung besuchen mussten. Dabei standen neben den nicht sehr ergiebigen Themen aus den häufigen Politbürositzungen besonders die Lernbereitschaft und -disziplin sowie alkoholische Exzesse auf der Tagesordnung. Die Diskussion ging manchmal bis ins Lächerliche, wenn 150 %ige Genossen dann drakonische Strafen verlangten. Ich habe nie das große Gaudi vergessen, das es gab, als sich die Diskussion um einen trinkfreudigen Mitschüler quälend in die Länge zog. Schließlich platzte einem Mitglied der Parteileitung, einem unserer Kommilitonen, der Kragen und er trompetete in die Versammlung: „Es steht an keinem Bierglas: Für Sozialisten verboten". Die Diskussion hatte sich schlagartig erledigt, und wir hatten bis zum Ende des Lehrgangs ein wunderschönes Bonmot.
Das Spezialthema für Parteifunktionäre der alten Garde, dass irgendwer irgendwann mal irgendwo fremdgegangen war, gab es hier trotz der unmittelbaren Nachbarschaft des Krankenhauses Erlabrunn mit seinen Schwesternheimen nicht. In den Parteiversammlungen auf den Schächten und in den Objektleitungen sorgte es für Furore und Unterhaltung. Hier behaupteten Insider, dass in Breitenbrunn ein „Gentlemans agreement" zwischen der Parteileitung und dem Direktor der Schule einerseits sowie dem Chefarzt des Krankenhauses andererseits bestände, dieses Thema außen vor zu lassen. Es wollte wahrscheinlich niemand am Schlaf der Welt und am Beischlaf der Ingenieurstudenten und Krankenschwestern rühren. Die hohe Fluktuation unter den Krankenschwestern in dieser gottverlassenen Gegend war seit dem Bestehen der Ingenieurschule praktisch schlagartig beseitigt.

Bild 33 – Laden des Haufwerks mit dem Greifer in einer Schachtteufe. Schachtteufen ist ein bergmännisches Spezialgebiet, das bei dem leitenden Ingenieur vor allem langjährige praktische Erfahrungen voraussetzt.

Bild 34 – Diese Teufbohrausrüstung stammt aus den Jahren nach 1980 und war das technisch Modernste, was die Wismut zu bieten hatte. Sie trennte die Hauer im Teufprozess vom Bohrhammer und vermied die gesundheitsschädigende Vibrationsbelastung.

Bild 35 – Das ehemalige Bergarbeiterkrankenhaus Erlabrunn, heute Kreiskrankenhaus des Kreises Aue-Schwarzenberg. 1951 erbaut galt es lange Zeit als das modernste und schönste Krankenhaus in der Region. Es wurde im Laufe der Wismut-Zeit mehrfach modernisiert und Mitte der 90er Jahre großzügig saniert. Ab Mitte der 50er Jahre stand es nicht nur Wismutangehörigen, sondern der gesamten Bevölkerung der Kreise Aue und Schwarzenberg zur Verfügung. (Aufnahme Juli 2001)

Wie schon in Freiberg hatten auch hier die „Spezialisten" ihre besonderen Aufgaben. Die Abiturienten mussten die Unterstützung ihrer Kommilitonen in den mathematisch-naturwissenschaftlichen Fächern übernehmen, Bergbauexperten gaben ihre Erfahrungen auf solchen Gebieten wie dem Schachtteufen weiter.

Leute wie ich, die aus reinen Gewinnungsbetrieben kamen, hatten von solchen Besonderheiten keine Ahnung. Jeder war ein Gleicher unter Gleichen, es gab keine Rivalitäten und wir alle hatten ein gemeinsames Ziel: den Ingenieurabschluss im Frühjahr 1958 zu schaffen. Diese Zusammenarbeit klappte prima und es konnte durchaus vorkommen, dass mich nachts in der zwölften Stunde jemand aus dem Schlaf riss: „Wir kommen mit der letzten quadratischen Gleichung nicht zurecht". Dann wurde bis nachts zwei Uhr der Vietasche Wurzelsatz wiederholt und zum Abklingen noch eine Runde Pingpong oder Skat gespielt. Ob um diese Tageszeit allerdings viel von den mathematischen Finessen hängen geblieben ist, möchte ich bezweifeln, aber wir konnten ja am nächsten Tag weiter machen. Unseren anderen „Spezialisten" ging es ähnlich, es hat uns allen viel Freude gemacht und keiner hat sich je beschwert.

Da wir alle älter waren, über das normale Studienalter von Anfang bis Mitte zwanzig weit hinaus und mancher von uns schon eine vier vor seinem Lebensalter schrieb, war der Unterricht in unseren Klassen auch für die Dozenten eine Umstellung. Sie waren von der Ingenieurschule Eisleben her an die weitaus jüngeren Jahrgänge gewöhnt und hatten es hier mit Menschen zu tun, die sich für ihr weiteres Arbeitsleben eine Grundlage schaffen wollten und bereit waren, etwas dafür zu tun.
Das führte dazu, dass wir einige Privilegien genossen und uns zum Beispiel der Dozent für Markscheidekunde nach dem Schulunterricht seine Instrumente, Theodoliten, Nivelliergeräte oder Kompasse, die er sonst wie seinen Augapfel hütete, anvertraute. Wir übten damit bis zum Abwinken.
Wir machten die Erfahrung, dass Schulbänke auch reife Männer, Leiter, die eine große Verantwortung im Bergwerk getragen und fünfzig, hundert und mehr Leute zu beaufsichtigen hatten, wieder zu Schulkindern machen. Deshalb wurde zwar mancher Unsinn getrieben und zum Fasching 1957 ganz Breitenbrunn auf den Kopf gestellt, aber dafür andererseits für den Abschluss der einzelnen Fächer gnadenlos gepaukt.
Das geschah ohne Zwang, ohne Druck von außen, aber mit viel persönlichem Ehrgeiz jedes Einzelnen! Ich kann mich noch heute daran erinnern, dass einigen von uns der Abschluss besonders in den naturwissenschaftlichen Fächern sehr schwer gefallen ist. Das waren wieder wie am Bergtechnikum die, die noch in den letzten Kriegsjahren im Schützengraben liegen mussten, anstatt zu lernen. Es betraf die, die als Aussiedler aus den Ostgebieten teilweise jahrelang umher geschoben worden waren und damit keine Möglichkeit hatten, einen Schulabschluss zu machen oder einen Beruf zu lernen. Ich bin froh darüber, das jeder aus unserer Klasse das Klassenziel erreicht hat und wir haben uns immer riesig gefreut, wenn wir uns nach Jahren irgendwo mal getroffen haben. „Du bist doch ... natürlich, der!"
Auf Grund meines „günstigen" Alters war ich bis jetzt im Herbst 1956 weder bei der Wehrmacht gewesen noch hatte man versucht, mich für die „Kasernierte Volkspolizei", den Vorläufer der Nationalen Volksarmee (NVA), zu gewinnen. Der Jahrgang 1931 war für die Nazis zu jung und für das neue Regime zu alt. An der Ingenieurschule kam dann die Eingliederung aller Schüler in die Kampfgruppen. Für uns war das insofern günstig, da wir an der Schule bleiben konnten. Die Studenten beim dreijährigen Fachschulstudium mussten zweimal kaserniert einen Reservistenlehrgang bei der Nationalen Volksarmee absolvieren. Unsere Ausbildung fand einmal im Monat statt. In blauen Kombinationen, den alten Wehr-

Bild 36 – Leicht angeschlagen nach der Übung – ein Bild aus den 80er Jahren, als die Kampfgruppen schon eine ähnliche Ausrüstung und Ausbildung wie die Nationale Volksarmee hatten.

machtskarabiner K 98 auf dem Kreuz, zogen wir „ins Feld" und die Ausbilder, Offiziere der Volkspolizei und die Kommandeure unserer Einheiten versuchten, uns mit militärischen Grundkenntnissen vertraut zu machen.

Da ich nie in meinem Leben ein sportlicher Typ gewesen bin und auch heute den Sport bis auf das Hin- und Herschlagen von Tischtennisbällen nur vom Bildschirm her kenne, kam mir diese Form der körperlichen Betätigung immer etwas lächerlich vor. Ich hütete mich aber damals, das öffentlich zu äußern, zumal einige meiner Mitschüler, die eigentlich ganz normal waren, das Kriegsspiel mit bierernster Miene und viel Parteiverbundenheit betrieben. Sie waren stolz auf die roten Streifen auf ihren Kombinationen und ihre Funktion als Gruppen-, Zug- und Hundertschaftskommandeure. Es war komisch, dass man einigen unserer Chargen im „zivilen" Leben Hilfestellung in Mathematik, Physik oder Chemie geben musste, während sie in der blauen Kombi plötzlich die Befehlshaber waren.

Ich habe die Kampfgruppenausbildungen achtundzwanzig Jahre bis 1984 mitgemacht und versucht, dabei mit möglichst wenig Aufwand über die Runden zu kommen. Das hat allerdings nicht immer geklappt. Von Seiten der Parteileitungen

– begonnen beim Zentralkomitee bis hinunter zu den Grundorganisationen in den Betrieben – wurde der Ausbildung der „Kampfgruppen der Arbeiterklasse", so der offizielle Titel dieser paramilitärischen Einheiten, eine ständig wachsende Bedeutung beigemessen. Wie mir Teilnehmer an den Kommandeurslehrgängen in der zweiten Hälfte der achtziger Jahre im vertraulichen Gespräch erzählten, ich war zu dieser Zeit bereits aus der Kampfgruppe ausgeschieden, lag der Schwerpunkt der Ausbildung für alle Kampfgruppeneinheiten zu diesem Zeitpunkt darauf, die revoltierende eigene Bevölkerung im Schach zu halten.

Da wir uns im Laufe der Jahre auf den Schächten und in der Verwaltung des Bergbaubetriebes in den Formationen der Kampfgruppen näher gekommen waren, gab es nicht nur die Mühen der Ausbildung. Wir hatten auch Stunden, wo das Zusammensein mit den Kollegen, die man sonst nur flüchtig von der Arbeit her kannte und nie näher kennen gelernt hatte, eine persönliche Bereicherung darstellte. Man entdeckte plötzlich Eigenschaften an ihnen, die man nicht vermutet hatte. Die Ausbildung umfasste kilometerlange Märsche in voller Kriegsbemalung, mit Stahlhelm, Gasmaske, Schutzanzug, Maschinenpistole oder -gewehr und Pistole, Tornister und drei Magazinen für die Kalaschnikow. Mit Angriffsimitationen wie Häuserkampf sowie Erstürmung von Objekten war die Ausbildung militärisch hart geworden, zumal sich das alles grundsätzlich nach der Arbeitszeit oder an den Wochenenden abspielte.

Ein besonderes Schmankerl waren die wehrpolitischen Schulungen. Ein politisch besonders exponierter, engagierter und zuverlässiger Mitarbeiter, er hatte eine dem Politoffizier der NVA ähnliche Funktion, gab neunzig Minuten lang ein von

Bild 37 – An Orden, Medaillen und Ehrenzeichen bestand wie in der ganzen DDR auch bei den „bewaffneten Organen" kein Mangel. Ihre Aufzählung würde Seiten füllen. Deshalb hier nur einige Beispiele, die „Medaille für 10, 15, 20 und 25 Jahre treue Pflichterfüllung" in den Kampfgruppen. Am begehrtesten war die Urkunde für 25-jährige Mitgliedschaft, die eine Erhöhung der Altersrente um 100,- Mark im Monat vorsah.

einer übergeordneten Parteileitung ausgearbeitetes Material zum Besten. Danach bemühte er sich eine Diskussion unter dem Motto „wie ist eure zustimmende Meinung" in Gang zu bringen.
Ich traf im Oktober 2002 zufälligerweise unseren „Politleiter" aus der Kampfgruppenzeit und war sehr erstaunt, wie wenig er heute mit seiner DDR Vergangenheit zufrieden war. Er schimpfte auf Partei und Regierung und ließ vom Politbüro bis zum Betriebsparteisekretär keinen guten Faden daran. Zu seinem eigenen Wirken in diesem System sagte er allerdings nichts. Er schrieb 2003 ein Buch, dem man entnehmen konnte, dass er trotz seiner hohen betrieblichen Vertrauensstellung mindestens seit den 70er Jahren insgeheim Regimekritiker war.
Aber ich wollte gar nicht vordergründig über die Kampfgruppenausbildung an der Ingenieurschule im Besonderen und bei der Wismut im Allgemeinen berichten, sondern vom Alltag an der Schule erzählen. Ich weiß nicht, wie ihn meine Mitstreiter empfunden haben, aber ich empfand in dieser Zeit nichts, was man später mit dem Modewort „Stress" belegt hätte. Natürlich mussten wir lernen, natürlich gab es gesellschaftliche Forderungen, natürlich wurde jeden Monat eine Wettbewerbsverpflichtung ausgearbeitet. Wir haben sie alle unterschrieben, aber man frage mich bitte nicht, was wir da unterschrieben haben.
Es lief alles in sehr geregelten Bahnen ab. Das Wichtigste für uns als Familienväter war, dass am Sonnabend der Feierabend pünktlich eingehalten wurde. Da ich zu dieser Zeit noch in der Oberlausitz in etwa 150 Kilometer Entfernung wohnte, lag dann immer eine Bahnfahrt von drei bis vier Stunden vor mir bzw. bei schönem Wetter mit meinem Kleinkraftrad RT-2 – 125 cm^3, 3 Gänge, 6 PS, Höchstgeschwindigkeit bergab mit Rückenwind 80 km/h eine Autobahnfahrt von dreieinhalb Stunden. Aber da man als junger Mensch eine unverwüstliche Gesundheit hat und einem scheinbar nichts schadet, habe ich mein Motorrädel nicht nur bei Sonnenschein benutzt, sondern auch bei Schneetreiben und Temperaturen von –10 Grad. Ich weiß noch heute, wie man sich mit Zeitungen auspolstert, aber trotzdem haben mir meine Knie diese Torturen übel genommen und sich mit einer Arthrose revanchiert.
In den Grundlagenfächern wurde in Breitenbrunn vielfach nur das Oberschulwissen aufgefrischt. Dagegen war der Wissenszuwachs in solchen Spezialfächern wie Werkstoff- und Maschinenkunde, technische Mechanik, Geologie und Sicherheitstechnik enorm. Auf einem einwöchigen Lehrgang an der Hauptrettungsstelle der DDR in Leipzig waren wir die ersten Ingenieurstudenten, die mit den technischen und organisatorischen Grundlagen des Grubenrettungs- und Gasschutzwesens vertraut gemacht wurden.

Die meisten von uns sahen hier zum ersten Mal ein Kreislaufgerät, hatten eine Gasschutzmaske auf oder erlernten die Funktion des Pulmotors. Hier erfuhren wir auch die Ursachen, warum die Katastrophe auf dem Schacht 250, die ja gerade mal zwei Jahre zurücklag, so tragisch ausgegangen war. Wie wir schon wussten, waren dafür am wenigsten die „Russen", also unsere sowjetischen Leitungen in Siegmar und in Aue, verantwortlich. Es waren vor allem die deutschen Sicherheitsinspektoren, Obersteiger und politischen Leiter wie Parteisekretäre und Gewerkschaftsvorsitzende, die von ihren Funktionen und ihrer Machtbefugnis besessen waren. Sie wollten sich nicht von anderen, die es besser wussten, belehren lassen und entfachten ein verhängnisvolles Kompetenzgerangel. Wie anders sollte man es wohl sonst erklären, dass in einer vollkommen unübersichtlichen Situation in der Wetterführung der Sicherheitsinspektor eines Industriezweiges mit 70.000 Beschäftigten mit zwei weiteren Mitarbeitern ohne Gasschutzgeräte in eine mit Kohlenmonoxid verseuchte Grube einfuhr.
Ich weiß nicht, ob diese Wissensvermittelung im Sinne der Geheimhaltungspolitik der SDAG Wismut war. Man war sich wahrscheinlich im Klaren, dass man zukünftig vieles nicht mehr so geheim halten konnte wie man es gerne gewollt hätte. Dadurch, dass sich hier leitende Mitarbeiter aller Objekte trafen, erfuhren viele von uns zum ersten Male etwas über die tatsächliche Größe des Industriezweiges. Was in den Objekten, auf den Schächten und in den Betrieben nur

Bild 38 – Unser erstes Motorrad, eine MZ RT-2, noch vor dem Schulbesuch in Breitenbrunn mit Hilfe von Beziehungen für 2400 Mark gekauft. Es war ein unverwüstliches Gefährt, das uns bis 1960 über 70.000 Kilometer treu gedient hat. Der Spritverbrauch müsste heute noch jeden Grünen begeistern, er betrug weniger als 3 Liter/100 km. Allerdings: wir wogen damals alle beide etwas weniger als heute! Ich bin übrigens sehr gerne Motorrad gefahren und beneide heute meine Söhne und Enkel, wenn sie mit ihren schweren Schlitten mit 500- bis 1000-cm³-Motoren und 100 PS losrauschen.

Gerüchte gewesen waren, hier wurde es zur Gewissheit: Die Objekte Annaberg, Marienberg und Niederschlag im mittleren Erzgebirge, Breitenbrunn und Johanngeorgenstadt im oberen Erzgebirge, Schneeberg und Oberschlema im Westerzgebirge, hatten den Betrieb eingestellt, das Objekt 6 in Auerbach lag in den letzten Zügen. Nur das Objekt 9 in Aue teufte Schächte bis in mehr als 1000 Meter Tiefe ab. Im Raum Gera Ronneburg entstanden neben den Uraltguthaben, den Schächten Reust und Schmirchau, riesige hochmoderne Doppelschachtanlagen in Paitzdorf und Beerwalde. Weitere, wie Drosen und Korbußen im Raum Altenburg waren im Gespräch. Es war die Rede davon, dass in der Sächsischen Schweiz flächenmäßig umfangreiche Erzvorkommen in bestimmten Sandsteinhorizonten erbohrt worden waren.
Das alles hätten wir auf den Schächten nie erfahren, wozu auch, wir brauchten es ja nicht zur alltäglichen Arbeit. Die Praxis der Geheimhaltung wurde mir Ende des Jahres 2002 wieder einmal besonders deutlich. Ein ehemaliger Mitstreiter aus dem Objekt 9, der 1948 im Objekt 6 am Schneckenstein im Uranerzbergbau angefangen und dort eine leitende Stellung hatte, stellte mir Bilder vom Wismutbergbau im Vogtland zur Verfügung. Ich bemerkte, dass dort bereits in den fünfziger Jahren die Schächte und Seilfahrtsanlagen weitaus moderner waren als die in den Objekten 8 und 9, wo ich gearbeitet hatte. Die Bergleute waren dort bis in Teufen von etwa 900 Meter gelangt. Schon aus diesem Grunde war der Schulbesuch eine Bereicherung.
Meine Ingenieurabschlussarbeit über wettertechnische Probleme schrieb ich zusammen mit zwei Kommilitonen auf dem Schacht 38 in Niederschlema. Der wurde zu dieser Zeit von einem der unbeliebtesten deutschen Schachtleiter geleitet. Er war von Beruf Kaufmann, hatte keine bergmännische Ausbildung und Qualifikation, sich aber auf Grund seiner Agilität, politischen Anpassungsfähigkeit und Wendigkeit, um nicht zu sagen Skrupellosigkeit, auf diese Stelle hochgedient. Er sah, wie viele seiner Mit-Leiter zur damaligen Zeit, als die ersten Absolventen der Ingenieurschulen und der Bergakademie Freiberg in die Objekte kamen, verständlicherweise keine Veranlassung, potenziellen Konkurrenten auf dem Weg nach oben die Leiter zu halten. So fanden weder er noch einer seiner Mitarbeiter jemals die Zeit, um uns ausführlich über die Verhältnisse auf dem Schacht zu informieren und uns Hinweise für unsere Arbeit zu geben.
Wir waren tatsächlich vollkommen auf uns allein gestellt und etwas neidisch, als wir erfuhren, dass in einigen Betrieben den Studenten nicht nur Rissunterlagen zur Verfügung gestellt wurden, sondern sogar Sekretärinnen die Schreibarbeiten übernahmen. Wir haben ohne diese Vergünstigungen dank eines hilfreichen ehe-

maligen Kollegen aus der Markscheiderei mindestens eben so gute Zeichnungsunterlagen gehabt, unsere Arbeit selbst mit dem Zwei-Finger-Suchsystem getippt, alles termingemäß fertig gestellt und mit einer relativ guten Note abgeschlossen.
Im Frühjahr 1958 nahte die Zeit des Abschiednehmens von der Schule und den neu gewonnenen Kollegen. Mein „Marschbefehl" lautete „Kaderabteilung Objekt 9, also Rückkehr in mein Heimatobjekt. Bereits bei einer Vorabsprache in der Schule, im Amtsdeutsch der Absolventenvermittlung, war meine neue Planstelle als Steiger auf dem Schacht 38 festgelegt worden.
Nach den Erlebnissen bei der Ingenieurarbeit war ich darüber nicht besonders glücklich. Ich wusste, dass nicht nur der Schachtleiter, sondern auch viele Leitungsmitglieder vom Revier- bis zum Obersteiger der neuen Ingenieurgeneration nicht wohl gesonnen waren. Der Schachtleiter hatte es verstanden, Freunde der alten Garde ohne Qualifikation um sich zu sammeln, die ihm mehr oder weniger verpflichtet waren und seine Linie vertraten. Sie wollten sich durch Härte und Unnachgiebigkeit ihre Position sichern. Ich hatte viele Jahre später ein Gespräch zu diesem Thema mit einem der Mitarbeiter dieses Schachtes, der sich niemals qualifiziert hatte. Er bestätigte mir, dass sein Schachtleiter ihm zugesichert hatte: „So lange wie ich Schachtleiter bin, brauchst du keinen Ingenieurabschluss!" Leider war die Schachtleitertätigkeit seines Gönners bereits wenige Jahre danach beendet. Er musste sich bis 1990 immer wieder mit viel List, Tücke und politischer Anpassung über die Runden retten, zuletzt als Mitarbeiter der so genannten Zivilverteidigung.
Ich war deshalb recht zufrieden, als mir eine Mitarbeiterin bei der Ankunft in der Kaderabteilung des Objektes 9 am „Gummibahnhof" in Niederschlema mitteilte, dass das mit der Steigerstelle auf Schacht 38 wohl doch nichts würde. Ich bedauerte das sehr, jedenfalls gab ich mir ehrlich Mühe, recht betroffen auszusehen. Ich war heilfroh, dass mich mein alter Reviersteiger, der inzwischen zum deutschen Schachtleiter auf Schacht 250 avanciert war, als OTK – was das war, wusste ich nicht – für seinen Schacht angefordert hatte.
Als Quartier wurde mir ein Platz in ein Drei-Mann-Zimmer in der Hennecke-Siedlung unweit des Schachtes zugewiesen. So wanderte ich mit dem Versetzungsschein in der Tasche die Lößnitzer Straße in Niederschlema bergauf und meldete mich in der Kaderabteilung des Schachtes 250, wo mich ein alter Bekannter beim Polizeiposten abholte.
Nach einer freundschaftlichen Begrüßung und der Vorstellung beim Schachtleiter, meinem früheren und jetzt die Karrieretreppe hochgefallenen Revierleiter,

erhielt ich nur eine vage Andeutung, was denn nun meine künftige Aufgabe beim sowjetischen Leiter der OTK sein würde. Ich machte erst mal meinen Laufzettel und stellte mich in den Fachabteilungen, der Buchhaltung und in der Statistik vor. Schließlich wollte ich wie 1950 ganz am Anfang wenigstens mein Geld, es war nicht mehr als vor dem Studium, und die Essenmarken haben.

Wieder im Objekt 9

Dann kam der große Augenblick: Ich ging zu meinem zukünftigen sowjetischen Chef, dem Leiter der Abteilung Technische Kontrolle (OTK = **O**tdjel **T**echnitscheskij **K**ontrol). Mit sonorem Bass begrüßte mich ein bulliger Sibirier, als ob er jahrelang nur auf mich gewartet hätte. Die Freude war ehrlich, vor allem darüber, dass ich so leidlich russisch sprach, dass sich seine Deutsch- und meine Russischkenntnisse zu einer relativ perfekten Verständigung ergänzten. Im Handumdrehen hatte sich sein kleines Zimmer gefüllt.

Bild 39 – Die Waldstraße in der Hennecke-Siedlung in Niederschlema. Diese Bergarbeitersiedlung wurde 1949/50 gebaut und war eine der ersten im Raum Schlema-Schneeberg. Schon ab 1955 wurde die Belegung der Kumpelzimmer reduziert. Bei meinem Einzug im April 1958 wohnten noch drei Personen in einem Zimmer.
Ab den 60er Jahren funktionierte die Wohnungsverwaltung die Kumpelquartiere allmählich zu Wohnungen um. Zu vorbildlichen Wohnverhältnissen kam es hier aber nie, es blieb alles etwas primitiv. Andererseits ist anzunehmen, dass man in Schlema froh war, billigen Wohnraum für soziale Härtefälle zur Verfügung zu haben.
Nach der Wende begann der Abriss der teilweise vollkommen verwahrlosten Häuser. An vielen Stellen der Hennecke-Siedlung haben schmucke Einfamilienhäuser die alten Barackenbauten und Wiener Häuser der Wismut-Ära verdrängt. (Foto Juli 2001)

Bild 40 – Bisher hatte in jedem meiner Fragebogen „ohne erlernten Beruf“ gestanden. Das war nun vorbei!

DEUTSCHE DEMOKRATISCHE REPUBLIK

INSTITUT
FÜR ERZBERGBAU BREITENBRUNN
FACHRICHTUNG BERGBAU

Zeugnis

über die Abschlußprüfung
als

Bergingenieur

Der sowjetische Hauptgeophysiker mit seinen zwei deutschen Vertretern, einen kannte ich noch aus meiner Zeit als Reviermarkscheider auf dem Schacht, tauchte auf. Ich wurde ganz unfeierlich, aber herzlich und kollegial, in den Kreis derer aufgenommen, die sich zukünftig um die Erzplanerfüllung und die verlustlose Gewinnung des Erzes zu kümmern hatten.

In den nächsten drei, vier Wochen nahmen sich mein neuer Chef und die Mitarbeiter der geophysikalischen Abteilung sehr viel Zeit, um mich mit meinem neuen Amt vertraut zu machen. Die Aufgabe war an sich nicht schwer, aber insofern diffizil, weil mit ihr die Zu- und Verteilung des Erzgeldes verbunden war. Das waren die teilweise sehr hohen Fund- und Gewinnungsprämien für die Hauerbrigaden sowie die anteilige Bezahlung für die Mitarbeiter des geophysikalischen Dienstes und des Steigerpersonals. Sie konnte bei Verstößen gegen die vorgeschriebene Gewinnungstechnologie gekürzt oder sogar ganz gestrichen werden. Ich bewunderte immer die Sachlichkeit, mit der mein neuer Vorgesetzter, Genosse Wostrikow, prekäre Situationen meisterte, an die bergmännische Disziplin der Hauer appellierte und ihre harte Arbeit anerkannte, stets sachlich blieb und niemals ungerechte Entscheidungen traf.

Nachdem wir uns persönlich etwas bekannt gemacht hatten und er wusste, dass meine Frau mit den vier Kindern in der Oberlausitz wohnte, bestand sonnabends seine Hauptsorge darin, dass ich rechtzeitig den Schacht verließ, um meinen Zug in die Oberlausitz zu erreichen. „Wie viele Tage fahren Sie dahin?" Er war beruhigt, dass es „bloß" 150 Kilometer waren – „die kann man notfalls laufen".
Wie ich erst viele Jahre später erfuhr, hätte er es gar nicht nötig gehabt, besonders freundlich zu sein oder sich auf Diskussionen einzulassen, weder mit dem sowjetischen noch dem deutschen Personal. Bei einem mit Wodka umrahmten Gespräch vernahm ich von einem sowjetischen Mitarbeiter, dass Wostrikow Major des KGB war. Er hatte unumschränkte Vollmachten, um deutsche Mitarbeiter bei groben Verstößen vor den Wismut-Staatsanwalt und sowjetische Mitarbeiter gegebenenfalls noch etwas weiter nach Osten zu bringen. Ich habe das in unserer gemeinsamen Arbeit von reichlich anderthalb Jahren nicht erlebt.
Im August 1959 war es endlich soweit, unsere Familie, die inzwischen auf vier Kinder angewachsen war, erhielt eine Wohnung in Oberschlema zugewiesen. Die Pensionshäuser im ehemaligen sowjetischen Sektor waren geräumt worden. Der letzte Bergbaubetrieb im Raum Oberschlema – Schneeberg, das Objekt 2, existierte nicht mehr. Die wenigen sowjetischen Mitarbeiter, die zum Objekt 9 übernommen worden waren, bezogen im sowjetischen Sektor am Niederschlemaer Weg in Aue Quartier. So konnten die Hausbesitzer in Oberschlema nach Jahren wieder in ihre eigenen Häuser einziehen. Zudem standen noch etliche Berliner Häuser zur Verfügung, die Anfang der fünfziger Jahre für das Verwaltungspersonal der Objekte 2 und 3 gebaut worden waren.
Wir erhielten eine sehr große und sehr teure Wohnung im „Haus Wolfgang", einem ehemaligen Pensionshaus des Kurbades Oberschlema. Wegen der schlechten Heizungsanlage und miserabler Fenster erwies sich diese Wohnung als Sparschwein ohne Boden. Die Gemeinde Schlema, der diese Häuser gehörten, hatte weder Arbeitskräfte noch Material noch Geld, um die teilweise sehr abgewohnten Häuser grundlegend renovieren zu können.
Die Umgebung war recht angenehm, auf der Straße war wenig Verkehr, so dass kaum Gefahr für die Kinder bestand. Diesen gefiel es hier ausgesprochen gut, gehörte doch ein großer Garten zum Grundstück, in dem sie mit den sechs Kindern unseres Hausnachbarn so richtig ausgiebig herumtollen konnten. Die Umgebung mit dem ehemaligen Schlammteich und dem Senkungsgebiet bewährte sich als „Abenteuerspielplatz" für alle Kinder des Ortes. Ich möchte selbst heute lieber nicht wissen, wie oft unsere drei Jungs mit den Jungen aus den Nachbarhäusern im abgesperrten Senkungsgebiet herumgekrochen sind.

Bild 41 – Das ehemalige Pensionshaus „Wolfgang" in Oberschlema wurde nach dem Abzug der sowjetischen Zivilmitarbeiter für deutsche Angestellte der Wismut frei. Der heutige gute Zustand (Foto Juli 2001) ist auf eine komplette Sanierung durch den neuen Eigentümer zurückzuführen.

Die Schule am Gleesberg war nur einen Katzensprung entfernt und der Schulweg gestaltete sich noch einfacher, als der Kreis das ehemalige Rettungskommando an der Wismut-Poliklinik in der Clara-Zetkin-Straße als Schulgebäude für die unteren Klassen einrichtete.

Die Arbeit auf dem Schacht 250 endete bereits am 31. Dezember 1959. Inzwischen waren die beiden Hauptschächte 366 in Aue-Alberoda und 371 auf dem halben Wege zwischen Niederschlema und Hartenstein als zukünftige Zentralschächte in Betrieb gegangen. Mit fünf Wetterschächten, zwei davon durchgängig über mehr als 1400 Meter, waren die wettertechnischen Voraussetzungen für den Abbau der Lagerstätte bis mindestens zur Sohle -1800 Meter geschaffen. Ab der zweiten Hälfte der 70er Jahre standen im Durchschnitt mehr als 70 Kubikmeter Frischwetter in der Minute je Betriebsangehörigen in der am stärksten belegten Schicht zur Verfügung.

Um das gesamte Gebiet zwischen dem Granitkontakt, dem „Roten Kamm" in Oberschlema, und den tieferen nördlichen Teilen der Lagerstätte aus der Vorratsbilanz verschwinden zu lassen, mussten die oberen Teile dieser Lagerstätte bis zur

Sohle -585 Meter von den in Richtung Oberschlema gelegenen Schächten gelöscht werden. Löschung bedeutete, dass die gesamten bilanzierten Vorräte dieser Schächte entweder abgebaut oder mit exakter Begründung abgeschrieben wurden. Im Einzelnen waren das die Schächte 250, liquidiert im Dezember 1959, 66, liquidiert im Dezember 1960, und 207, liquidiert im März 1962. Mit anderen Worten hieß das, dass ich so gut wie jedes Jahr den Betrieb wechseln und mit neuen Kollegen zurechtkommen musste.

Das „Zurechtkommen" auf den neuen Schächten war nicht immer die reine Freude. Der Industriezweig ging langsam, aber sicher dazu über, bei den Zusammenlegungen der Schächte die Leute mit Fach- oder Hochschulabschluss in die mittleren leitenden Funktionen wie Revier- und Obersteiger im bergmännischen Bereich sowie als Fachabteilungsleiter und deren Stellvertreter in den Funktionalorganen einzusetzen. Die Mitarbeiter dieser Planstellen dachten aber verständlicherweise nicht daran, ihre Sessel kampflos zu räumen, da sie bis jetzt für diese Arbeit, diese Funktion und diese Verantwortung gut genug gewesen waren. Wer wollte ihnen das auch verübeln. Ich merkte das sehr deutlich, als ich bei der Auflösung des Schachtes 66 zum Schacht 207 übernommen wurde.

Dort saß ein Batallionskommandeur der Kampfgruppe als deutscher Abteilungsleiter in der OTK, der es bis jetzt verstanden hatte, sich dank seiner politischen Funktion vor jeder Qualifizierung zu drücken. Er war nicht einmal am Bergtechnikum gewesen, hatte aber auch, wie ich so im Laufe der anderthalbjährigen Zusammenarbeit bemerkte, weder das Können noch das Wollen, sich fachliche Kenntnisse anzueignen.

Ähnlich ging es seinem Vertreter, einem älteren Mitarbeiter, dessen Hauptarbeit in seiner Funktion als ehrenamtlicher Sekretär einer Abteilungsparteiorganisation über Tage bestand. Er hatte auf Grund seiner theatralischen, von imposanten Gesten begleiteten Redeweise den Spitznamen der „Schachtpfarrer" erhalten. Beide waren recht gefährlich und dafür bekannt, bei der kleinsten Kritik beim Sekretär der Parteileitung vorstellig zu werden und dort missliebige Mitarbeiter oder Kollegen anzuschwärzen.

Ein dritter Kollege in dieser Gruppe hatte als Bergingenieur eine Technikerplanstelle, da ja die beiden Ingenieurplanstellen besetzt waren. Ihm wurde ich als zweiter Techniker zur Seite gestellt. Um Beschwerden aus dem Weg zu gehen, erhielten wir beide Ingenieurgehälter.

Unsere beiden Vorgesetzten hatten es verstanden, sich beim Leiter des Schachtes und dem Sekretär der Schachtparteiorganisation mit politischem Schönreden ins rechte Licht zu rücken. Mit dem Standardsatz unseres Abteilungsleiters: „Ich habe

immer so gehandelt, dass ich es vor meiner Partei und Regierung verantworten kann", hatten sie sich praktisch unangreifbar gemacht. Damit drängten ihre Kritiker, vor allem uns zwei Ingenieur-Techniker in ihrer Abteilung, ins politische Abseits.
Da es üblich war, sich mit Vorschlägen und Hinweisen zuerst an seinen direkten Chef zu wenden, führte das dazu, dass unsere Verbesserungsvorschläge grundsätzlich als die guten Gedanken unserer beiden Leiter beim Schachtleiter landeten und sie schließlich auch die Prämien dafür einstrichen.

Bild 42 – Der Schacht 250 wurde von 1949 bis 1951 bis zur Sohle -240 geteuft und bis 1961 als Seilfahrts- und Förderschacht betrieben. Ab 1964 begann die Verfüllung der Schachtröhre. (Aus „Chronik der Wismut", Seite 1325, Chemnitz 1999)

Um hier etwas vorzugreifen: Der Leiter der OTK des Schachtes 207 wurde 1962 als Leiter des Erzmagazins nach Schacht 371 versetzt. Dort verursachte er einen so schweren Verstoß gegen die Erzbehandlung, dass selbst die Partei ihn nicht gegen den Willen der sowjetischen Kontrollorgane halten konnte. Ich habe ihn nie wieder gesehen. Er soll nach seinem Ausscheiden bei der Wismut als Kraftfahrer gearbeitet haben. Unser „Schachtpfarrer" konnte auf dem Schacht 38 in der Erzkontrolle, wo zwei deutsche Bergingenieure die Ingenieurplanstellen innehatten, keinen Fuß mehr fassen und hielt sich als Erzverrechner bis zu seiner Verrentung. Der alte Herr hat mir irgendwie leid getan und ich habe auf dem neuen Schacht versucht, etwas Kontakt zu ihm zu halten.
Ich hatte die ganze Zeit über Verbindung zu Kommilitonen aus Breitenbrunn und von ihnen gehört, dass derartige Fälle der Ausgrenzung Anfang der 60er Jahre in

den älteren Betrieben wie Aue und Schmirchau (Thüringen) gar nicht selten waren. Heute werden solche Erscheinungen mit dem neudeutschen Begriff „Mobbing" bezeichnet. In den neuen außersächsischen Schächten wie Paitzdorf, Königstein und anderen kamen von vornherein nur Fach- und Hochschulabsolventen zum Einsatz, so dass es solche unerfreulichen Erscheinungen nicht gab.

Bild 43 – Blick zum Schacht 366 von der Halde Schacht 250 über die Siedlung am Gummibahnhof und die Betriebsberufsschule (in den 80er Jahren).

Bild 44 – Urbargemachte Halden der Schächte 186 und 366 im Jahr 2001, im Vordergrund der ehemalige Gummibahnhof
Der Schacht 366 wurde von März 1955 bis Juni 1956 als Rundschacht mit 5,6 Meter Durchmesser und 683 Meter Teufe bis zur Sohle –540 Meter niedergebracht.

Diese unangenehmen Ereignisse waren für mich glücklicherweise nur die eine Seite des Qualifizierungsboomes der Endfünfziger. Auf der anderen Seite hatte ich mit vielen Absolventen und ehemaligen Mitschülern von Breitenbrunn, die als leitende Mitarbeiter auf den Schächten saßen, Verbindung. Man lernte sie und ihre Eigenarten in der tagtäglichen Zusammenarbeit besser kennen.
Unser Jahrgangsältester, dem das Studium mit knapp fünfzig Jahren recht schwer gefallen war, leitete auf dem Schacht 207 ein Bergrevier. Ich wunderte mich, dass er an manchen Tagen wie ein Landstreicher auf Arbeit kam, an anderen Tagen

Bild 46 – Der Schacht 371 wurde von April 1955 bis Mai 1959 als Rundschacht mit 7,0 Meter Durchmesser und einer Tiefe von 1090 Meter geteuft.
Gesamte Schachtanlage mit allen Gebäuden im Jahre 1990.
Die Daten für beide Schächte wurden der „Chronik der Wismut" (Chemnitz1999) entnommen.

Bild 45 – Blick auf das noch vorhandene Fördergerüst nach der Demontage der Tagesanlagen im Jahre 2001

aber mit Schlips und Kragen hinter seinem Schreibtisch saß. Das Geheimnis war schnell gelüftet, als ich mich eines Tages in seinem Revierzimmer befand und sein Statistiker ihm den Stand der Planerfüllung brachte. Mein Kollege stand auf, ging zum Spind und holte eine Krawatte heraus. Auf meinen fragenden Blick lachten die anwesenden Steiger ob meiner Unwissenheit und klärten mich auf. Ihnen war bekannt, dass ihr Reviersteiger in seinem Schrank einen Schlips hatte, den er nur bei Erzplanerfüllung umband.
Den 13. August 1961, den Tag, an dem die jahrzehntelange Abkapselung der DDR begann, habe ich als einen recht ruhigen Sonntag in Erinnerung. Gegen 9 Uhr früh klingelte das Telefon und ich wurde mit Motorrad zur Kampfgruppenunterkunft auf dem ehemaligen Schacht 66 befohlen. Dort waren vielleicht zehn Leute unseres Stabes und einige Kämpfer, die bewaffnet Wache schoben. Ein Verantwortlicher erklärte uns die politische Wetterlage. Der derzeitige Einsatz in unserem

Gebiet sollte eine prophylaktische Maßnahme gegen mögliche Unruhen sein. Ich erhielt eine Pistole mit zwei gefüllten Magazinen, die mir unser Waffenmeister einschließlich der gesetzlichen Bestimmungen über den Schusswaffeneinsatz in einem Schnellkurs von zehn Minuten erklärte. Ich bekam eine Waffenkarte und musste in Zivil nach Burgstädt bei Karl-Marx-Stadt fahren und einen unserer Kampfgruppenkommandeure abholen. Das war am frühen Nachmittag gegen 13 bis 14 Uhr erledigt und ich konnte mich wieder meiner Sonntagsruhe hingeben.

Was an diesem Tag geschehen war, begriffen wir alle erst in der folgenden Zeit. Einen Fernseher hatten die wenigsten von uns und man musste, um einigermaßen informiert zu sein, immer am Radio sitzen oder auf die neue Zeitung warten. Dann erhielt man aus der Sicht der SED die Informationen. Bei den in den folgenden Wochen anberaumten umfangreichen Einsätzen der Kampfgruppen zur „Sicherung der Staatsgrenze West der DDR", so der offizielle Tenor, war ich nicht gefragt. Ich glaube, ich muss dafür noch heute meiner „Westverwandtschaft" dankbar sein, dass mir das erspart blieb.

Die teilweise erschreckenden Geschichten, die uns unsere heimgekehrten Kämpfer unter dem Siegel der Verschwiegenheit berichteten, hätten uns unter die Haut gehen und eigentlich zu denken geben müssen. Sie taten es nicht. Die Frage nach dem Warum kann ich heute noch nicht beantworten. Unsere Kampfgruppenangehörigen waren dazu vergattert worden, niemandem etwas über Bewohner der Grenzregionen, die man mit Kind und Kegel in wenigen Stunden ins Landesinnere zwangsaussiedelte, zu erzählen. Sie wussten nur eines, man hatte dazu die Kampfgruppen herangezogen, weil die Grenzsoldaten aus diesen Gebieten mit den Bewohnern zu vertraut geworden waren.

Ich hatte im September 1960 ein Fernstudium an der Bergakademie Freiberg angefangen. Dazu war ich noch vom Schacht 66 delegiert worden und konnte zum Ärger meiner beiden Leiter auf dem Schacht 207 die gesetzlich genehmigten Freistellungen von vierundvierzig Arbeitstagen im Jahr in Anspruch nehmen. Das verkürzte Fachschulstudium von achtzehn Monaten war für mich der Hauptgrund, im Alter von knapp dreißig Jahren und mit einer Familie mit vier Kindern ein externes Studium von planmäßig zwölf Semestern aufzunehmen. Das verkürzte Breitenbrunner Ingenieurstudium, im Volksmund galt es als „Schmalspurstudium", bot meines Erachtens keine Gewähr, auf längere Zeit mit der Entwicklung im Industriezweig Schritt halten zu können. Immerhin musste ich mindestens dreißig, im ungünstigen Falle sogar fünfunddreißig Jahre bis zur Rente arbeiten.

Was dann in den siebziger/achtziger Jahren an Nachschub von der Bergakademie Freiberg und von anderen Hochschulen kam, bewies mir, dass meine Vorstellungen Anfangs der sechziger Jahre durchaus real gewesen waren. Der Zugang zu mittleren leitenden Positionen hing nicht nur von der politischen Qualifikation und Integrität ab, sondern ebenso von der fachlichen Ausbildung.

Ein neuer Schacht – ein neuer Anfang

Die Streitereien und Gehässigkeiten auf dem Schacht 207 hatten ziemlich schnell ein Ende, denn bereits am 31. März 1962 wurde dieser Betrieb aufgelöst. Da ich auf Grund meiner „Westverwandtschaft", die nach dem 13. August 1961 eine viel höhere Wertigkeit bekommen hatte, in der Erzkontrolle unerwünscht war, kam ich als Bergbautechnologe nach dem Schacht 38. Dort schwang ein ehemaliger Studienkollege aus Breitenbrunn im Bereich Neue Technik als Oberingenieur das Zepter. Ihm ging der Ruf eines „Ganztagsmuffels" voraus, der, wie man im Erzgebirge zu sagen pflegte, nicht ´rausschaute wenn er nicht wollte. Nachdem wir uns nach relativ kurzer Zeit zusammengebissen hatten, konnte ich dieses Image nicht bestätigen. Ich muss vielmehr sagen, dass ich viel von ihm gelernt habe. Was mein Fernstudium betraf hatte ich bei ihm volle Unterstützung und brauchte nicht einmal um eine Freistellung zu betteln, zum Beispiel für einen Fünf-Tage-Lehrgang in Freiberg.
Zunächst war ich allerdings beinahe bereit, seinen schlechten Ruf zu akzeptieren, als ich nach wenigen Tagen von ihm den Auftrag erhielt, den Quartalsbericht über den „Plan Wissenschaft und Technik" zusammenzustellen. Das war die Abrechnung des Schachtes über die Ergebnisse bei der Einführung neuer Mechanismen und Verfahren, das Neuererwesen und die so genannten Arbeits- und Forschungsgemeinschaften. Wie gewohnt suchte ich mir die notwendigen Zahlen heraus und gab eine sachliche Einschätzung zu den Ergebnissen. „So kann man das doch nicht machen", knurrte mein neuer Chef. „Lies dir den Plan genau durch und schreibe das noch mal."
Gesagt, getan: Ich hatte übersehen, dass einige Positionen des Planes als absolute Neuheiten eine höhere Wertigkeit hatten als Aufgaben, die schon länger abgerechnet wurden. Sie mussten in der Abrechnung an exponierter Stelle stehen. Bei der erneuten Vorlage begegnete mich wieder ein verbissener Blick: „Hast du dir mal die Berichte über die vergangenen Quartale durchgesehen?" Das hatte ich

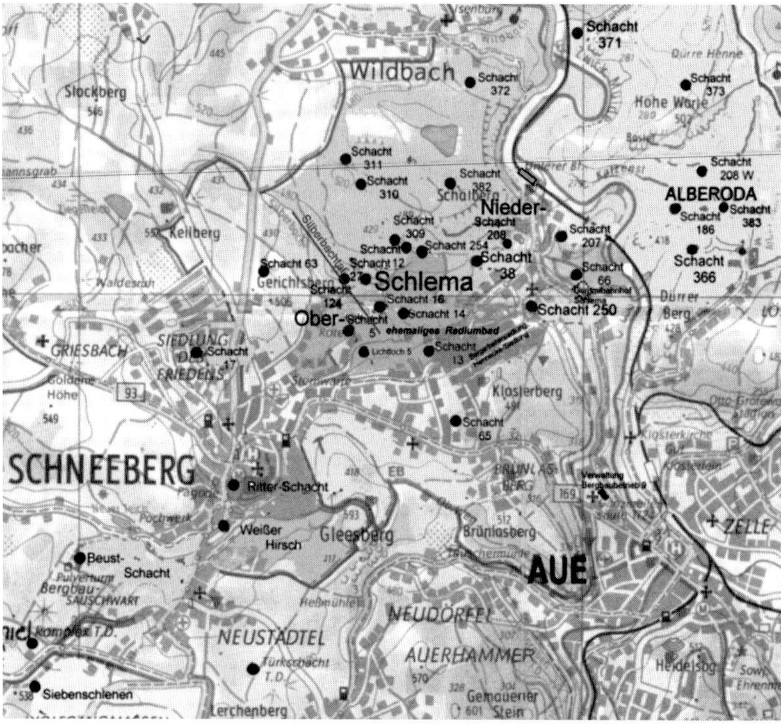

Bild 47 – Übersicht über einige westerzgebirgische Schächte im Erzfeld Schneeberg – Schlema – Alberoda, dem Territorium der Objekte 3 (Schneeberg), 2 (Oberschlema) und 9 (Lagerstättenbereich Niederschlema – Alberoda).

Insgesamt wurden nach unterschiedlichen Angaben hier folgende Mengen Uran gewonnen:

	Schneeberg	*212 t*
	Oberschlema	*7 099 t*
	Niederschlema – Hartenstein – Alberoda	*73 105 t*

[nach SCHUPPAN, Die Uranlagerstätten Sachsens – ein geologischer Überblick, Sächsische Heimatblätter 41 (1995) 5, Seite 262 – 266, Dresden; „Chronik der Wismut", Chemnitz 1999]

nicht, denn schließlich wollte ich ja nicht abschreiben. Nun musste ich es notgedrungen doch tun, wenn auch mit einer Stinkwut im Bauch. Dabei bemerkte ich, dass meine Analyse nicht schlecht und fachlich durchaus in Ordnung war. Ich hatte lediglich vergessen, ein paar „wichtige" Schlussfolgerungen aus den letzten Beratungen des SED-Zentralkomitees, die „uns zu diesen guten Leistungen befä-

Bild 48 – Der Eingang zum Silberbachtal – im Vordergrund das ehemalige Deformationsgebiet, in dem bis Anfang der 50er Jahre Teile des Radiumbades Oberschlema lagen, die dann dem Uranerzbergbau des Objektes 2 zum Opfer fielen. Nach SCHUPPAN (Die Uranlagerstätten Sachsens..., Sächsische Heimatblätter 41 (1995) 5, Seite 262 – 266) wurden hier etwa 7000 t Uran gewonnen. Im Silberbachtal gab es neben dem Seifenbachtal in Johanngeorgenstadt die größte Schachtdichte des Uranerzbergbaues je Quadratkilometer.

higt hatten“, einfließen zu lassen. Das hatte ich in kürzester Zeit nachgeholt und mein alter Schulkollege grinste: „Na siehste, ich brauche diesen Schnulli nicht, mir reichen die Zahlen und Fakten, dir wahrscheinlich auch. Aber der Partei und denen da oben müssen wir schon erklären, dass wir das alles nur gemacht haben, weil uns die Partei die große Linie gegeben hat.“

Später setzte er sich öfter mit mir hin und erläuterte mir, wenn auch mit einem gehörigen Schuss Gehässigkeit, dass es immer darauf ankommt, für wen man schreibt. Für hauptamtliche Partei-, Gewerkschafts- und Jugendfunktionäre hielt er es grundsätzlich für ausreichend, „wenn man die richtigen Stellen aus den Berichten des Zentralkomitees abschreibt, dann sind die zufrieden. Das Fachliche verstehen die sowieso nicht“. Er warnte mich aber davor, diese Methode bei Ausarbeitungen im Rahmen meines Fernstudiums anzuwenden: „Damit gehst du grundsätzlich baden.“

Etwas habe ich leider nie fertig gebracht, er war ohne Rücksicht auf Verluste in der Lage, mit ausgesprochenem Sarkasmus und Verachtung, ja mit Zynismus, seine Einstellung gegenüber Funktionären zum Ausdruck zu bringen. Dabei war seine Ablehnung durchaus nicht immer gerechtfertigt, denn gerade in der Gewerkschaftsleitung des Schachtes 38 saßen einige verdienstvolle Bergleute. Sie waren alles andere als dumm, setzten sich für die Interessen der Kumpel ein und bemühten sich, den FDGB nicht zur Filiale der SED zu machen. Als ich ihn einmal darauf aufmerksam machte, setzte er ein gehässiges Grinsen auf und meinte: „Ich kann die auch ganz gut leiden, aber sie sollen sich nicht zu wichtig vorkommen".
Die 60er Jahre beendeten meine Lehr- und Wanderjahre im Uranerzbergbau und brachten einen Neuanfang in meine berufliche Entwicklung. Das begann mit meiner Versetzung zum Schacht 38 und dem Zusammentreffen mit meinem Breitenbrunner Kommilitonen. Er interessierte mich für bergbauliche und geotechnische Probleme, führte mich in die Zusammenarbeit mit den „Organisationen" ein und weckte ein bisschen mein Interesse am Schreiben. Das ging weiter mit meinem Fernstudium an der Bergakademie Freiberg und fand eine Art Abschluss bei meiner Mitarbeit in den Arbeitsgruppen für die Ausarbeitung der Besttechnologien. Mit den Kollegen und Genossen, die ich hier kennen lernte, habe ich auch heute, mehr als dreißig oder vierzig Jahre später, wieder Verbindung. Man freut sich, wenn man sich zufällig im Wohnort oder im Supermarkt begegnet oder zum Geburtstag einen Anruf erhält.
In meiner bergmännischen Tätigkeit nach Abschluss des Ingenieurstudiums war ich auf diesem Schacht zum ersten Male voll in ein Leitungskollektiv integriert. Meine Meinung war gefragt und die Kollegen scheuten sich nicht, mir auch meine Fehler offen ins Gesicht zu sagen. Darüber hinaus war der Schacht 38 von seiner Anlage als auch von seiner Ausrüstung her der modernste Schacht auf dem ich bisher gearbeitet hatte. Natürlich konnte er nicht mit den modernen Schachtanlagen, wie den Schächten 366 und 371, den Schächten im Ronneburger Raum oder in der Sächsischen Schweiz konkurrieren.
Die ersten hochmodernen Schachtförderanlagen lernte ich im Kupferschiefer-, im Steinkohle- und vor allem im Kalibergbau kennen. Die imposanten Mehrseil-Turm-Förderanlagen in Rossleben waren ein gewaltiges Erlebnis und ließen ein bisschen Neid aufkommen, dass wir da bei der Wismut wohl etwas hinter dem Mond lebten. Das hatte sich aber bei den Bergwerken der Wismut in den 70er Jahren wie Beerwalde, Drosen und Korbußen im Raum Altenburg geändert. Dafür, dass auch die Bergmannsgenerationen vor uns schon moderne Schachtanlagen errichten konnten, gab es unweit unserer Wismutschächte ein imposantes Bei-

spiel: Es war das Fördergerüst des Türkschachtes in Zschorlau. Es ist meiner Meinung nach eines der schönsten Bergbaudenkmale der Vor-Wismut-Zeit. Grund genug, es hier im Bild 49 vorzustellen.
Im September 1962 erhielt ich von der Kaderabteilung des Objektes 9 ein Angebot, das mich überraschte, um nicht zu sagen schockierte. Ich sollte mich beim Leiter des Kalkwerkes Ludwigsdorf bei Görlitz, direkt an der Grenze zu Polen gelegen, vorstellen. Man suchte dort für den untertägigen Kalkabbau mit einem dem Firstenstoßbau ähnlichen Abbauverfahren einen technischen Leiter. Von vornherein war mir der Abschluss meines Fernstudiums und sogar die Promotion garantiert worden. Dem stand aber gegenüber, dass ich gerade vor drei Jahren mit meiner Familie aus der Oberlausitz, aus dem nur etwa 60 km von Görlitz entfernten Bischofswerda, ins Westerzgebirge nach Oberschlema gezogen war.
Meine Frau, die als Aussiedlerin seit 1944/45 nie eine Heimat hatte, die Kinder, die in der Schule und im Ort neue Freunde fanden, begannen gerade, sich in der neuen Umgebung wohl zu fühlen. Dort sollte ich sie jetzt wieder herausreißen! Nicht zuletzt hatte ich meine Kommilitonen aus Breitenbrunn im Objekt 9, kannte hier durch meine Tätigkeit auf Schacht 38 eine große Anzahl Leute, denen ich mich kollegial verbunden fühlte.
Mit sehr gemischten Gefühlen fuhr ich bei strömendem Regen mit dem Motorrad nach Ludwigsdorf, wo mich der Betriebsleiter sehr umfassend mit den technischen und perspektivischen Gegebenheiten des Kalkwerkes von Ludwigsdorf vertraut machte. Der untertägige Abbau eines Massengesteines wie Kalkstein war für mich vollkommen neu. Ich habe ihn später nur noch zweimal, in Scheibenberg und in Hammerunterwiesenthal im westlichen Erzgebirge gesehen. Die Tätigkeit hätte mich schon gereizt, aber erst am Ende der Gespräches ließ der Direktor die Katze aus dem Sack. Es gab einen technischen Leiter im Betrieb, aber dieser war aus politischen Gründen abgelöst worden. Mit anderen Worten: Ich sollte als Auswärtiger dem Freundeskreis des ehemaligen technischen Leiters entgegengestellt werden. Ich kannte durch die sieben Jahre, die meine Familie in der Oberlausitz gewohnt hatte, die Mentalität der „Eberrrlausitzer" und ihr starkes Zusammengehörigkeitsgefühl. Deshalb kam mir die angebotene Stelle wie ein unberechenbares Risiko, wie eine Art Selbstmordkommando, vor. Besonders zu denken gab mir, dass die Ablösung des alten Leiters von einer übergeordneten Leitung angewiesen wurde. Die Unterstützung für einen neuen technischen Leiter durch die staatlichen und gesellschaftlichen Leiter in Ludwigsdorf war keineswegs sicher. Wir verabschiedeten uns sehr freundschaftlich. Ich sah die Annahme des Angebotes skeptisch und schob meine familiären Bedenken in

Bild 49 – Eines der schönsten bergbaulichen, technischen Denkmale des Landkreises Aue-Schwarzenberg, das gut erhaltene Fördergerüst des Türk-Schachtes in Zschorlau bei Aue. In dieser Grube wurden von der WISMUT Untersuchungsarbeiten durchgeführt.

den Vordergrund. In diesem Sinne unterrichtete ich auch die Kaderabteilung des Objektes 9 und habe danach nie wieder etwas aus oder über Ludwigsdorf gehört.

Die Lehrzeit unter meinem ehemaligen Kommilitonen kam mir zwanzig Jahre später, als ich als persönlicher Referent des Direktors „hauptamtlich" Berichte schreiben musste, sehr zugute. Im Laufe des Jahres 1963 ging mein Lehrmeister als Obersteiger in den neuen Jugendbergbaubetrieb Königstein in der Sächsischen Schweiz. Auf seine Empfehlung hin wurde ich auf die Planstelle des „Oberingenieurs für Neue Technik" gesetzt. Ich erfuhr erst Monate später, dass unser Schachtleiter Bedenken hatte, mich als Nachfolger des ausscheidenden Oberingenieurs einzusetzen. Er war mit vom Schacht 207 gekommen und mir dort nicht besonders wohl gesonnen. In einem sehr persönlichen Gespräch, das er als mein Vorgesetzter niemals nötig gehabt hätte, teilte er mir seine Bedenken mit und ließ mich wissen, dass er dank meines Abteilungsleiters in der Abteilung OTK und seines Vertreters vom Schacht 207 eine falsche Vorstellung von mir gehabt hätte. Er versprach mir, dass ich bei meinem Fernstudium von ihm jede Unterstützung haben würde. Ich hatte wirklich, wie man zu sagen pflegt, so etwas wie einen Kloß im Hals, als dieser etwa zwanzig Jahre ältere Genosse mir das beinahe in Form einer Entschuldigung sagte. Ich habe ihm versichert, dass ich alles tun wollte, um sein Vertrauen zu rechtfertigen. Er war für mich durch seine Aufrichtigkeit ein Vorbild geworden und ist es geblieben. In den 90er Jahren, das habe ich erst nach meinem Ausscheiden aus dem Betrieb erfahren, ist er in einem Altersheim in Berlin elend an Alzheimer zugrunde gegangen. Ich bewahre ihm ein ehrliches und freundliches Andenken.

Natürlich musste ich mich in meiner neuen Planstelle erst einmal einarbeiten, aber das ging sehr schnell. Meine neue Dienststellung war mit der Funktion des Vorsitzenden des Neuerer-Rates verbunden. Mir sagte die Beschäftigung mit neuer Bergbautechnik, mit neuen Verfahren, aber auch mit den Betriebsangehörigen und ihren Verbesserungsvorschlägen sehr zu.

Gegen Ende der sechziger Jahre machten wir die Erfahrung, dass das Interesse der Menschen an der Neuererbewegung abnahm. Sie war ein Teil des staatlichen Planes geworden und der Betrieb hatte Millionen Mark als Nutzen aus Verbesserungsvorschlägen, die jetzt offiziell Neuerervorschläge hießen und Arbeits- und Forschungsgemeinschaften, zu erbringen. Die dafür veranschlagte Summe wurde gleich von seinen geplanten Mitteln abgesetzt.

Ich bin einige Male angeeckt, weil ich diese Art der „Einbeziehung der Werktätigen in die Leitung und Planung des Betriebes" für ausgemachten Schwachsinn ohne jeden wirtschaftlichen Nutzen hielt. Ich schätze, dass ab den achtziger Jahren mindestens die Hälfte des so genannten Nutzens aus dem Plan Wissenschaft und Technik, Abschnitt Neuererwesen, rein fiktiv gewesen ist. Die in diesem Planteil ausgewiesenen Maßnahmen lagen fast ausschließlich im Aufgabenbereich der Leiter, wurden aber im Interesse der „Planerfüllung" über das Neuererwesen ausgewiesen. In meiner Funktion als Oberingenieur für Neue Technik hatte ich viel mit Arbeitern und Ingenieuren aller Berufsgruppen zu tun. Auf diese Weise lernte ich nach und nach alle Tätigkeiten kennen, die in einem modernen Bergwerk anfallen. Dieses Wissen kam mir bei meinem Fernstudium in Freiberg sehr zugute. Es förderte vor allem die Einsicht, dass die vielen Wissensgebiete, mit denen man sich dort herumplagen musste, tatsächlich bei der täglichen Arbeit auf dem Schacht vorkamen und man gegebenenfalls doch irgendwann einmal sein Schulwissen nutzen konnte.

Ende der fünfziger, Anfang der sechziger Jahre gab es verstärkte Bemühungen, die Leistungen bei den Bergarbeiten spür- und messbar zu erhöhen. Es sollte die

Arbeitsproduktivität, im bergmännischen Bereich, ausgedrückt durch die Kubikmeterleistung je Hauer und Stunde (Kubikmeter / Mann Stunde) oder die Kubikmeterleistung je Hauer und Schicht (Kubikmeter / Mann Schicht) gesteigert werden. Im System „Mensch – Maschine – Verfahren" waren die Möglichkeiten der Mechanisierung mit Bohrhammer, Stütze, Wurfschaufellader und Schrapper sowie die Veränderungen der bergmännischen Prozesse weitgehend ausgereizt. Es blieb nur eine beeinflussbare Variable. Das war der Mensch, der Bergmann, der durch die Vervollkommnung seiner Fähigkeiten und die Übernahme der Fähig- und Fertigkeiten vom leistungsstärkeren Arbeitskollegen die Produktivität steigern sollte.

Seit Anfang der sechziger Jahre kursierte deshalb ein neuer Begriff in der ganzen Wismut: Die Besttechnologien sollten die Arbeitsproduktivität im Industriezweig auf neue, ungeahnte Höhen bringen. Seit dieser Zeit beschäftigten sich im Auftrag übergeordneten Parteileitungen, des Politbüros oder des Zentralkomitees der SED, zwei hochrangige Funktionäre der SED-Gebietsleitung mit diesem Problem. Der spätere Direktor der Hochschule für Ökonomie in Berlin-Karlshorst, Günther Lingott, und der zukünftige Minister für Geologie (1974 bis 1989), Man-

Bild 50 – Der Schacht 38 in seiner Blütezeit im Jahre 1961 mit den Hochhalden und dem Haldenmassiv um Hammer- und Toelleberg.

Bild 51 – Der Rest vom Schacht 38 im Jahre 2001 – das Verwaltungsgebäude auf dem Toelleberg. Im Hintergrund die sanierten Halden des Hammerberges.

Bilder 52 und 53 – Das hat den alten Auer Bergleuten wehgetan, als am 27.09.1988 der eiserne Förderturm des Schachtes 38 umgelegt wurde. Man hätte ihn gerne als bleibendes Andenken an den Uranerzbergbau stehen lassen, aber auch die Unterhaltung eines nicht mehr benötigten und musealen Fördergerüstes kostet viel Geld. Und das hatte und hat niemand!

fred Bochmann, unterbreiteten in ihrer Dissertation dazu ihre Vorschläge. Im Vorwort des Vorsitzenden des Sekretariats des Zentralvorstandes der Industriegewerkschaft Wismut und seines Stellvertreters zu einer Broschüre mit dem Titel „Von Best- zu Typentechnologien – warum und wie?" (Verlag Tribüne Berlin 1968) heißt es dazu:

„... dass nach dem Sieg der sozialistischen Produktionsverhältnisse der gesellschaftliche Fortschritt und das Lebensniveau der Werktätigen vor allem davon abhängen, in welchem Maße die ökonomischen Gesetze des Sozialismus genutzt

Schacht 38

Der Schacht wurde im September 1947 angelegt und 1948 dem Objekt 9 zugeordnet. Die Abbauarbeiten begannen nach Erreichen der -60-m-Sohle im Dezember 1948. Rekonstruktion und Weiterteufe von der -240-m-Sohle zur –540-m-Sohle erfolgten 1954/1955. Der Umbau des Schachtes, bei dem auf die Erfahrungen beim Umbau des Schachtes 66 zurückgegriffen werden konnte, war eine bahnbrechende Leistung dieser Zeit. Ohne eine zeitlich längere wesentliche Reduzierung der Förderung musste der Querschnitt bis zur -240-m-Sohle auf 24,5 m^2 erweitert, der Schacht bis zur Sohle –540 weitergeteuft, das Holzfördergerüst durch ein Stahlgerüst, die Trommelmaschine durch eine Koepemaschine ersetzt und der Schacht mit doppeletagigen Fördergestellen ausgerüstet werden. Gleichzeitig wurden die Übertageanlagen (Maschinenhaus, Bunker, Förderbrücke, Werkstätten, Verwaltungs- und Sozialgebäude) neu errichtet.

Der Schacht 38 wurde bis zum 01.4.1973 als Förder- und Seilfahrtsschacht genutzt (max. Förderkapazität 1.500 t/Tag). Im Zusammenhang mit der Strukturveränderung des Objektes 09 und der Herausbildung des Bergbaubetriebes 09 Aue wurde die Schachtverwaltung 38 Anfang 1968 aufgelöst. Zur Weiterführung der bergmännischen Arbeiten im Grubenfeld des Schachtes wurden die Grubenbereiche 5 (Westfeld der Sohlen –855 m und –900 m) und 6 (Westfeld bis Sohle –810 m) gebildet. Der Schacht 38 war der letzte aktive Schacht auf der Schlemaer Flur. 1973 wurde das Grubenbereich 5 zum Schacht 371 umgesetzt, nachdem 1970 beide Grubenbereiche bereits zusammengelegt worden waren. Anschließend wurde der Schacht abgeschrieben und 1987 mit einer Betonplombe gesichert.

Quelle: Chronik der Wismut, Wismut GmbH, Abt. Öffentlichkeitsarbeit, Chemnitz 1999, Objekt 9/Bergbaubetrieb Aue, Abschnitt 2.2.2.4., S.12/13)

Bild 54 – Der urbar gemachte Haldenfuß der Halde Schacht 38 und die modernisierte Bergarbeitersiedlung auf dem Toelleberg im Juli 2001.

und im Sinne der Entwicklung der schöpferischen Initiative der Werktätigen angewandt werden. Die Verfasser (BOCHMANN und LINGOTT) beschreiben Methoden, die zeigen, wie unter der Führung der Parteiorganisation durch die Gewerkschaftsleitungen und staatlichen Leiter dazu beigetragen wurde, eine Konzentration aller Kräfte auf die Durchsetzung des wissenschaftlich-technischen Fortschritts, auf die Entwicklung einer modernen wissenschaftlichen Arbeitsorganisation und auf die Verwirklichung des Grundsatzes, dass die Technik, die Technologie und die Produktionsorganisation die Normen bestimmen, zu erreichen."
Ich habe heute, im Dezember 2005, wieder einmal nach mehr als dreißig Jahren, dieses Pamphlet zur Hand genommen und etliche Seiten studiert. Nun kann ich nichts für das Parteideutsch der beiden Wismut-Gewerkschaftsfunktionäre. Es passt sich lückenlos in die Dokumente der Partei auf allen Ebenen ein. Ich ärgere mich vor allem maßlos darüber, dass ich wie alle anderen staatlichen Leiter zu dem unverständlichen „Gewäsch" – wie der Erzgebirgler zu sagen pflegt – verständnisvoll genickt habe.

Aber damit stehe ich nicht allein da, denn selbst viel intelligentere Menschen als ich, deutsche Fachdirektoren und Abteilungsleiter der Generaldirektion, der gleiche Personenkreis in den Bergbaubetrieben und auf den Schächten, ich wüsste nicht einen, der da widersprochen hätte. Die Gedanken von Bochmann und Lingott waren theoretisch sicherlich nicht nur falsch. Es gab bestimmt Reserven bei den Arbeitsfertigkeiten und der Arbeitseinstellung der Menschen. Allerdings

stimmten die Voraussetzungen nicht, von denen die beiden Parteistrategen am Schreibtisch ausgegangen waren. Die örtlichen Bedingungen im Bergbau, vor allem aber die Menschen selbst mit ihren individuellen Eigenschaften sind nicht vergleichbar bzw. die unterschiedlichen psychischen und physischen Besonderheiten nicht fixierbar. Für eine der Entwicklung in den Ländern des kapitalistischen Lagers vergleichbare wissenschaftlich-technischen Revolution fehlten in den Ländern des Rates für Gegenseitige Wirtschaftshilfe (RGW) allerdings alle materiellen Voraussetzungen. Nach den Vorstellungen der beiden Parteitheoretiker sollte das im sozialistischen Wirtschaftssystem mit „dem Bewusstsein und dem Wissen der Werktätigen" erreicht werden.
Man kann das an den Verhältnissen im Bergbaubetrieb 9 messen. Die Arbeitsorganisation hatte ein gewisses Optimum erzielt, die Mängel der fünfziger Jahre wie ungenügende Förderwagen- und Materialbereitstellung waren beseitigt. Die Bergarbeiten im gleisgebundenen Streckenvortrieb, im Überhauenvortrieb und im Firstenstoßbau hatten entsprechend der technischen Ausrüstung ihre Grenzen erreicht. Die bergmännischen Hilfsprozesse waren gut organisiert. Diese Grenzen hinauszuschieben hätte bedeutet, die Menschen vor Ort über ihre physische Leistungsfähigkeit zu belasten.
Betrachtet man die heute bekannten Zahlen, waren diese Grenzen auf dem Gebiet des Gesundheitsschutzes bereits überschritten. Von 1952 bis 1970 waren im Industriezweig Wismut die in der folgenden Tabelle aufgelisteten Berufskrankheiten anerkannt worden. Den Kumpeln eine noch höhere körperliche Belastung zuzumuten hieße, die Zahl Berufskrankheiten B 40, B 50 und B 54, 70 und 71 vorsätzlich erhöhen.

Berufskrankheit	Anzahl	Anteil der bis 1990 anerkannten BK
(B 40) Silikose	8859	~ 60 %
(B 80) Hautkrankheiten	250	~ 41 %
(B 50) Lärmschwerhörigkeit	3815	~ 82 %
(B 54/70/71) Vibrationsschäden	2049	~ 41 %
(B 92) Lungenkrebs	892	~ 17 %

[Quelle: „Abschlussdokument über die Tätigkeit der SDAG Wismut" im Archiv der Wismut GmbH]

In den Thüringer Bergwerken mit ihren stockförmigen Lagerstätten und einer Imprägnationsvererzung mit einem durchschnittlichen Metallgehalt von ~0,1 Prozent (1 kg Erz/ Tonne Gestein) [Fritz Krüger/Wolfram Dietel „ Vier Jahrzehnte Uranerzbergbau um Ronneburg"; Mineralienmagazin LAPIS 23 (1998), Heft 7/8, Seite 14 ff) kam es ab den 60er Jahren zu großräumigen Abbauverfahren. Hier konnte man die technische Revolution, die bereits im Kalibergbau der DDR mit neuen Bohrwagen und gleislosen Lade-Förder-Kipp-Geräten (LHD-Technik) Einzug gehalten hatte, nachvollziehen. Dort sank mit der Trennung des Hauers im Streckenvortrieb und Abbau vom schweren Bohrhammer die Lärm- und Vibrationsbelastung rapide, die Leistung stieg messbar.
Das war im Bergbaubetrieb 9 in Aue nicht möglich. In den kleinen Gangstrecken mit Querschnitten um die 7 Quadratmeter und im Firstenstoßbau mit Abbaubreiten zwischen 1 bis 1,5 Meter und einem Einfallen von Ø 70 Grad gab es keine zweckmäßige und eine Leistungssteigerung unterstützende Mechanisierung. Die Hauptarbeitsgeräte des Hauers blieben im Streckenvortrieb der Bohrhammer mit einer Masse von etwa 25 Kilogramm auf der pneumatischen Bohrstütze und einer nicht zu beseitigenden Rückschlagbeschleunigung, der Wurfschaufellader PML 63 mit einem Schaufelvolumen von 0,1 bis maximal 0,16 Kubikmeter und im Firstenstoßbau anstelle des Wurfschaufelladers der Schrapper als Lade- und Fördergerät mit einem Schrappgefäß von etwa 0,06 Kubikmeter.
Das Wissenschaftlich-Technische Zentrum (WTZ) des Industriezweiges unterstützte in Zusammenarbeit mit den Technologen den Bergbaubetrieb 9 bei der Suche nach effektiveren Technologien, vor allem im Abbau. Literaturrecherchen brachten ein niederschmetterndes Ergebnis. In der zugänglichen Literatur, dazu gehörten Zeitschriften aus den westlichen und sozialistischen Staaten, fanden sich nur Angaben zu zwei oder drei Gangerzbergbaubetrieben in Südamerika. Diese Gruben arbeiteten mit den gleichen Technologien in den bergbaulichen Hauptprozessen wie unser Betrieb. Wir waren keinen Schritt weitergekommen und die viel gepriesenen Besttechnologien blieben für uns ein politisches Luftschloss.
Ich bin heute noch nicht hinter die Gründe gekommen, warum ich im Mai 1966 urplötzlich zum Schacht 366 versetzt wurde. Den dortigen Schachtleiter, der vor etwa acht Jahren als junger Praktikant von der Bergakademie zu uns auf den Schacht 66 in Niederschlema gekommen war, kannte ich gut. Er versuchte sich mit seinem Ingenieurteam intensiv am Zuschnitt des Abbauverfahrens Firstenstoßbau auf besondere Lagerstättenteile. Das waren die so genannten Erzlineale, dia-

gonale Erzstreifen in verschiedenen Gängen. Es ist möglich, dass das den Verfechtern der Besttechnologie in den Parteileitungen gut ins Konzept passte und ich als personelle Verstärkung dienen sollte.
In der ersten Hälfte des Jahres 1967 wurden im Objekt 9 unter persönlicher Leitung des Objektleiters und Kontrolle der Parteileitungen, die natürlich wussten, was zu tun war, Arbeitsgruppen zur Ausarbeitung der Besttechnologien gegründet. Für gleisgebundenen Strecken und den Überhauenvortrieb sowie das Abbauverfahren des Objektes 9, den Firstenstoßbau mit Versatz, gab es je eine Gruppe von sechs Mitarbeitern, Abteilungssteigern, Steigern, Technologen und Hauern der betreffenden technologischen Prozesse. Die Schirmherrschaft des Objektleiters hatte für unsere Arbeit den unbezahlbaren Vorteil, dass uns alle Türen auf den Schächten und in den Fachabteilungen offen standen. Wir haben das nicht ausgenutzt, sondern uns mit den Leitern der Abteilungen und Schächte stets sachlich geeinigt und uns bemüht, sie so wenig wie möglich bei ihrer Arbeit zu stören.
Da keiner so richtig wusste, was in den „Besttechnologien" eigentlich stehen sollte, waren Auseinandersetzungen in den Arbeitsgruppen vorprogrammiert. Es ging meist sehr hitzig, aber wenig produktiv zu. Ich bin in dieser Zeit an manchen Tagen heimgegangen, wo mich niemand hätte fragen dürfen, was ich den Tag über so richtig gemacht hatte. Schließlich einigten wir uns darauf, zuerst viele technische, technologische, geologische, arbeitsökonomische und sicherheitstechnische Parameter für eine Vielzahl von Betriebspunkten zu erfassen. Bis hin zu einer überaus aufwändigen Regressionsanalyse mit Hilfe der gerade aufkommenden elektronischen Daten-Verarbeitung, die das Objekt 90 in Gera für uns durchführte, versuchten die Gruppen, Zusammenhänge zwischen dem Arbeitsgegenstand, individueller Eigenschaften der Hauer wie Berufszeit im Bergbau und Alter sowie der Effektivität der technologischen Prozesse zu ermitteln. Die Regressionskoeffizienten waren teilweise recht viel versprechend, aber etwas lief dann immer wieder gegen den Strich. Eine echte, reproduzierbare Verbindung ließ sich nicht herstellen. Eine Arbeitsgruppe des Wissenschaftlich-Technischen Zentrums des Industriezweiges, die Anfang der achtziger Jahre analoge Untersuchungen vornahm, kam zum selben Ergebnis.
Es dauerte noch gut ein Jahr bis sich herausstellte, dass die exakte Beschreibung des idealen Arbeitsablaufes der einzige und der richtige Weg war, wobei allerdings die Forderung nach dem individuellen Eingehen auf die Arbeitsweise der „Besten" nicht zu realisieren war. Man konnte leistungsstarken und -schwachen Hauerbrigaden zwar die optimale Gestaltung ihrer jeweiligen Bergarbeiten vorgeben. Wie

der Leiter der Brigade, der Hauerbrigadier und die Drittelführer, seine Vertreter in den einzelnen Schichtdritteln, die Arbeit einteilten, wie sie die „Spezialisten" für die einzelnen Arbeitsverrichtungen einsetzen mussten und wie diese wiederum ihre eigene Arbeit organisierten, das konnte ihnen niemand vorgeben.
Die ersten Auflagen dieser „Besttechnologien", die 1969/70 an die Brigaden gingen, wurden in den einzelnen Bergbaubetrieben im einfachsten Offsetdruckverfahren hergestellt. Nach 1970 übernahm die Druckerei der Generaldirektion in Siegmar bei Karl-Marx-Stadt (Chemnitz) die Auflage der nun zu Standardtechnologien mutierten „Technologischen Bücher".

Bild 55 – Das „Manifest" der neuen, höheren Arbeitsproduktivität, die mehrere hundert Seiten lange Dissertation von BOCHMANN und LINGOTT an der Technischen Hochschule Dresden 1967, war der „krönende" Abschluss einer jahrelangen Diskussion über die Möglichkeiten zur Steigerung der Arbeitsproduktivität bei den Bergarbeiten im Industriezweig Wismut. Die Quintessenz war, dass die Arbeitserfahrungen und -fertigkeiten der besten Werktätigen und Arbeitsgruppen fixiert und verallgemeinert werden sollten. Um alle Angehörigen des Industriezweiges, vor aber die Partei-, Gewerkschafts- und Wirtschaftsfunktionäre, mit dem wesentlichen Inhalt der Bochmann-Lingottschen Thesen vertraut zu machen, gab es die obenstehende Kurzfassung von 1968 aus dem Gewerkschaftsverlag Tribüne.

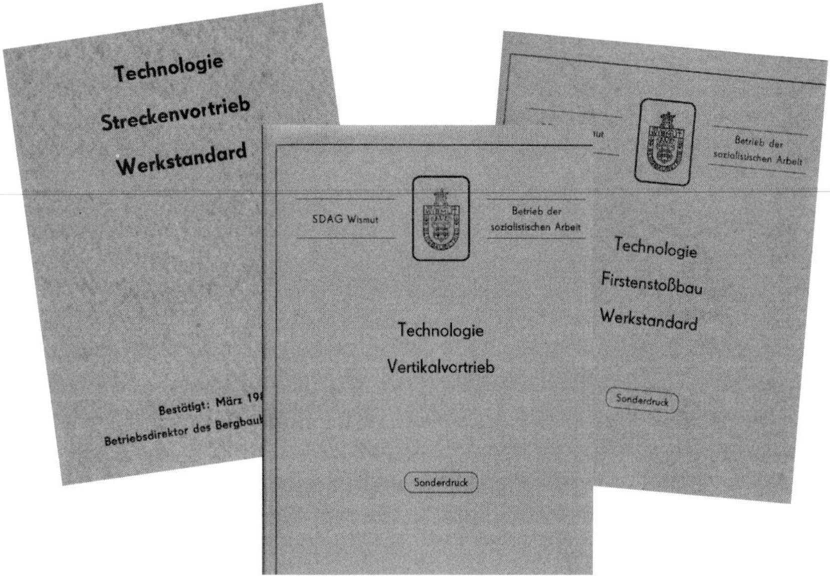

Bild 56 – Die letzten Ausgaben der Standardtechnologien für die Bergarbeiten im Bergbaubetrieb Aue aus der Mitte der 80er Jahre.

Sie gingen ins betriebliche Standardwerk ein und erhielten damit einen gesetzlich verbindlichen Status, konnten also zum Beispiel bei Disziplinar- oder Strafverfahren als Rechtmittel dienen.

Die etwas legere Arbeitsweise in den einzelnen Gruppen hatte für mich als Fernstudent in den letzten Semestern einen großen Vorteil. Ich konnte mir die Arbeit so einteilen, dass für das Studium genug Zeit blieb. Ich denke heute gern an diese Menschen zurück, denen ich es eigentlich verdanke, dass ich in den acht Jahren von September 1960 bis zum Juli 1968 das Studium abschließen konnte. Das war in erster Linie meine Frau, die trotz ihrer Drei-Schicht-Arbeit in einem Kinderheim immer die Zeit fand, mir den Rücken frei- und unsere vier Kinder – wenn es notwendig war – vom Vater fernzuhalten. Außerdem kann ich sagen, dass ich in den acht Jahren, bis auf die Anfangsjahre auf dem Schacht 207, eigentlich immer verständnisvolle Arbeitskollegen hatte. Sie erledigten schon einmal einen Teil meiner Aufgaben mit. Ich bekam von ihnen nie Vorwürfe wegen meiner häufigen Abwesenheit. Das hatte nur den einen großen Nachteil, dass man möglichst selbst nicht den Mut verlieren durfte, hatte man doch moralische Verpflichtungen gegenüber der eigenen Familie und den Kollegen. Hinzu kommt, dass ich am

Institut für Bergbaukunde jede Unterstützung genoss und meine in der Abschlussarbeit vorgesehenen Versuche mit den modernsten Geräten ohne Bevormundung durchführen konnte. Am 11. Juli 1968 war es dann soweit und ich erhielt mein Abschlusszeugnis.

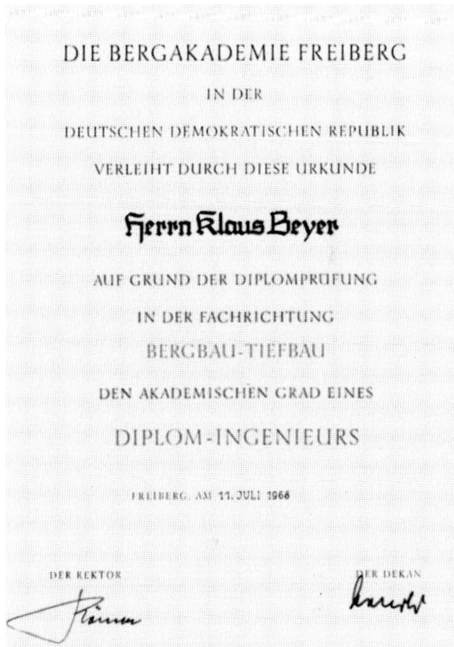
DIE BERGAKADEMIE FREIBERG

IN DER

DEUTSCHEN DEMOKRATISCHEN REPUBLIK

VERLEIHT DURCH DIESE URKUNDE

Herrn Klaus Beyer

AUF GRUND DER DIPLOMPRÜFUNG

IN DER FACHRICHTUNG

BERGBAU-TIEFBAU

DEN AKADEMISCHEN GRAD EINES

DIPLOM-INGENIEURS

FREIBERG, AM 11. JULI 1968

DER REKTOR

DER DEKAN

Bild 57 – Der Lohn für knapp acht Jahre Nervenschlacht, aber auch für viel, viel familiäre und freundschaftliche Hilfe. „Freundliche Kritiker" behaupteten allerdings, ein Jahr Parteischule hätte es auch getan!

Vielleicht ist hier die Stelle, wo ich nochmals etwas ausführlicher zu meinem Fernstudium etwas sagen muss. Als ich es begann, war ich 29 Jahre alt und wie viele meiner Kommilitonen in den Seminargruppen eigentlich schon weit über das Alter hinaus, wo man studiert. Das hatte den Vorteil, dass man versuchte, möglichst ohne allzu große Pannen über die Runden zu kommen, um Verzögerungen zu vermeiden. Ich merkte das, wenn wir gemeinsam mit Direktstudenten zur mündlichen Prüfung antreten mussten. Ich denke da nur an meine Chemieprüfung, wo neben uns zwei älteren Fernstudenten eine junge Frau, so um die 20 Jahre alt, saß. Sie schwitzte schon vor jeder Frage Blut und Wasser, während wir zwei Alten dem etwa gleichaltrigen Prüfer, einem Professor, recht gelassen entgegentraten. Es war mir beinahe peinlich, als ich am Ende mit einer 1,8 nach

Hause geschickt wurde und der Herr Institutsleiter die kleine Dame mit einer runden Vier abfertigte und ihr empfahl, sich doch zukünftig an den fleißigen Fernstudenten ein Beispiel zu nehmen. Die müssten neben dem Studium arbeiten, während sie doch nichts weiter zu machen bräuchte als ordentlich zu lernen.

Einen sehr guten Ruf hatten die Wismut-Fernstudenten in ihren Fachsektionen wie Bergbau-Tiefbau, Grubensicherheit und Geophysik. Das konnte aber gar nicht anders sein, denn dort kannte man zwar die Errungenschaften der großen westlichen Bergbauländer wie der USA, Kanada, Südafrika und der BRD und die zum Teil futuristisch anmutende Bergbautechnik aus Schweden und Finnland. Mit uns und unseren Kommilitonen aus den anderen Bergbauzweigen in der DDR erlebten die Professoren und Fachrichtungsleiter an den Instituten aber den heimischen Bergbau. Hier wurde in den sechziger Jahren noch das Siegen von der Sowjetunion gelernt und nur was von dort kam war gut. Wir hatten unseren Professoren, Dozenten und den wissenschaftlichen Mitarbeitern eine knallharte betriebliche Praxis voraus.

Dass hatte auch sein Gutes für uns als Studenten. So genossen wir zwei Diplomanden, die ihre Themen von der Fakultät für Bergbauwissenschaften erhalten hatten, ein sehr großes, ich möchte fast sagen unbegrenztes Vertrauen, als wir eine große Anzahl Versuche im Institut durchführen mussten. So oft wir wollten, konnten wir im Labor des Institutes bis Mitternacht arbeiten und den wertvollen Apparatepark nach Belieben nutzen. Vielleicht war es unser „reiferes" Alter, dem wir das verdankten. Wir waren beide weit über die Mitte dreißig hinaus und hatten ein gesundes Misstrauen vor den vielen Messapparaturen und Maschinen, so dass wir tatsächlich nur das angefasst und verwendet haben, wo wir uns sicher waren, dass nichts schief gehen konnte.

Nicht gern gesehen waren wir Fernstudenten an den gesellschaftswissenschaftlichen Instituten, wo man uns obligatorisch darauf aufmerksam machte, dass wir hier mit unserem Wissen aus dem Parteilehrjahr nicht weit kämen. Das war aber gerade die Zeit, wo Walter Ulbricht mit seinen Mannen das „NÖSPL", das „Neue ökonomische System der Planung und Leitung der Volkswirtschaft" und das Überholen ohne Einzuholen erfunden hatte.

Man war an den Instituten für Marxismus-Leninismus und Sozialistische Betriebswirtschaft zu sehr mit sich selbst und der Aktualisierung der „wissenschaftlichen" Erkenntnisse aus dem Parteiapparat beschäftigt als dass man sich intensiv um die paar Fernstudenten kümmern konnte. Ich bin tatsächlich in solchen Fächern wie politische Ökonomie, dialektischer und historischer Materialismus und industriel-

les Rechnungswesen mit einem Minimum an Aufwand, meinen Restkenntnissen von Breitenbrunn und dem Wissen aus dem täglichen Zeitungslesen durch die Prüfungen gekommen. Und was wollte ich mehr? Wir hatten hier den Dozenten die tagtägliche Arbeit mit den Menschen voraus, die ohne akademische Floskeln und Höflichkeiten ablief.
Mitte Juli 1968 kam ich zurück in den Betrieb, der jetzt Bergbaubetrieb 9 und nicht mehr Objekt hieß. Die Arbeitsgruppen für die Besttechnologien waren aufgelöst und zur Gruppe Technologie umgebildet worden, in der wir für die einzelnen Bergarbeiten je einen Verantwortlichen hatten. Ich bekam das Sachgebiet Abbau zugeteilt. Parallel bestanden in den einzelnen Grubenbereichen Technologische Gruppen. In Zusammenarbeit mit den Abteilungssteigern und den Beauftragten

Bild 58 – Wie man in Aue erzählte soll das Gebäude ganz früher einmal die Sicherheitspolizei beherbergt haben. 1946/47 zog dann die „Wirtschaft Malzew" – der Vorläufer der sowjetischen Aktiengesellschaft „Wismut" – ein, die später als Generaldirektion ihren Sitz in Siegmar-Schönau bei Chemnitz nahm. Seitdem 1948 das Objekt 9 gegründet wurde hatte es hier seine Objektverwaltung. Das sowjetische Leitungspersonal wohnte nur wenige 100 Meter entfernt in einer kleinen Siedlung mit Klubhaus.
Seit Mitte der 90er Jahre, seit dem Umzug des Sanierungsbetriebes Aue der Wismut GmbH auf den Schacht 371, steht das Gebäude leer. (Aufnahme August 2001)

für Geologie, Geophysik, Mechanik, Markscheidewesen und Ökonomie waren sie für die Projektierung aller Bergarbeiten zuständig. Dazu gehörte die Bearbeitung und Abrechnung des Planes Wissenschaft und Technik einschließlich des Neuerwesens und jährlich sich wiederholender „Höhepunkte" wie der Plandiskussion.

Das klingt zwar etwas umständlich, war es aber in der Praxis nicht. Dieser Personenkreis hatte in den Bergrevieren schon jahre-, wenn nicht sogar jahrzehntelang zusammengearbeitet. Wir hatten als Gruppe Technologie in der Leitung des Bergbaubetriebes keine Weisungsbefugnis gegenüber den Technologischen Gruppen der Grubenbereiche. Wir konnten und mussten dort zwar fachlich anleiten, durften aber nicht in den Arbeitsablauf hineinreden. Wenn es im Zuge der Bergarbeiten einmal zu Schwierigkeiten in der Planerfüllung kam, konnte man durchaus eine Woche lang vergeblich versuchen, einen Technologen in einem Grubenbereich zu erreichen. Die Kollegen waren über die drei Schichten verteilt und auf „Erzsuche" geschickt worden. Es bildete sich aber insoweit über die zwanzig Jahre bis 1989 ein ungezwungener Arbeitsstil heraus, dass es kaum notwendig war, Aufgaben mit Weisung durchzusetzen.

Neue Aufgaben

Ende der sechziger Jahre gab es die ersten ernsthaften und von der Industriezweigleitung initiierten und unterstützten Versuche, die Hauer in den Bergbaubetrieben vom Bohrhammer zu trennen. Mit dem Einsatz immer leistungsstärkerer Schlagbohrhämmer stieg die Zahl derjenigen, die sich bleibende Gelenkschäden zugezogen hatten und wegen eines Pressluftschadens, einer anerkannten Berufskrankheit, aus ihrem Beruf ausscheiden mussten. In der Tabelle auf Seite 90 sind die Zahlen ausgewiesen. Wir kannten sie 1968/69 natürlich nicht, denn die Anzahl der Berufskrankheiten war eine vertrauliche oder sogar geheime Verschlusssache. Der Klassenfeind hätte sie als Argument gegen die DDR auswerten können. Wir waren uns aber darüber im Klaren, dass die Zahlen sehr hoch sein mussten, wenn sich die Generaldirektion und die SED-Gebietsleitung damit beschäftigten. Darüber hinaus hatte jeder von uns enge Kontakte mit vielen Kumpeln, die wegen dieser oder einer anderen Berufskrankheit rehabilitiert werden mussten.

Es hatte zwar schon in den vorhergehenden Jahren Versuche gegeben, Bohrgeräteträger für alle technologischen Verfahren zu entwickeln. Etwas Brauchbares war dabei nicht herausgekommen. Die Absolventen der Hoch- und Fachschulen hatten an ihren Ausbildungsstätten etwas mehr vom internationalen Bergbau mitbekommen als in die Köpfe einiger Parteifunktionäre hineinwollte oder hineinpasste. Sie waren mit Gedanken und Neuerervorschlägen aufgetreten, aus den großen westlichen Bergbauländern, dem NSW, dem „nichtsozialistischen Wirtschaftssystem", Bohrwagen für kleine Streckenquerschnitte ab etwa 5 Quadratmeter, einzuführen. Das einzige, was dabei herauskam, war, dass man diese Leute als „Technokraten" abblitzen ließ, eine Diffamierung, mit der die „Berufsrevolutionäre" ohne weitere sachliche Argumente Gedanken und Vorschläge von Ingenieuren vom Tisch wischten. Für den Bergbaufachmann, der zufällig diese Zeilen in die Hand bekommt, habe ich einmal einige Beispiele für die Streckenquerschnitte in der Aus- und Vorrichtung des Gangerzbergbaues, die Abmessungen der Bohrsäule K 1 R sowie die Abmessungen und technischen Daten des 1970 eingeführten sowjetischen Bohrwagens SBKNS-2 angeführt. (Quelle: Klaus Beyer, Sowjetische Bohrgeräteträger im Streckenvortrieb, Neue Bergbautechnik 4 (1974) 2, Seite 122-128, Leipzig 1974).

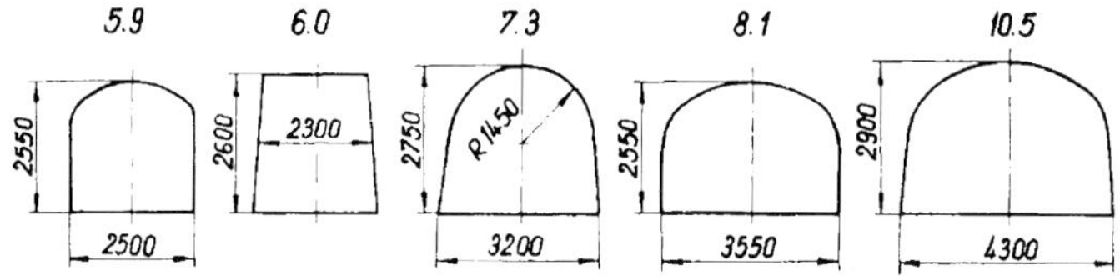

Querschnitt [m²]	5.9	6.0	7.3	8.1	10.5
Ausbau	ohne	Deutscher Türstock	Stahl-bogen	ohne	Stahl-bogen
Anzahl der Gleise	1	1	1	2	2

Bild 59 – Häufigste Streckenquerschnitte im Objekt/Bergbaubetrieb 9 ab den 60er Jahren

Es war die Sowjetunion, bekannt für einfache, robuste, aber teilweise wirkungsvolle technische Lösungen, die Ende 1968 der Wismut die Bohrsäulen K 1 R für den gleisgebundenen Streckenvortrieb zur Verfügung stellte. Im Prinzip bestanden diese aus einem Rohrrahmen, in dem ein Bohrhammerträger mit pneumatischem Vorschub höhenverstellbar eingehängt werden konnte. Dieses Gerät trennte zwar den Hauer von der Rückschlagbeschleunigung (Vibrationsbelastung) durch den Bohrhammer, hatte aber eine hohe Rüstzeit und war sehr schwer und unhandlich.

Es war mit diesem Gerät nicht möglich, die im gesamten Industriezweig üblichen Parallelbohrschemata für die Sprengbohrlöcher mit hinreichender Genauigkeit für einen qualitativ und quantitativ guten Sprengeffekt zu bohren. Die Streckenkonturen waren so zerschossen, zerschlagen und zertrümmert. Selbst im relativ standfesten Gebirge, in dem man beim Bohren mit dem Bohrhammer auf Stütze niemals Ausbau benötigt hätte, war jetzt plötzlich Ausbau erforderlich. Trotz tage- und monatelanger Bemühungen des gesamten ingenieurtechnischen Personals, insbesondere der Technologen der Grubenbereiche und des Bergbaubetriebes, die vor Ort mitarbeiteten und versuchten, die Arbeit mit den Bohrsäulen zu verbessern, konnten keine befriedigenden Ergebnisse erzielt werden.

Die Hochleistungsbrigaden hatten sich von Anfang an geweigert, mit den K 1 R zu arbeiten und selbst die Vorzeige-Vortriebsbrigaden stellten die Bohrsäulen bald in die Ecke. Die sowjetischen Mitarbeiter versuchten, Hilfestellung zu geben, aber sie hatten keinerlei praktische Erfahrung mit diesen Geräten. Die Betriebe

Bild 60 – Vereinfachter schematischer Aufbau der Bohrsäule K 1 R

1 Spannsäule
2 Verlängerer
3 Druckluftspreize
4 Höhenverstelleinrichtung
5 Verschwenkeinrichtung mit Lafettenaufnahme
6 Lafette
7 Bohrhammer mit Schlitten
8 Führungsschiene für Bohrhammerschlitten
9 Führungsschiene für Lafettenverstellung
10 Steuereinheit

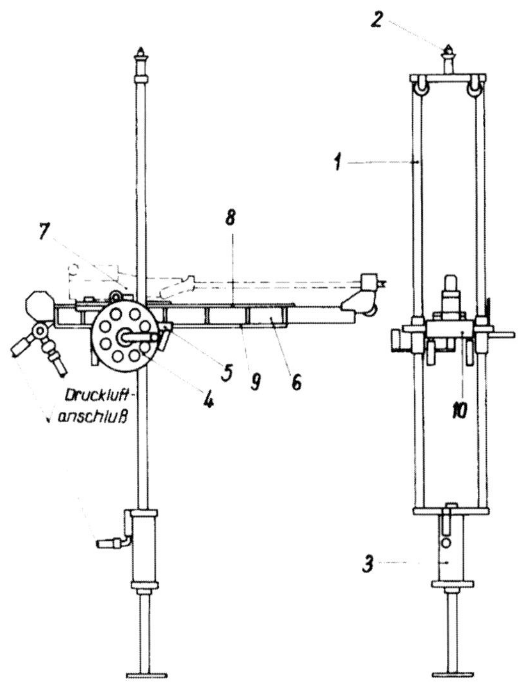

waren auf sich allein gestellt und warfen das Handtuch. Ich habe bei späteren Exkursionen in den Thüringer Bergbaubetrieben nie wieder Bohrsäulen im Einsatz gesehen.
Die Verkleinerung dieser Bohrgeräteträger für den Vortrieb auf Teilsohlenstrecken mit Querschnitten um die 3 Quadratmeter herum und für den Firstenstoßbau mit seinen Abbaugassen im Gangeinfallen war noch weniger erfolgreich. Das sperrige Gezähe stand, angefangen bei den Spreng- über die Förder-, Transport- und Ausbauarbeiten, stets im Wege, so dass die Hauer es schon nach wenigen Schichten wieder in den Abbaugrundstrecken hinter dem Verzug ablagerten, um nicht zu sagen entsorgten.
Ich bin sehr oft bei den Bohrarbeiten vor Ort gewesen und habe mit vielen Brigaden über dieses Problem gesprochen. Neben den Schwierigkeiten beim Bohren gab es viel Kritik an der technischen Zuverlässigkeit und Materialqualität der Bohrsäulen. Die Manschetten der Spannzylinder und des Vorschubzylinders verschlissen nach kurzer Zeit, der primitive Seilzug zur Höhenverstellung der Vorschublafette neigte zum Verschlingen und Aufspleißen. Trotz großer Bemühungen der Grubenschlosser, die Auftrag hatten, diese Streckenvortriebsbrigaden besonders zu unterstützen, gab es sehr viele Ausfälle.
Wie immer stand das ingenieurtechnische Personal in der Kritik durch die Partei- und Gewerkschaftsleitungen. Schließlich konnte doch eine sowjetische Ausrüstung nicht schlecht sein. Wir hatten nach fünfundzwanzig Jahren Bergbau immer noch von der Sowjetunion zu lernen. Gerade in den siebziger Jahren, der Ära Breschnew, war ein Zweifel an der Überlegenheit sowjetischer Technik und Erfahrungen ein Sakrileg und wurde nicht geduldet. Die Vorwürfe glichen sich seit Jahren und blieben bis zum Beginn der Perestroika die gleichen. Das begann bei mangelnder Erziehungsarbeit und ging über Desinteresse, ideologische Unklarheit, Ablehnung sowjetischer Erfahrungen, Überschätzung kapitalistischer Errungenschaften, Technokratentum bis hin zur Unfähigkeit. Glücklicherweise machten die in den Leitungen vertretenen Hauerbrigadiere und Hauer dieses Spiel diesmal nicht mit und wiesen nach, dass es tatsächlich gravierende Mängel an der Ausrüstung gab.
Da außer den Mitarbeitern des WTZ und einigen Dokumentalisten niemand das Weltniveau auf dem Gebiet der Bohrtechnik kannte, suchten die Mitarbeiter unserer Gruppe Technik in der sowjetischen Fachliteratur nach einem kleinen Bohrgeräteträger für die Verhältnisse des Bergbaubetriebes 9. Sie wurden fündig. Anfang 1970 bot sich der gleisgebundene Bohrwagen des Typs SBKNS-2 mit zwei Lafetten für Vorschublängen bis zu 2,0 Meter aus der Sowjetunion als eine Lösung an. Zwei

Bild 61 – Ansicht einer durch nach außen gehenden Sprengbohrlöcher vollkommen zerrissenen Streckenkontur (Übergang von der Firste zum Stoß). In den meisten Fällen ging durch diese Zertrümmerung des Gebirges dessen „Selbsttrageeffekt" verloren. In Gangstrecken musste Türstockausbau, in Querschlägen und Feldstrecken (Richtstrecken) Stahlbogenausbau eingebracht werden. Die Kosten je Meter Vortrieb stiegen um 50 bis 75 Prozent.

Versuchsmuster kamen bei den Streckenvortriebsbrigaden gut an und entsprachen den Vorstellungen der Bergleute. Allerdings gab es auch bei diesen Geräten kräftige Abstriche hinsichtlich der Qualität und der Effektivität der Bohrarbeiten.
Es erwies sich sehr vorteilhaft, dass der Hauer jetzt bedeutend weiter von der Lärmquelle „Bohrhammer" entfernt, die Lärmbelastung also automatisch mit dem Quadrat der Entfernung Hauer – Bohrhammer verringert worden war.
Eine Steigerung der Vortriebsleistung und der Effektivität war mit dem SBKNS-2 nicht zu erzielen, weil

- die Rüstzeiten für den Bohrwagen höher lagen als beim herkömmlichen Gezähe, dem Bohrhammer mit Stütze, und außerdem eine Abstellnische für den Bohrwagen in der Nähe sein bzw. geschaffen werden musste;
- bisher zwei Hauer einen Stoß immer mit vier Bohrhämmern abgebohrt hatten, also die Bohrzeit sich spürbar erhöhte, weil die zwei leistungsstärkeren Bohrhämmer des SBKNS-2 bei Weitem nicht die Bohrleistung von vier herkömmlichen Bohrhämmern erreichten;
- die maximale Abbohrlänge mit dem Handbohrgezähe bisher bei mindestens 2,2 Meter lag, aber beim Bohrwagen auf 2 Meter begrenzt war (siehe Bild 64);
- die Einhaltung der Parallelbohrschemata wegen der Breite und der möglichen Anstellwinkel der Lafetten nur bedingt gewährleistet werden konnte und die Kontursprengbohrlöcher „nach außen gestochen" werden mussten (siehe Bilder 65 und 66). Strecken, die mit dem SBKNS-2 aufgefahren wurden, mussten grundsätzlich ausgebaut werden.

Bilder 62 und 63 – Wir hatten in jedem Grubenbereich ein bis zwei Vorzeigebrigaden aufgebaut, aber die verloren mit Recht die Lust, als sie merkten, dass mit dieser Ausrüstung beim besten Willen nicht der bisherige Verdienst zu erreichen war. Einzig und allein einige Hauer, die hofften, der drohenden Umsetzung aus der Hauergruppe mit Hilfe der Bohrsäulen zu entgehen, hielten noch zur Stange.

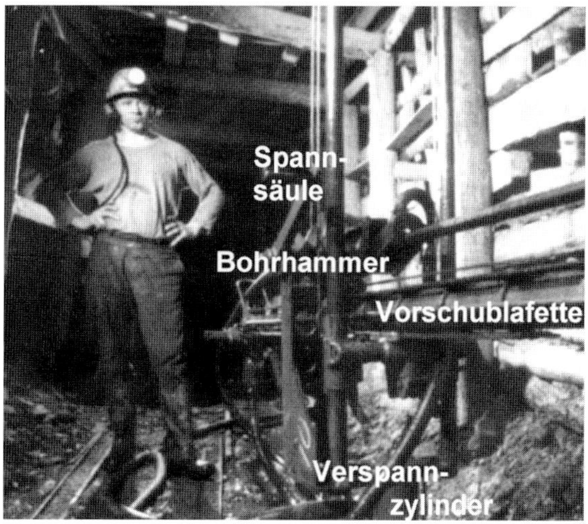

- der Verbrauch des aus der Sowjetunion importierten Bohrstahles sprunghaft stieg und bis zum Betriebsende auch nie auf ein wirtschaftlich vertretbares Niveau gesenkt werden konnte.

Bei den Hauern genoss der SBKNS-2 den Ruf einer „Bohrstahlvernichtungs-Maschine". Wir hatten eine im Interesse des Gesundheitsschutzes sehr gute, aber technisch, verfahrensmäßig und wirtschaftlich nicht befriedigende Lösung gefunden. Sie bildete trotzdem die Grundlage für die Eigenentwicklung von Bohrwagen in den mechanischen Werken der SDAG Wismut ab 1972/73, denn keiner

hatte etwas Besseres in petto. Die aufgezählten Mängel, vor allem der kaum beherrschbare Bohrstahlverschleiß, konnten auch bei den Geräten des Betriebes für Bergbauausrüstungen in Aue (BBA) nicht beseitigt werden.
Der Einsatz dieses Bohrwagens war aber eine überaus wichtige Maßnahme zur Gesunderhaltung der Hauer im gleisgebundenen Streckenvortrieb. Er hat sogar dazu beigetragen, dass Hauer mit Gelenkschäden im Anfangsstadium zunächst in der Hauergruppe verbleiben konnten, die Rehabilitation sich zeitlich etwas hinausschob.
Man kann heute, fünfzehn Jahre nach dem Ende des Uranerzbergbaues und mit dem Wissen von vierzig Jahren Tätigkeit in diesem Industriezweig, ohne Übertreibung feststellen, dass die politische Bevormundung durch die Partei der Arbeiterklasse oft bessere technische und technologische Lösungen im Keim erstickt hat.

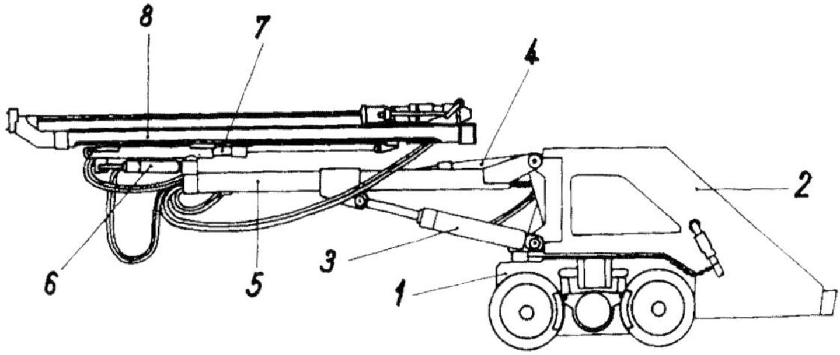

Bild 64 – Aufbau und wichtige technische Daten des Bohrwagens SBKNS-2

1 Fahrwerk
3 Hubzylinder des Bohrarms
4 Schwenkzylinder des Bohrarms
5 Bohrarm
6 Schwenkzylinder der Lafette
7 Spannzylinder
8 Lafette (Vorschubeinheit)

Länge	*5300 mm*
Breite am Rahmen	*950 mm*
Breite über Lafetten	*1600 mm*
Höhe	*1170 mm*
Masse	*4600 kg*
Betriebsluftdruck	*5 at Überdruck*
Arbeitsdruck der Hydraulik	*40 at*
Vorschublänge	*2000 mm*
Vorschubkraft	*0 bis 200 kp*
Vorschubausfahrung	*800 mm*
Bohrlochlänge	*bis 2000 mm*
Anzahl der Bohrhämmer	*2 Stück*
Spurweite des Fahrwerks	*600 mm*
Eigenfahrgeschwindigkeit	*1 m/s*

Das ingenieurtechnische und ökonomische Leitungspersonal verstand es nicht, sein Wissen entsprechend in die Waagschale zu werfen, sich durchzusetzen und sich den bergbautechnisch unterqualifizierten Funktionären entgegenzustellen. Im zweiten Quartal 1970 ging unser Gruppenleiter Technologie, ein sehr versierter Bergingenieur, der lange Zeit auf dem Schacht 366 als Obersteiger gearbeitet und einen großen persönlichen Anteil am rationellen Abbau der Lagerstätte im Abschnitt Alberoda hatte, als Verantwortlicher für die Laugung untertage zum Jugendbergbaubetrieb Königstein. Ich wurde als Leiter der Gruppe Technologie eingesetzt und war jetzt für den zweckmäßigen Einsatz der neuen Bohrgeräte-

Bilder 65 und 66
Der Bohrwagen SBKNS-2 im Einsatz auf eingleisigen Strecken mit Türstockausbau (Bild 65) und ohne Ausbau (Bild 66) bei Querschnitten von etwa 6 Quadratmeter. Aus dem unteren Bild ist ersichtlich, dass sich die Lafette zum Bohren der Sohlensprengbohrlöcher (weißer Pfeil) nicht parallel zur Streckenachse führen lässt, die Bohrlöcher also nach unten „gestochen" werden müssen. Das war gefährlich, da Versager im Sohlenbereich unentdeckt unter dem Resthaufwerk verbleiben konnten.

träger und der mechanischen Aufbruchbühnen, die Verbesserung des Ausbaues für Aus- und Vorrichtungsgrubenbaue in den Abbaugebieten auf den tieferen Sohlen mit ständig zunehmenden Konvergenzen (Absenkungen) und einen geregelten Ablauf der technologischen Arbeit in der Verwaltung und den Grubenbereichen verantwortlich.
Meine zuständigen Mitarbeiter waren Ingenieure mit langjähriger Berufserfahrung in Aue im bergmännischen Aufsichtsdienst, als Technologen oder aber in den Funktionalabteilungen und hatten sich zu „Spezialisten" auf ihrem technologischen Gebiet qualifiziert. Jeder von ihnen arbeitete mindestens seit Anfang der sechziger Jahre im Bergbaubetrieb. Ihr großer Vorteil war, dass sie sich im Zuge der Erarbeitung der Standardtechnologien zusätzlich spezielle Kenntnisse in den Bergarbeiten erworben hatten, für die sie zuständig waren. Zu dieser Zeit sprach schon niemand mehr von „Besttechnologien". Mit anderen Worten: Um mit meinen Mitarbeitern wissens- und erfahrungsmäßig gleichzuziehen, musste ich mir deren Kenntnisse erst erarbeiten, hatte aber durch das Studium auf theoretischem Gebiet Vorlauf.

Viel Streit um die Fonds – nur geomechanische Probleme?

Anfang der siebziger Jahre waren wir, der zuständige Sachgebietsbeauftragte für den Streckenvortrieb und die Praktiker in den Grubenbereichen, schon weitgehend mit den Anwendungsmöglichkeiten und den Grenzen des Stahlbogenausbaues vertraut. Ab der Sohle -990 Meter kam dieser ausschließlich in den Ausrichtungsgrubenbauen zum Einsatz. Mit dem Preis von 700 bis 1000 Mark je Ausbaueinheit brachte er eine enorme Kostenerhöhung für die Querschläge und Feldstrecken mit sich.
Hinzu kommt, dass dieser sehr starre und aus einem völlig unzweckmäßigen Profilstahl gefertigte Ausbau bereits dreihundert Meter tiefer nicht mehr ausreichte. In den unmittelbar neben den mächtigen Störungszonen verlaufenden Feldstrecken oder die Zonen schneidenden Querschlägen verformte er sich nach relativ kurzer Zeit, zum Teil schon nach zwei bis drei Monaten, und konnte die Ausrichtungsgrubenbaue nicht für die Dauer der Abbauarbeiten offen halten. Im Bild 68 ist diese Verformung in einer bereits einmal rekonstruierten Feldstrecke dokumentiert. Die nur mit den Gegebenheiten des Gangerzbergbaues vertrauten bergmännischen Leiter waren in Unkenntnis der geomechanischen Vorgänge der

Meinung, dass eine Verstärkung des starren Ausbaues die Verformung aufhalten würde. Bergleute aus dem Steinkohlenbergbau hätten hier grundsätzlich einen nachgiebigen Ausbau eingesetzt. Vorschläge von uns, den Technologen, das einmal zu versuchen, stießen zum Teil auf vollkommenes Unverständnis und selbst die Unterstützung durch das WTZ war zwecklos.
Man war bis zu den technischen Leitern in der Produktionsabteilung der Meinung, dass man den „Gebirgsdruck" mit stärkerem Ausbau beherrschen könne. Die Ursache für die Zerstörung des Ausbaues waren hier aber Konvergenzen, durch Ausbau nicht aufhaltbare Absenkungen des Gebirges in Richtung der Hohlräume. Die Belastung erfolgte, wenn man das einmal unter geomechanischen Gesichtspunkten betrachtet, durch dynamischen Druck und keine konstante statische Last. Die dadurch entstehenden Kosten gingen, über Jahre betrachtet, in die Millionen, beunruhigten aber die ökonomischen Leiter, die für bergmännische Probleme blind waren, nicht. Beides wurde aus verschiedenen Töpfen bezahlt. Die Investitionen aus einem gemeinsamen Fonds der beiden Besitzer DDR und UdSSR. Die Rekonstruktionsarbeiten hatte allein die DDR aus dem Umlaufmittelfonds zu tragen. Vorschläge, das zu ändern, wurden grundsätzlich abgelehnt.
Wie oft eine Ausrichtungsstrecke umgebaut werden musste und was das kostete, interessierte die Ökonomen für die Investitionsarbeiten überhaupt nicht, es ging ja nicht aus ihren geplanten Mitteln. Dagegen waren sie sehr darauf bedacht, dass nicht durch einen gebirgsmechanisch günstigeren Ausbau, zum Beispiel durch einen nachgiebigen Stahlbogenausbau aus Rinnenprofil, der den Meter Ausrichtungsstrecke um 30, 40 oder sogar 50% verteuert hätte. Andererseits wären dadurch die Kosten für die sicherheitstechnisch sehr riskanten, zeitaufwändigen und materialintensiven Umbauarbeiten mindestens um fünfzig oder mehr Prozent gesenkt worden. Wir als Technologen und bald auch die Bergleute in den Grubenbereichen erkannten diese Probleme bereits Anfang der 70er Jahre und versuchten, diese „Absenkungen" wenigstens in den Vorrichtungsgrubenbauen zu minimieren. Gemeinsam entwickelten wir verschiedene Methoden, um durch zusätzliche Ausbauelemente, Sollbruchstellen und freie Räume zwischen Ausbau und Gebirge in Gang- und Abbaugrundstrecken die Lebensdauer des Holzausbaues zu verlängern und den Umfang an Um- und Zweitausbau spürbar zu verringern. Den größten Anteil an einfachen, aber sehr wirksamen Verbesserungen hatten die Schicht- und Abteilungssteiger und die erfahrenen Hauer der Abbaubrigaden. Unterstützung fanden wir bei Mitarbeitern des Wissenschaftlich-Technischen Zentrums (WTZ) des Industriezweiges, die allerdings nicht über die Hürde Investitionsfonds kontra Umlaufmittelfonds springen konnten.

Bilder 67 und 68
Deformation des herkömmlichen Stahlbogenausbaues aus Doppel-T-Profilstahl mit dem sehr ungünstigen Verhältnis der Widerstandsmomente Wx : Wy = 75 cm³ : 12 cm³ (6:1), bei dem eine Verdrillung bei höheren Lasten vorprogrammiert war. In beiden Fällen handelt es sich dabei um eine schon einmal umgebaute Strecke, in der der Ausbauabstand auf 0,5 Meter reduziert war, der Stahlbogenausbau die Konvergenzen aber trotzdem nicht aufhalten konnte.

Das leitende Personal, vor allem die verantwortlichen Abteilungssteiger und die Hauerbrigaden bemerkten sehr bald, dass sie durch diese Ausbauvarianten Vorteile hatten. Daher setzten diese sich sehr schnell in großem Umfang durch. Im Überhauenvortrieb boten sich ähnliche Lösungen an. Bis es zu einer Verbesserung im Ausrichtungsvortrieb kommen sollte, dauerte es fast zehn Jahre.

Erst lange nach 1980 zwangen die langsam problematisch werdenden und nicht mehr beherrschbaren geomechanischen Verhältnisse, die Ökonomen zum Umdenken. In der fünften Kaskade, den Sohlen -1305 m und tiefer, nahmen die Umbau- und Reparaturarbeiten in den Querschlägen und Feldstrecken immer mehr zu. Teilweise reichten die bis dahin angewendeten einfachen Maßnahmen zum Schutz des Ausbaues nicht mehr aus.
Endlich schaltete sich das WTZ ein und empfahl in einer Studie die Anwendung eines nachgiebigen Stahlbogenausbaues aus dem Rinnenprofilstahl SWP 17. Es lieferte die Konstruktionsunterlagen und die Verbindungselemente für diese Ausbauvariante.
Das Rinnenprofil musste aus der Sowjetunion importiert, in den Werken der Wismut zugeschnitten und gebogen werden. Er verteuerte die Ausbaueinheit aus herkömmlichen Stahl um mindestens 100%, hielt aber Konvergenzen von 500 bis 600 Millimeter stand. Aus technologischer Sicht war das allerdings nur ein halber Sieg, da die Mittel für die Ausrichtungsarbeiten den neuen, höheren Kosten für die Strecken mit Rinnenprofilausbau nicht angepasst, andererseits aber die Ausrichtungsumfänge nicht verringert wurden. Er kam deshalb bis zum Ende des Uranerzbergbaues in Aue aus Kostengründen nicht oft zum Einsatz. Da ich mich mit dieser Problematik sehr umfangreich befassen musste, möchte ich hier den Standardausbau sowie einige wenige Anwendungsbeispiele ohne Kommentar im Bild vorstellen.

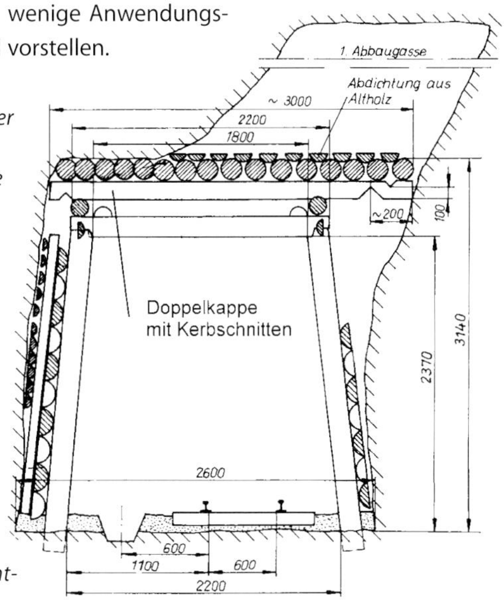

Bild 69 – Durch den Einbau doppelter Ausbauelemente, die zum Grundausbau einen Freiraum schufen, die Schaffung von Sollbruchstellen an Ausbauelementen wie Kerbstellen, zusätzliche Quetschholzlagen und Freiräume um den Ausbau gelang es die Lebensdauer des Ausbaues in Abbaugrundstrecken teilweise spürbar zu erhöhen bzw. bei hohem Abbaufortschritt auf Umbauarbeiten zu verzichten.
Die Zeichnungen sind der Technologie „Firstenstossbau" (Ausgabe 1986), den verbindlichen Ausbauregeln des Bergbaubetriebes Aue, entnommen.

Bilder 70 und 71
Versuchsstrecken mit nachgiebigem Rinnenprofilausbau

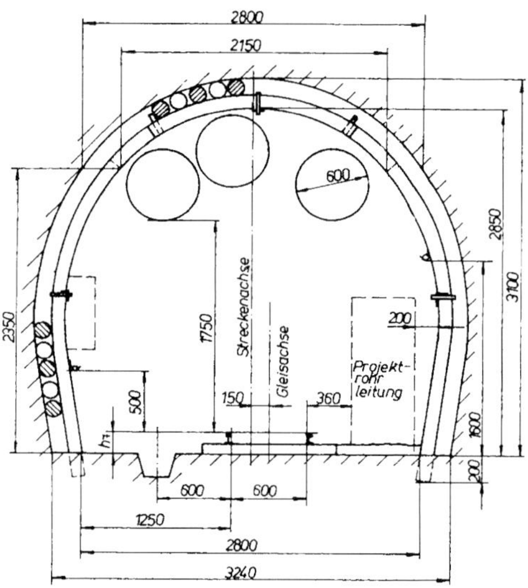

Bild 72
Standard für den Ausbau einer eingleisigen Ausrichtungsstrecke mit nachgiebigen Stahlbögen aus Rinnenprofilstahl SWP 17.
Quelle: Ausbauregel aus der Technologie Firstenstossbau von 1986.

Interessante Aufgaben

Anfang der siebziger Jahre standen einige nicht für den Gangerzbergbau typische technologische Probleme auf der Tagesordnung. 1970 stellten irgendwelche kühnen Rechner in Karl-Marx-Stadt (Chemnitz), Berlin oder Moskau fest, dass auf den Halden der Wismut und in den mit Eigenversatz verfüllten Abbauen im gesamten Erzgebirge noch Uranerz, sehr viel Uranerz lag, wenn man die Versatzmengen aus der Zeit von 1948 bis 1970 zusammenzählte. Dabei ging man davon aus, wie die „Chronik der Wismut" ausweist, dass bis Anfang der 50er Jahre die Erzverluste im Versatz bis zu 40 Prozent betrugen.

Hinzu kam, dass im oberen und mittleren Erzgebirge und Vogtland mehr als 2000 t Uranvorräte aus Kostengründen abgeschrieben worden. Ein weiterer Grund dürfte gewesen sein, dass die DDR zu dieser Zeit ein eigenes Programm für die Gewinnung von Atomenergie entwickelte.

Es wäre sicherlich finanziell in keiner Form zu vertreten gewesen, in ein altes Bergwerk im oberen oder mittleren Erzgebirge zu gehen und dort mit einem Aufwand von mehreren Millionen Mark Übertageanlagen und die Ausrichtungs- und Vorrichtungsgrubenbaue für einen, zwei oder auch mehr Abbaue aufzuwältigen. Dagegen gab es auf den noch zugängigen Hauptfördersohlen des Bergbaubetriebes 9 mehr als genügend abgeworfene Abbaue, die sich für ein solches Experiment eigneten.

Um sie zu erreichen, genügte die Verlegung von einigen hundert Metern Gleis, Druckluft- und Wasserrohren, Kabeln und evtl. das Auswechseln einiger verbrochener Türstöcke in den Querschlägen oder Feldstrecken. Unter der Bezeichnung „Wiederabbau" wurden entsprechend einer Weisung der Generaldirektion auf der in Betrieb befindlichen Hauptfördersohle –540 Meter zwei Abbaue in einem Ende der fünfziger Jahre höchst produktiven Ganggebiet im Westfeld ausgewählt, aus denen der Versatz abgezogen werden sollte.

Dieser Gang mit dem Namen „Bad Elster" war von seiner Struktur her eine mächtige Störungszone mit mehr als zwei Meter Mächtigkeit mit sehr gebrächem Nebengestein. Man konnte annehmen, was sich später als richtig erwies, dass sämtliche Grubenbaue im Abbaubereich total verbrochen waren. Diese Arbeiten waren für uns völlig neu und stellten an alle Beteiligten, vom Projektanten über den Steiger bis hin zur Abbaubrigade, hohe Anforderungen, besonders auf sicherheitstechnischem Gebiet. So mussten beispielsweise alle Ausbauelemente beim Versatzabzug von oben nach unten zusätzlich mit Stahlseilen gesichert werden. Das Ergebnis zeigte, dass selbst in diesem ehemals hochproduktiven Bereich nur wenige Kilogramm Pechblende (UO_2/U_3O_8) – weit unter den erwarteten mindesten 10 Prozent – verblieben waren. Wir konnten die Arbeiten trotz der komplizierten bergmännischen Situation ohne Unfälle beenden.

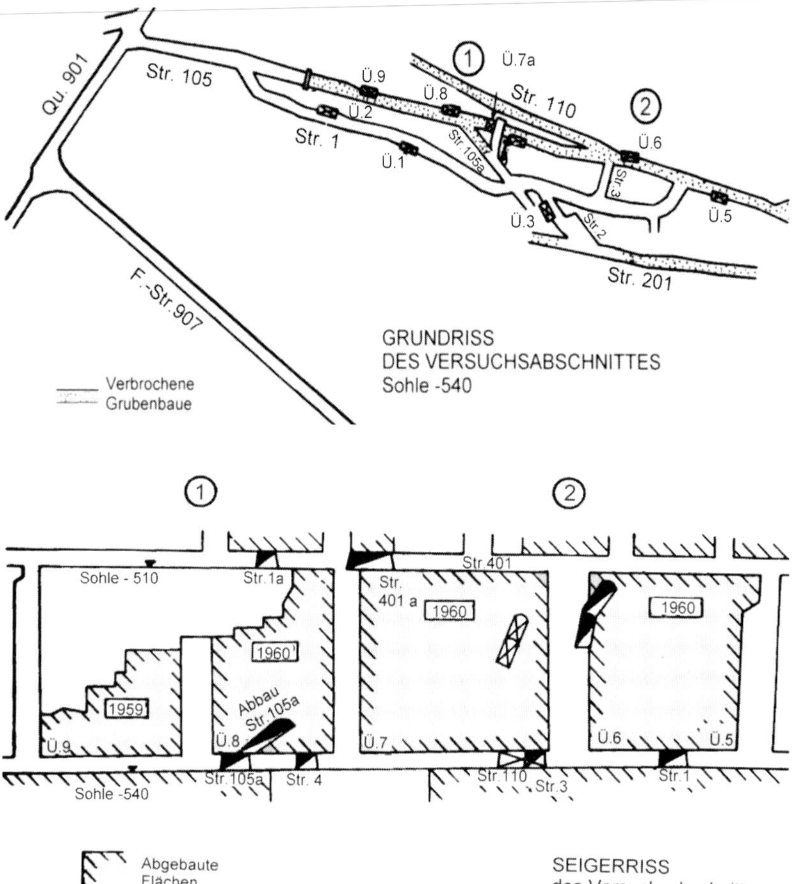

Bilder 73 und 74 – Der Versuchsabschnitt für die Versatzgewinnung aus den Abbauen 1 und 2. Da die ursprünglichen Gangstrecken 105, 105a, 110 und 201 total verbrochen waren, mussten mit den Strecken 1, 2 und 3 sowie den Überhauen 1, 2 und 3 völlig neue Zugänge zu den Abbauen geschaffen werden.

Als ich eines Tages die Weisung bekam, mit unserem Betriebsdirektor diese Orte zu befahren, bemerkte ich, dass das Interesse der übergeordneten Leitungen an diesen Arbeiten sehr groß gewesen sein muss. Unser Direktor machte das nach dem Motto „Passt es dir morgen?" sehr höflich. Wie in jedem Betrieb war bei uns der Wunsch des Direktors Befehl und jeder Mitarbeiter richtete sich natürlich so ein, dass es passte. Er hatte sich über andere Quellen sehr genau mit den Örtlichkeiten und den bisherigen Ergebnissen von den Kosten bis zur Erzgewinnung vertraut gemacht. Als alter Bergmann erkannte er die Probleme und diktierte nach der Befahrung einen Arbeitsauftrag, der die Situation exakt einschätzte und von Lob bis Tadel für alle Beteiligten an Deutlichkeit nichts zu wünschen übrig ließ.
Für mich war diese Befahrung insofern aufschlussreich, da er mich mit einigen Resultaten des Wiederabbaues vertraut machte, die mir sonst auf Grund meines anerkannten Vertraulichkeitsgrades nicht zugängig waren. Ich durfte nur Dokumente bis zur Stufe „Vertrauliche Verschlusssache" einsehen, also z.B. keine Erzumfänge oder Vorräte. Ich habe das übrigens auch später, vor allem in meiner Zeit als persönlicher Referent bei ihm, immer wieder bemerkt, dass er sich nie mit Bierernst an den zum Teil sehr restriktiven Geheimnisfestlegungen hochgezogen hat. Er entschied von sich aus, was seine Mitarbeiter für ihre Arbeit wissen mussten und fragte da niemand um Erlaubnis.
Parallel zu den Untertagearbeiten durchgeführte Probenahmen von einigen tausend Kubikmetern auf mehreren Halden aus den fünfziger und frühen sechziger Jahren zeigten, dass schon ab 1949/50 die Erzgewinnung und die Kontrolle des Haldenmaterials im Betrieb sehr sorgfältig erfolgt war und der Uranerzgehalt der Halden im Durchschnitt nicht den Pechblendegehalt im anstehenden Granitmassiv überschritt.
Das konnte letzten Endes gar nicht anders sein, da wir ja schließlich Bergbau betrieben, um das Erz zu gewinnen und nicht, um es auf Halde zu werfen. Hinzu kommt, dass mindestens die Hälfte des aufgehaldeten Gesteins aus dem Ausrichtungsvortrieb sowie aus Bergarbeiten in unproduktiven Lagerstättenteilen kam. Das heißt, dass mindestens fünfzig Prozent des zutage gebrachten Gesteins nie Uranerz enthalten hatten.
Die nach der politischen Wende 1989/90 von selbsternannten Umweltschützern und Katastrophenjournalisten erhobenen Vorwürfe über die strahlenden Halden entbehrten vielfach jeder Grundlage und dienten nur der Beunruhigung der Menschen im Wismutgebiet und dem „Informationsbedürfnis" der Journaille. Das konnten wir schon 1970 beweisen. Aber wie sagte schon der österreichische

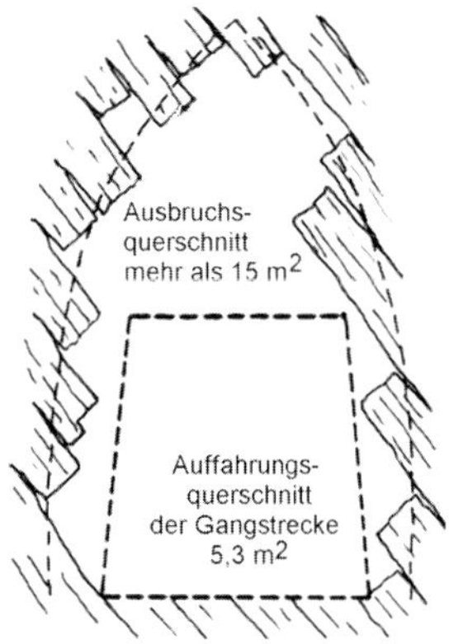

Bild 75 – Zustand der Gangstrecken im Versuchsabschnitt des Wiederabbaues. Es gab selten so gute Gelegenheiten, die geomechanischen Theorien – hier zum Beispiel die der Ausbildung der Niederspannungszone (früher auch als Trompetersche Zone bezeichnet) – in der Praxis zu beobachten.

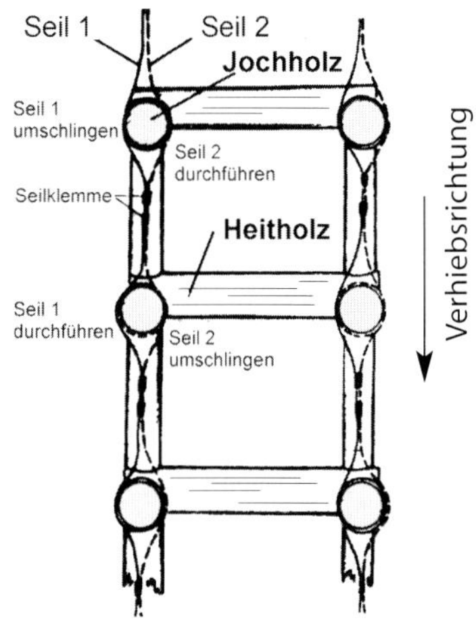

Bild 76 – Absicherung der Jochhölzer in einem Überhauen mit Stahlseilen von 14 mm Durchmesser

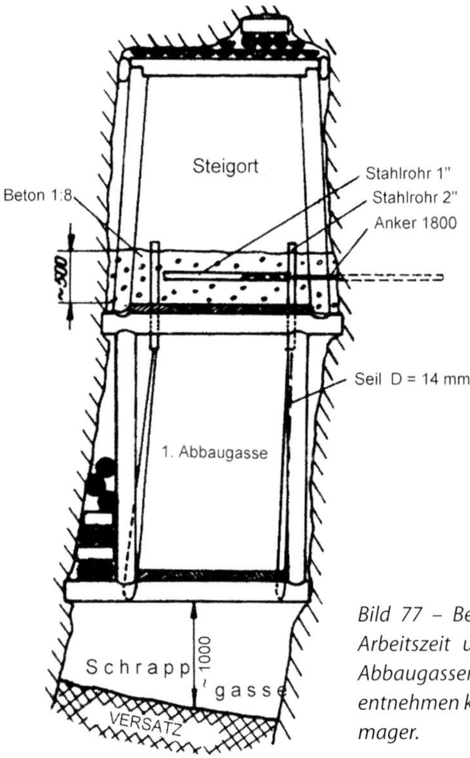

Bild 77 – Beim Wiederabbau war der Aufwand an Arbeitszeit und Material für die Aufwältigung der Abbaugassen, wie man der Skizze andeutungsweise entnehmen kann, immens hoch, das Ergebnis mehr als mager.

Schriftsteller und Publizist Karl Kraus (1874 bis 1936): „Keinen Gedanken haben und ihn ausdrücken können – das macht den Journalisten." (Zitiert nach „Freie Presse" Chemnitz vom 26.09.2001).
Durch die Wirtschaftspolitik einiger Staaten, vor allem der USA, war der Zinnpreis in den 70er Jahren in solche Höhen gepeitscht worden, dass es für die Volkswirtschaft der DDR überlegenswert wurde, die Zinnerze im Skarn der Lagerstätten im Bereich Pöhla näher zu untersuchen. In den Lagerstätten Ehrenfriedersdorf und Altenberg ließen die Zinngehalte spürbar nach bzw. die Lagerstätten waren erschöpft.
Die Lagerstätten im Erzfeld Pöhla – Tellerhäuser sollten weitgehend den Bedarf der Volkswirtschaft abdecken. In Verbindung mit diesem Zinnerzprogramm fielen bergmännisch sehr anspruchsvolle Aufgaben an. Das waren die Auffahrung der großen Zinnkammern im Betriebsabschnitt Pöhla und die Aufwältigung einer alten Eisenerzgrube in Globenstein, einem kleinen Ort in der Nähe von Pöhla. Deshalb wurden zusätzlich Gelder für ein sehr detailliertes Bohrprogramm über und unter Tage bereitgestellt. Damit war der Weg frei für umfangreiche Erkundungsauffahrungen in den Lagerstättenbereichen Globenstein, Hämmerlein und Tellerhäuser einschließlich des Abbaues von 4100 Tonnen Zinnerz und 8000 Tonnen Wolframiterze. Es würde ein Buch für sich in Anspruch nehmen, die Geschichte dieses Zinnabbaues zu schildern. Das müsste allerdings jemand machen, der enger in diese Arbeiten einbezogen war. Das Zinnprogramm beschränkte sich nicht auf die heute noch sichtbaren Zinnkammern, sondern umfasste 37.100 Meter Streckenauffahrungen für Zinnerzerkundung und 7000 Meter Streckenauffahrungen für Wolframiterkundung bis hinunter zur Sohle +120 Meter über NN. [Quellen: „Chronik der Wismut"; Günther Hösel „Die polymetallische Skarnlagerstätte Pöhla-Globenstein", Bergbaumonografie des Sächsischen Landesamtes für Umwelt und Geologie, Freiberg 2002]
Es spricht für die Bergleute und Ingenieure im Betriebsabschnitt Pöhla und in der Betriebsleitung, dass sie diese für sie vollkommen neuen Aufgaben mit Bravour meisterten. Die für die Aufbereitungsversuche geforderten Zinnerzmengen standen termingemäß bereit. Alle weiteren Untersuchungsarbeiten einschließlich eines riesigen Probenahmeprogramms liefen planmäßig ab. Dass sich die Aufbereitung der Skarnerze und die Gewinnung des Zinns nicht mit einem wirtschaftlich vertretbaren Aufwand zum damaligen Zeitpunkt durchführen ließen, steht auf einem anderen Blatt und geht nicht zu Lasten der Bergleute. Immerhin wurden in diesem Lagerstättenbereich 160.000 Tonnen Zinnvorräte und 45.000 Tonnen Wolframvorräte nachgewiesen. Die Dokumentationen übergab die Wismut

bei der Vereinigung an die Regierung der BRD. Vielleicht sind unsere Nachkommen eines Tages froh, wenn wir ihnen etwas übrig gelassen haben.
Unsere Nachfolger und die emsigen Heimatfreunde in Pöhla haben nach einem Vierteljahrhundert eine sinnvolle Verwendung für diese attraktiven und sehenswerten Ergebnisse unserer bergmännischen Arbeiten gefunden.

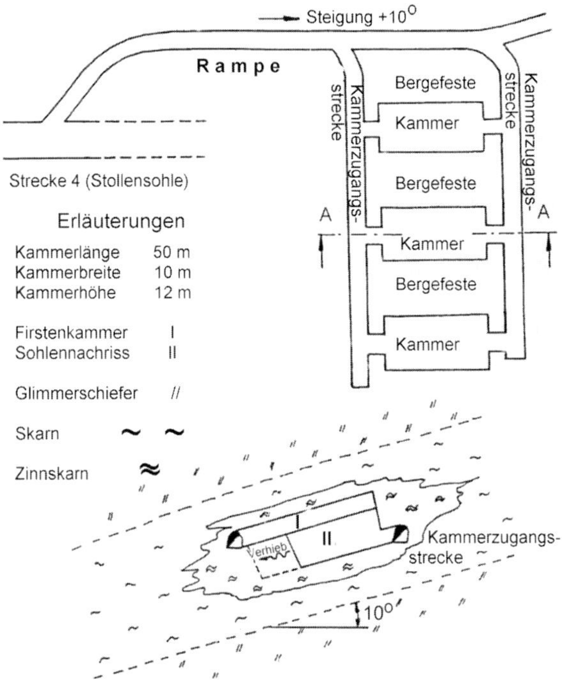

Bild 78 – Schematischer Überblick über die Auffahrung der ersten Zinnkammern im Zinnskarn der Lagerstätte Pöhla-Hämmerlein (Block 7541)

Für die Verhältnisse des Gangerzbergbaues waren diese Auffahrungen sehr groß, so dass Standfestigkeitsberechnungen für Grubenbaue dieser Dimensionen gemeinsam vom Wissenschaftlich-Technischen Zentrum des Industriezweiges Wismut (WTZ) und vom Institut für Bergbausicherheit in Leipzig (IfB), einer Forschungsstätte der Obersten Bergbehörde, vorgenommen werden mussten.
Einen kleinen schematischen Überblick für Bergleute und Bergbauinteressierte über die Dimensionierung des ersten Abbaues mit drei Kammern von je 6000 Kubikmeter Volumen kann man in Bild 78 sehen.

Bild 79 – Pöhla – Blick in eine Kammer von der oberen Zugangsstrecke aus

Bild 80 – Pöhla – Blick in eine Kammer von der unteren Zugangsstrecke aus

Bild 81 – Restpfeiler im Kammerbau mit Pfeilerrückbau – der Skarn ist so standfest, dass selbst minimale Pfeiler das Dach noch sicher stützen. (Block 7542)

Natürlich kann der imposante Eindruck vor Ort durch Bilder nicht ersetzt werden. Die Riesenkammern unter Tage können nur mit einem sehr hohen Aufwand zum Fotografieren ausgeleuchtet werden, so dass Bilder keinen besonderen Eindruck vermitteln. Ein weiterer Versuchsabbau wurde als Kammerpfeilerbau mit nachträglichem Rückbau der Pfeiler konzipiert. Der Pfeilerrückbau bis zur Bruchgrenze unterblieb aus sicherheitstechnischen Gesichtspunkten, so dass dieser Abbau heute noch befahren werden könnte.
Für die Auffahrungen standen modernste Ausrüstungen zur Verfügung. Mit Hilfe des Pumpspeicherwerkes Markersbach gelangten wir an einen gleislosen ATLAS-COPCO-Bohrwagen vom Typ „Cavodrill 555", den Schweden aus Embargogründen nie hätte an die Wismut verkaufen dürfen. Damit hatten wir im Bergbaubetrieb 9 zum ersten Male Hochleistungstechnik aus dem kapitalistischen Ausland im Einsatz. Ein kleines Wunder war für uns die Standdauer des schwedischen Bohrstahles. Sie betrug das Zehnfache des aus der Sowjetunion gelieferten. Die gleislose Lade- und Fördertechnik kam aus den mechanischen Werken des Industriezweiges und wurde nach Beendigung der Zinnkammern für die Förderarbeiten in Kammerkomplexen in Aue verwendet. Nur so war es überhaupt möglich, diese umfangreichen Versuchsarbeiten in international vergleichbaren Zeiten abzuschließen.

Klappern gehört zum Handwerk – etwas technische Reklame musste sein

Gegen Ende der sechziger, Anfang der siebziger Jahre erhielt ich von unserer Fachabteilung Technik im Bergbaubetrieb ein recht verlockendes Angebot. Wir hatten im Betrieb unter Teilnahme von Vertretern einiger Fachabteilungen der Generaldirektion und anderer Wismutbetriebe eine Ausbaukonferenz durchgeführt. Das war ein Erfahrungsaustausch über die im Betrieb rasant zunehmenden Ausbauprobleme, auf die ich schon etwas näher eingegangen bin. Unser Fachdirektor forderte mich auf, darüber in der technischen Betriebszeitschrift, den „Wissenschaftlich-technischen Informationen aus den Betrieben der SDAG Wismut", einen kleinen Artikel zu schreiben. Das hatte ich zwar noch nie gemacht, aber ich übernahm diese Aufgabe gern.

Bild 82
Das Schreiben über unsere technologische Arbeit wurde ab den siebziger Jahren zum Hobby und alle Mitarbeiter unserer Technologischen Gruppe beteiligten sich dabei. Unsere zwei „Hauszeitschriften" waren natürlich die Wismutzeitschrift „Technische Mitteilungen aus den Betrieben der SDAG Wismut" und die „Bergakademie", die in den 70er Jahren in „Neue Bergbautechnik" umbenannt wurde.

Als ich mit dem Heft 10 von 1969 meinen ersten Artikel, ein fünf Schreibmaschinenseiten langes Pamphlet, druckfrisch in den Händen hielt, war ich doch recht zufrieden mit mir. Die Bezahlung war mit 10 Mark in den ersten Jahren je Seite recht karg und brachte keine Reichtümer.
Viel Staat war mit dem billigen Offsetdruck wirklich nicht zu machen, aber der nächste Auftrag folgte auf dem Fuße. Für die Zeitschrift „Bergakademie", einer Publikation der Bergakademie Freiberg, sollte ein Artikel über den Firstenstoßbau auf erzgebirgischen Ganglagerstätten erscheinen.
Alles musste natürlich ohne Nennung des Betriebes und konkreter Lagerstättenangaben erfolgen. Der Klassenfeind sollte keine Rückschlüsse auf die Betriebsergebnisse des Bergbaubetriebes in Aue ziehen. Schon im Februar 1970 erschien meine Ausarbeitung. In der Folge führte das dazu, dass ich bis 1984 etwa zehn Arbeiten zu den verschiedensten technologischen Themen allein oder mit Koautoren in beiden Zeitschriften veröffentlichte.
Dieser erste Artikel in einer öffentlich zugänglichen Zeitschrift hatte übrigens nach zwei oder drei Jahren Folgen. Unser Abteilungsleiter für das Verschlusswesen, der dafür zu sorgen hatte, dass die Brüder Leichtfüße von politisch unzuverlässigen Technikern nicht bewusst oder unbewusst dem Klassenfeind Informationen zuspielten, informierte mich, dass aus meinem ersten Artikel ein südafrikanisches Bergbaumagazin technische Details übernommen hätte. Das ginge nicht an.

Er beruhigte sich sehr schnell, als ich ihm anbot, die Sache betrieblich untersuchen zu lassen, denn er hatte ja als Verantwortlicher des Bergbaubetriebes 9 meine Schreiberei auf Unbedenklichkeit überprüft. Insgeheim war ich natürlich stolz darauf, dass man sogar in Südafrika meine ersten schüchternen technisch-literarischen Gehversuche gelesen und zitatfähig befunden hatte, was ich unter normalen Umständen nie erfahren hätte.

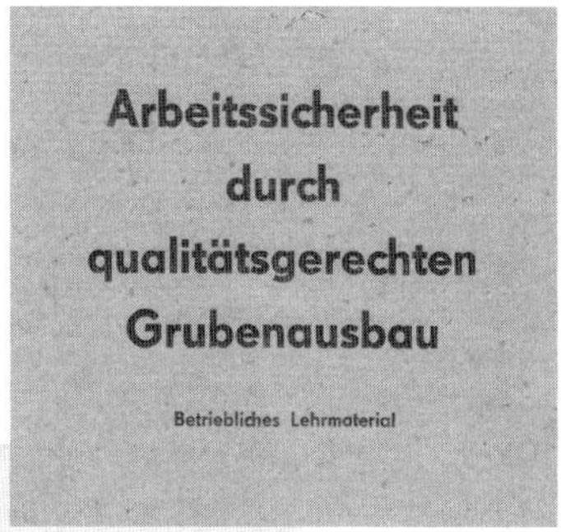

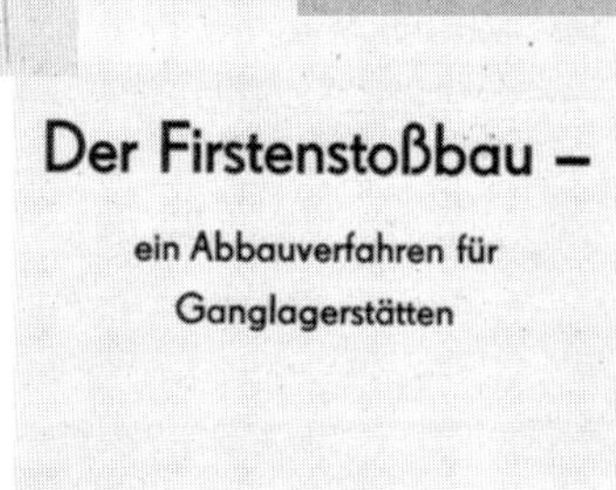

Bild 83 – Gemeinsam mit der Abteilung Aus- und Weiterbildung der Generaldirektion bis 1989 herausgegebenes Lehrmaterial für den Bergbaubetrieb 9.

Mir hat das Schreiben zu den Problemen unserer technologischen Arbeit viel Freude gemacht. Etwas verdrießlich war eigentlich nur die Beckmesserei durch die betrieblichen Sicherheitsorgane. Wir, meine Mitautoren und ich, hatten uns aber im Laufe der Zeit daran gewöhnt und kannten die Haken, an denen sich die Geheimnisschützer aufhängen konnten und mussten. Sicherlich kamen ihnen ihre Einwände selbst hin und wieder kindisch vor. Dagegen habe ich die Überprüfung unserer Schreibereien durch unsere Fachabteilungen in der Generaldirektion immer als Hilfe empfunden, da unsere Kollegen dort einen besseren Überblick über das große Ganze hatten als wir.
Ich möchte nicht verhehlen, dass mir bei der Veröffentlichung der Arbeitsergebnisse immer noch der Gedanke im Hinterkopf saß, dass einmal eine Promo-

tion ins Haus stehen könnte. Dass daraus nichts wurde steht auf einem anderen Blatt.
Bis 1989 haben wir immer wieder versucht, gemeinsam mit der Abteilung Aus- und Weiterbildung der Generaldirektion, Lehrmaterial zu aktuellen sicherheitstechnischen Problemen für die Hauerbrigaden, vor allem zum Ausbau, herauszugeben. Bei den ungenügenden und etwas primitiven Vervielfältigungsmöglichkeiten des Industriezweiges war zwar die Qualität der „Publikationen" gewöhnungsbedürftig, aber sie wurden doch gelesen. Wie weit dann die Realisierung in der Praxis ging, wage ich nicht einzuschätzen.
1969 begann im Betrieb und in der SDAG Wismut eine neue Ära im Überhauenvortrieb. Der Bergbaubetrieb übernahm von den Schwefelkiesgruben Elbingerode (Harz) zwei ältere schwedische Aufbruchbühnen von ALIMAK. Ihr Baujahr dürfte so Mitte der sechziger Jahre gelegen haben. Wir fingen an, damit vertikale Aufbrüche bis 90 m Höhe mit Querschnitten bis zu etwa 8 Quadratmeter aufzufahren. Für Sturzrollen und Wetterüberhauen war das eine ideale Lösung. Wie unsere sowjetischen Mitarbeiter herausfanden, hatte man in der Sowjetunion den gleichen Weg beschritten und diese Ausrüstung „nachempfunden". Das Werk „Amurski Metallist" baute diese Geräte nach und vertrieb sie in den Staaten des RGW unter der Typenbezeichnung KPW 1 A.
Da wir für unsere Original-Alimakbühnen mangels Devisen keine Zubehör- und Ersatzteile erhielten, wurden 1970 die ersten sowjetischen Kletterbühnen vom Typ KPW 1 A importiert. Der Nachbau war robuster und damit allerdings bedeutend schwerer als sein schwedisches Vorbild. Der Hauptgrund dafür dürfte die Tatsache gewesen sein, dass es den sowjetischen Metallurgen zu keiner Zeit gelang, die Qualität des Schwedenstahles auch nur annähernd zu erreichen. Das beste Beispiel dafür war der einfache Bohrstahl, von dem jede Charge grundsätzlich andere „Macken" aufwies und maximal zwanzig Prozent der Standdauer der aus dem westlichen Ausland importierten Bohrstangen erreichte.
Mit den neuen Bühnen, die bei den Hauern und beim ITP weiterhin Alimak-Bühnen hießen, begann der Betrieb unter der Leitung des Fachdirektors für Technik und des Technologen für Überhauenauffahrungen gemeinsam mit einer Hauerbrigade zu experimentieren. Nachdem sich die Hauer eingearbeitet hatten, ging man dazu über, bei einer Vertikalauffahrung zwei Bühnen einzusetzen. Dadurch war ein Auffahrungsquerschnitt von etwa 12 Quadratmetern möglich. Wir konnten jetzt die auf den tieferen Sohlen benötigten größeren Wetterquerschnitte im standfesten Gebirge mit unseren mechanischen Aufbruchbühnen in einem Zug

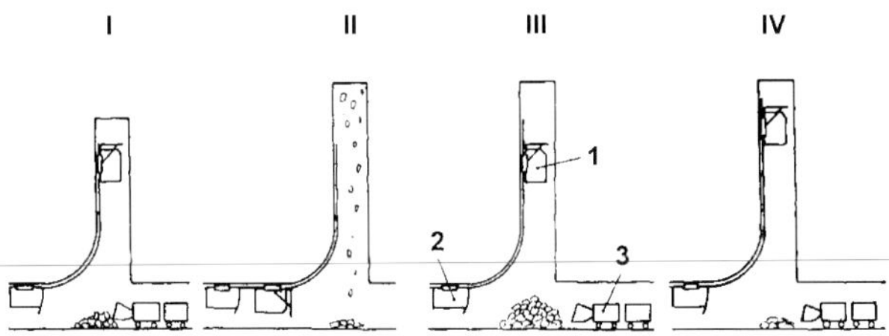

Bild 84 – Das Prinzip einer Auffahrung mit mechanischen Aufbruchbühnen (Alimakprinzip):
I Die Firste des Überhauen wird von der Bühne (1) aus abgebohrt.
II Das abgebohrte Überhauen wird gesprengt; die Aufbruchbühne hängt vor dem Befahrungskorb (2).
III Das Haufwerk wird mit einem ferngesteuerten Überkopflader (3) abgefördert.
IV Das Überhauen wird abgebohrt. – Es beginnt ein neuer Zyklus.

auffahren. Darüber hinaus bewiesen Literaturstudien, zum Teil sehr umfangreiche Artikel aus verschiedenen, international renommierten Bergbauländern, dass diese Bühnen dort einen viel breiteren Einsatzbereich hatten als anfangs bei uns. Sie wurden für die verschiedensten Zwecke verwendet, zum Beispiel für Blindschachtaufbrüche mit Längen weit über die bisher aufgefahrenen Höhen von 90 Meter hinaus und für tonnlägige Grubenbaue.
Mit dem Fortschreiten der Bergarbeiten nach der Teufe bestand das Hauptproblem des Auer Bergbaubetriebes in der Bewältigung der Abwetter. Die Gebirgstemperaturen nahmen je 100 Meter Teufe um 3 Grad zu, was auf der Sohle -1620 einer Temperatur um die 60 Grad Celsius entsprach. Dazu mussten vertikale Wetterverbindungen mit großen bis sehr großen Querschnitten geschaffen werden. Die Grundidee war, von einem seigeren Überhauen, einem so genannten Pilotüberhauen, mit etwa 12 Quadratmeter Querschnitt aus eine Nachrissbohrung für den endgültigen Schachtquerschnitt von 40 bis 60 Quadratmetern einzubringen. Das Schema ist in den Bildern 85 und 86 dargestellt. Die endgültige Schachtkontur entsprach schon vom Projekt her einem Rechteck mit abgerundeten Ecken, so einer Art Oval.
In Zusammenarbeit vieler Fachabteilungen gelang es, die kritischen Probleme beim Nachriss, also der Einfahrt der Bühnen von der oberen Sohle her wie

- die Zuführung gekühlter Frischwetter für die Bühnenbesatzung bei Gebirgstemperaturen von mehr als 500 °C,
- die Druckluft- und Betriebswasserversorgung für die Bühnen,

- die veränderte Montage des Steigerbefahrungskorbes und die Havariebefahrung und damit
- die zusätzliche Sicherung der Arbeitsbühnen am letzten Fahrschienenstrang und dessen Demontage

zu lösen. Die zuständigen Sicherheitsorgane und die Bergbehörde waren bereit, die Genehmigung für den ersten Schachtaufbruch zu erteilten. Insgesamt wurden nach diesem Verfahren fünf Wetterschächte mit je 40 Quadratmeter Querschnitt über 1080 Meter Teufe aufgefahren. Dabei wurden etwa 3 bis 4 Millionen Mark je Schacht gegenüber einer Blindschachtteufe eingespart. Diese Schächte hatten keine Einbauten und somit einen recht günstigen Wetterquerschnitt.

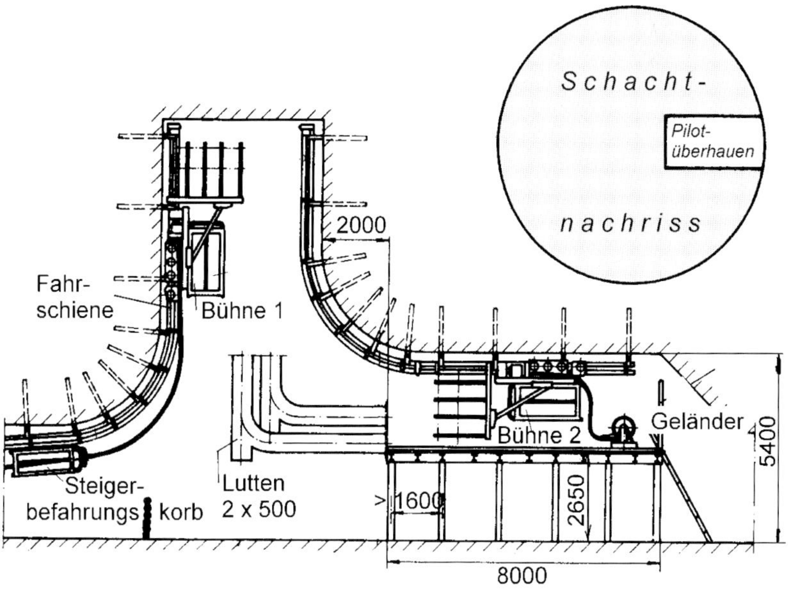

Bild 85 – Schema der Auffahrung von Blindschächten mit großen Querschnitten mit mechanischen Aufbruchbühnen und die Ausrüstung für zwei Aufbruchbühnen, die Bühnenkammer, auf der Grundstrecke.

Ich hatte das Glück oder war zur richtigen Zeit am richtigen Ort, um in diese Arbeiten eingebunden zu werden. Gemeinsam mit dem Entwicklungsteam für dieses Verfahren zur Herstellung von Wetterschächten erhielt ich im Oktober 1975 den Nationalpreis zweiter Klasse. Man kann sich mit Recht darüber streiten, inwieweit solche Auszeichnungen von Bedeutung berechtigt oder unberechtigt sind, inwieweit andere Betriebsangehörige, Mitarbeiter von Fachabteilungen, Ober-, Abteilungs- oder Schichtsteiger gleich viel oder sogar mehr zum Erfolg einer Sache beigetragen haben.

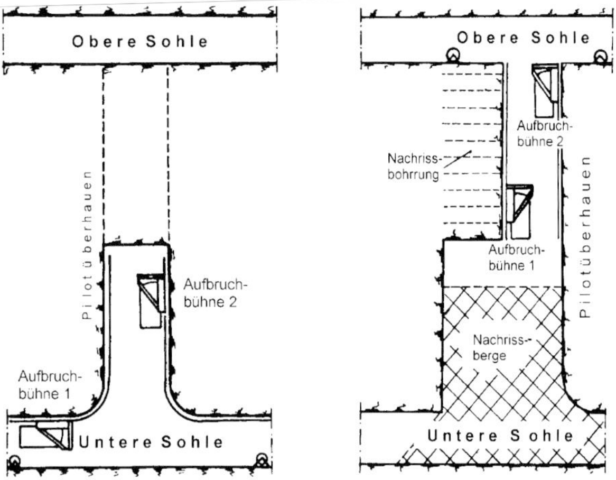

Bild 86 – Links : Auffahrung des Pilotüberhauen im Querschnitt von etwa 12 m² mit zwei mechanischen Aufbruchbühnen von der unteren zur oberen Sohle. Bei dieser Auffahrung wird gleichzeitig die Nachrissbohrung eingebracht.
Rechts: Von den zwei Bühnen aus, die von der oberen Sohle einfahren, wird abschnittweise die Nachrissbohrung gesprengt, je Sprenggang 4 Nachrissbohrkränze mit 2 Meter Vortrieb. Die Nachrissberge wurden auf der unteren Sohle mit ferngesteuerten Überkopfschaufelladern nur soweit abgefördert, dass der nächste Abschlag Platz hatte.

Sicherlich ist es müßig, über die Verdienste des Einzelnen zu diskutieren – meistens bleibt da doch ein schaler Beigeschmack, ob damals oder heute. Es gab in unserem Betrieb sehr viele Ingenieure, Techniker und Arbeiter, die ohne großes Aufsehen hervorragende Leistungen vollbrachten, ohne dass es gleich Staatsauszeichnungen regnete. Ich denke dabei unter anderem an den Bau und die Unterhaltung der Bewetterungs- und Klimatisierungseinrichtungen durch den mechanischen Dienst und die Fachleute des Wetterdienstes des Betriebes, die Bergarbeiten in großen Teufen unter ungünstigen geothermischen Bedingungen erst möglich machten.
Wie groß alle diese Probleme wirklich waren, erfuhr ich erst als Wissenschaftlicher Mitarbeiter des Betriebsdirektors ab 1983. Natürlich hatten wir in den 70er Jah-

Bild 87 – Nationalpreis der DDR
II. Klasse

DER VORSITZENDE DES STAATSRAT
DER DEUTSCHEN DEMOKRATISCHEN R
VERLEIHT

DIPL.-ING.
KLAUS BEYER

FÜR SEINEN ANTEIL BEI DER ERFOLGREICHEN ENTWICKLUNG
UND ANWENDUNG EINES NEUEN VERFAHRENS
ZUR AUFFAHRUNG VON WETTERSCHÄCHTEN

DEN NATIONALPREIS
DER
DEUTSCHEN DEMOKRATISCHEN REPUBLIK
II. KLASSE
FÜR WISSENSCHAFT UND TECHNIK

IM KOLLEKTIV

BERLIN, DEN 7. OKTOBER 1973

ren, als sich der Bergbaubetrieb Aue immer weiter nach der Teufe zu entwickelt und im oberen Erzgebirge in Pöhla ein Bergwerk mit mehreren hundert Beschäftigten entstand, viele interessante technische Aufgaben zu lösen. Ich erinnere bloß an die Zinnkammern. Hier alle aufzuzählen hieße aber, eine technische Chronik zu schreiben und die hat die Wismut GmbH 1999 weitaus besser und umfassender zusammengebracht wie das ein einzelner Hobbyschreiber jemals vermochte.

Eine Gerichtsverhandlung in Gera

In den frühen 70er Jahren erhielt der Bergbaubetrieb 9 die Weisung, sechs leitende Mitarbeiter aus dem bergmännischen Bereich zu einer zweitägigen Gerichtsverhandlung nach Gera zu delegieren. Diese Zeit ist mir so in Erinnerung, weil der später (1980) in Mocambique tödlich verunglückte Roland Teichmann noch als Obersteiger bei uns arbeitete. Er war neben dem deutschen Hauptinge-

nieur des Bergbaubetriebes der Ranghöchste in unserem Kreise. Das Ereignis ist mir deshalb unvergesslich geblieben, weil es mich von einigen Illusionen über den Charakter der Gesellschaftsordnung, nein, vielmehr von Menschen, die diese Gesellschaftsordnung in leitender Position vertraten, befreite.
Was war dort im Bergbaubetrieb Schmirchau geschehen?
Im Abbauverfahren Teilsohlenbau mit Versatz, bei dem die Bergarbeiten von oben nach unten getrieben wurden und sich die Arbeitsgassen unter einem Massiv aus erhärtetem Versatz befanden, waren an einem Streckenkreuz Teile des Versatzes hereingebrochen und hatten drei Bergleute unter sich begraben. Zwei von ihnen konnten nur noch tot geborgen werden, der dritte hatte schwere Verletzungen erlitten. Obgleich hier nicht nur das ingenieur-technische Personal Fehler zugelassen hatte, sondern auch die Abbaubrigade schwerwiegende Versäumnisse beging, wie die ungenügende Vorabsicherung im freigelegten Ortsbereich, waren nur vier Aufsichtspersonen vor Gericht gestellt worden.
Ich habe nie zuvor und nie danach wieder eine derartig demütigende Zeremonie wie diese Gerichtsverhandlung gesehen. Das Auftreten des Staatsanwaltes war ein einziges Geifern und Beschimpfen der Angeklagten. Die wurden auch von den Richtern und Schöffen detailliert über ihre privatesten Verhältnisse ausgefragt und wie Mörder, wie Aussätzige der Gesellschaft, behandelt. Für uns als Bergbaufachleute war schon nach kurzer Prozessdauer klar, was hier lief. Im Auftrage übergeordneter Instanzen hatten die Gutachter und Sachverständige eine solche Einschätzung abgegeben, dass für die vier Angeklagten kein Spielraum zur Verteidigung blieb und sie schon vor Prozessbeginn so gut wie verurteilt waren.
Besonders bedrückend an der ganzen Situation war, dass weder Angehörige der Schachtleitung von Schmirchau noch Vertreter der gesellschaftlichen Organisationen, von Partei und Gewerkschaft, Worte der Verteidigung für ihre Arbeitskollegen, ihre Genossen und Gewerkschaftsmitglieder fanden. Der juristische Beistand der Angeklagten, ihr so genannter Verteidiger, war weder fachlich versiert noch wortgewandt genug, um ihnen ernsthaft helfen zu können. Seine Ausführungen wurden vom Staatsanwalt mehrfach unterbrochen, er ließ ihn einfach nicht weiter reden. Insgesamt führte die ganze Farce zu unterschiedlichen Haftstrafen auf Bewährung und Geldstrafen für die einzelnen Aufsichtspersonen.
Von einem eindeutigen Schuldnachweis, das war damals unsere einhellige kollektive Einschätzung, konnte keine Rede sein. Wir haben im Kreise der Teilnehmer an diesem so genannten Prozess sehr viel darüber gesprochen und sollten unsere Erkenntnisse auch in betrieblichen Veranstaltungen auswerten. Ich kann nicht

mehr sagen, wer das abgebogen hat, war aber heilfroh darüber, weil keiner von uns von der Richtigkeit und Fairness dieser juristischen Show-Veranstaltung überzeugt war.

Wenn ich so an meine vierzig Arbeitsjahre im Uranerzbergbau zurückdenke, war das eines der bedrückendsten Erlebnisse, weil man sich dieser Macht total ausgeliefert sah, ohne Möglichkeiten, gegen offensichtliche Ungerechtigkeiten etwas ausrichten zu können.

Die Betrachtungsweise, dass der Werktätige nach dem § 267 Absatz 2 des Arbeitsgesetzbuches nur dann für einen erlittenen Unfall verantwortlich gemacht werden konnte, mit weniger juristisch verklausulierten Worten, er nachweislich selbst an dem Unfall schuld war, wenn er grob fahrlässig oder vorsätzlich gehandelt hatte, ließ uns als leitende Mitarbeiter im Betrieb immer die Möglichkeiten offen, in Härtefällen zugunsten eines Arbeiters zu entscheiden. Ich habe das erlebt, als wir einen Unfall erörtern mussten, der sich auf einem Firstenstoßbau zugetragen hatte und der mir deshalb gut in Erinnerung ist, weil ich als Wissenschaftlicher Mitarbeiter später mehrmals tief in die Tasche des Betriebes greifen musste, um Ansprüche des Verunglückten zu begleichen.

In einem Abbau hatte der Hauerbrigadier selbst die Abbaugasse etwa vier Meter tief leer geschrappt. Als Bergbaulaie muss man sich das so vorstellen, dass irgendwo im Gelände ein vier Meter tiefer Graben ausgehoben worden wäre, ohne dass irgendwelche Versteifungen die Wände abstützen würden. Als sich der Brigadier in diesen freigezogenen Raum begab, löste sich eine größere Gesteinsplatte aus dem Hangenden und legte sich auf ihn. Er erlitt eine Verletzung an der Beckenwirbelsäule, die zu einer Querschnittslähmung im Bereich der unteren Extremitäten führte. Für einen Mann im Alter von 36 Jahren war das ein sehr harter Schlag.

Wir waren uns bei der Unfallerörterung im Klaren, dass von der Sachlage her der Brigadier diesen Unfall selbst durch seine leichtsinnige Handlungsweise verschuldet hatte, denn es gehört zum Grundwissen des Hauers, des „Facharbeiters für Bergbautechnologie", dass beim Absenken des Versatzes in einer Abbaugasse von oben nach unten Sicherungsausbau einzubringen ist. War es nun Nachlässigkeit, Versäumnis, Vorsatz? Es spricht wohl für die Menschlichkeit der zuständigen Leiter, dass sie sich der Meinung der Erörterungskommission anschlossen und für Nachlässigkeit entschieden. Damit war eine dauernde Entschädigung des gesundheitlich schwer geschädigten Arbeiters nach § 267 Absatz 1 des Arbeitsgesetzbuches möglich. Er musste zu seinem körperlichen Dauerschaden und dem Leid nicht noch eine große finanzielle Einbuße für sich und seine Familie in Kauf nehmen.

Aus dem Privatleben

Wenn ich heute mein privates Leben in den sechziger und siebziger Jahren betrachte, merke ich mit Erschrecken, dass ich mir damals sehr wenig Zeit für meine Frau und das familiäre Umfeld gelassen habe. Ich sehe das daran, dass mir bei meinen Enkeln, der erste kam 1975 an und später bei den Urenkeln Dinge auffielen, die ich bei den eigenen Kindern gar nicht bemerkt hatte. Ich musste mir aber von meiner Frau sagen lassen, dass es bei unseren eigenen Kindern genau so war und nicht einen Deut anders. Ganz schlicht und einfach: ich hatte in dieser Zeit neben meiner Familie gelebt und nicht in ihr.

Das erste Mal kam mir das richtig zum Bewusstsein, als 1968 unser Ältester plötzlich eine Lehrstelle suchte. Nun war es ja in der DDR überhaupt kein Problem eine Lehrstelle zu finden, bloß ob es die richtige war, wusste man nicht genau. Allzu fleißig war der Junge in der Polytechnischen Oberschule auch nicht gewesen und die Kaderabteilung bot ihm eine Lehrstelle als Tiefbohrer an. Die Ausbildung führte ihn durch die ganze DDR von der Ostsee bis nach Thüringen. Dass er mit diesem Beruf 1991/92 einen recht lückenlosen Anschluss in die Marktwirtschaft fand, war ein glücklicher Zufall, zumal er sich in einem dreijährigen Fachschulstudium zum Bohringenieur qualifiziert hatte.

So ging es Schlag auf Schlag: 1969 kam unsere Tochter in die Lehre, 1972 der nächste Sohn. Der landete wieder bei der Wismut und wurde Schlosser oder vornehmer ausgedrückt „Instandhaltungsmechaniker" im Bergbaubetrieb 9. Er reparierte bis 1990 alles, was die Hauer so zum Arbeiten brauchten. Er schuf sich damit die Grundlagen, um ab 1991 in der neuen Wirtschaft einigermaßen bestehen zu können und war dank seines handwerklichen Geschicks ein gern gesehener Mitarbeiter. Unser Nesthäkchen ging den Weg seines großen Bruders, er wurde Tiefbohrer. Leider verstarb er bereits 1989 im Alter von 31 Jahren an einer heimtückischen Krankheit.

1975/76 wurde selbst die große und teuere Wohnung in Oberschlema zu klein, da sie zu dieser Zeit nur zwei schlecht und unzureichend beheizbare Räume besaß. Im August 1975 stellte sich der erste Enkel ein, Anfang 1976 kündeten sich Enkel Nummer zwei und drei an. Die Zustände wurden langsam unhaltbar, zumal meine Frau im Drei-Schicht-Betrieb im Kinderheim tätig war und nach der Nachtschicht kaum noch Schlaf fand.

Glücklicherweise unterstützte mich der Betrieb bei der Wohnungssuche und wir konnten im August 1976 eine frei gewordene 2 ½-Raum-Wohnung auf dem Brünlasberg beziehen. Unsere zwei jungen Familien teilten sich die Wohnung in

Schlema, erhielten aber schon wenig später getrennten Wohnraum. Die zwei Jüngsten machten sich in den beiden folgenden Jahren selbständig und heirateten, so dass wir alle erträgliche Wohnverhältnisse hatten.
Das Wohngebiet Aue – Brünlasberg war die erste Plattenbausiedlung im Kreis Aue. Ihr Bau begann 1968 und 1971 zogen die ersten Mieter ein. Von den 1200 Wohnungen unterstanden über vierhundert der kommunalen Wohnungswirtschaft. Die Mehrzahl von etwa 800 Wohnungseinheiten war genossenschaftliches Eigentum der Arbeiter-Wohnungsbau-Genossenschaft (AWG) Wismut.
Diese Wohnungen waren seiner Zeit sehr begehrt, da sie gegenüber den älteren Bauten aus der Vor-Wismut-Zeit und den ersten Wismutjahren schon allein durch die Fernheizung und die Sanitäreinrichtung bedeutend mehr Komfort boten. Die Siedlungen der 50er Jahre waren abgewohnt, die Fenster undicht, der Putz blätterte ab. Wie überall im Lande wurde zwar kräftig gebaut, aber für die Erhaltung, Sanierung und Modernisierung des Wohnraumes nichts, aber auch gar nichts getan. Die Warmmieten auf dem Brünlasberg waren vergleichsweise niedrig und betrugen für die Zweieinhalb-Raum-Wohnung 90 Mark. So viel hatten wir in Schlema beinahe für die kalte Wohnung im Haus „Wolfgang" bezahlt. Allerdings musste man sich räumlich sehr einschränken, da Küche und Bad jeweils nur etwa 5 Quadratmeter groß waren. Dabei störte es auf dem Brünlasberg nur wenige Bewohner, dass in unmittelbarer Nachbarschaft zur Siedlung zu dieser Zeit noch die Zeche 50, ein Sortier-, Sammel- und Versandbetrieb für Uranerz des Bergbaubetriebes Aue, bestand. Es war abzusehen, dass diese Einrichtung nicht mehr lange existieren würde, da auf dem Schacht 371 die Radiometrische Aufbereitungsfabrik (RAF) entstand.
Für meine Frau und mich lag dieses Wohngebiet sehr günstig. Wir konnten unsere Arbeitsstellen zu Fuß erreichen, sie im Kinderheim am Nachtsanatorium, ich die Verwaltung des Bergbaubetriebes an der Schlemaer Straße in Aue. Selbst Mitte der achtziger Jahren, als meine Frau auf dem Schacht 371 eine dreischichtige Arbeit erhielt, gab es keine großen Probleme, da die Schichtbusse der Wismut fast vor der Haustür abfuhren. Sicherlich bedeutete der Verzicht auf die großen Keller- und Bodenräume im „Haus Wolfgang" für uns erst mal eine Umstellung. Bis hin zu Möbeln und Büchern landeten viele Dinge, für die sich in den recht kleinen Räumen kein Platz mehr fand, auf der Müllkippe. Leider sind dabei auch Bilder und Dokumente aus meinen ersten Wismutjahren gewesen.
Heute, nach der recht ansprechenden Sanierung und Modernisierung, ist diese kleine Wohnung, die wir „altersgerecht" eingerichtet haben von der Unterhaltung und Finanzierung her tragbar. Wir haben sogar so viel Platz geschaffen, dass jeder

Bild 88 – Eine der ersten Wismut-Siedlungen im Kreis Aue – der Zeller Berg.
Diese Bilder von der Bergmannstraße zeigen noch die unsanierte Fassade der Häuser. Diese hatten schon seit 1998 neue, vor allem dichte Fenster und eine moderne Innenausstattung, (Heizung, Sanitäreinrichtung, neu gestaltete Treppenhäuser und Hauseingänge)
Seit 2002/2003 sind auch die Fassaden und Dächer saniert.

seinen Freiraum und eine Ecke für seine Hobbys hat. Besonders vorteilhaft in diesem Wohngebiet ist, dass vor 1990 sehr viele Garagen gebaut worden sind und man heute das gute „Westauto" nicht im Freien lassen muss.
Für mich selbst waren die siebziger Jahre eigentlich gar nicht so richtig gut losgegangen. 1972 war ich wieder einmal zur obligatorischen Reihenuntersuchung in der Wismutpoliklinik in Aue vergattert und so eine Art Gesamtdurchsicht gemacht worden. Ansonsten war ich recht gesund, aber der Augenarzt stellte fest: „Na ja, grubentauglich sind sie mit 5 Prozent Sehtüchtigkeit auf dem rechten Auge sowieso nicht". Und das nach zweiundzwanzig Jahren Arbeit im Bergbau, nach mehreren Schulbesuchen und -abschlüssen für eine bergmännische Tätigkeit, vor denen jeweils die Grubentauglichkeit festgestellt worden war. Ich fing an, an der Vernunft der Welt zu zweifeln. Ich hatte das Glück, dass es zu dieser Zeit etliche Kollegen erwischte, die jahre- und jahrzehntelang durch die Maschen des Vorschriftenwerkes geschlüpft waren, auf deren Mitarbeit der Betrieb nicht ver-

Bild 89 – Der Aufbau des Wohngebietes Brünlasberg in einem fortgeschrittenen Baustadium 1969/70

Bild 90 – Eine Aufnahme von 1998 zeigt die Häuser vor der Sanierung. Noch zu DDR-Zeiten traten bereits größere Putz- und Fensterschäden auf, für deren Behebung aber weder Geld noch Material vorhanden war.

Bild 91 – Durch die Privatisierung mit anschließender großzügiger Sanierung und Modernisierung der ehemals kommunalen Wohnblöcke im Jahre 1999 ist der Brünlasberg nicht nur eine der schönsten, sondern auch der attraktivsten Plattenbausiedlungen im Kreis Aue geworden.

zichten wollte. Ich musste zur Rehabilitationskommission des Betriebs. Sie gestattete mir weiterhin in Begleitung und mit Brille einzufahren. Meine Frage, ob ich eventuell einen Blindenhund mitnehmen sollte, wurde mit einem freundlichen Grinsen unter Kollegen verneint.
Glücklicherweise ging das achte Jahrzehnt, das dritte meiner Wismutzeit, nicht mit solchen Schocks weiter. Ich bin in den Folgejahren in einige bergmännische Aktionen einbezogen worden, bei denen ich einiges zum Schulwissen dazu lernen musste.

Die siebziger Jahre

Wenn ich einmal die Ereignisse, über die ich schon berichtet habe – die Einführung neuer Bohrtechnik im Streckenvortrieb, die Auffahrung der Kammerkomplexe in Pöhla, die Entwicklung spezieller Verfahren für Wetterschächte – ausklammere, dann lief unsere technologische Arbeit in den siebziger Jahren sehr

Bild 92 – Die Zeche 50 auf dem Brünlasberg wurde Ende der vierziger Jahre gebaut und diente bis 1980 zur Durchführung sämtlicher Sortierarbeiten in der radiometrischen Aufbereitungsfabrik (RAF) auf dem Schacht 371 als Aufbereitungszeche und als Zwischenlager für die Reicherze des Bergbaubetriebes 9. Da hier stets größere Mengen Erz mit höheren Metallgehalten lagerten, aber betrieblicherseits niemand über die tatsächliche Strahlenbelastung Auskunft gab, sie vielleicht auch gar nicht wusste, war sowohl die unmittelbare Nähe des Wohngebietes Brünlasberg mit 4000 Menschen, vor allem aber die der Frauenklinik (siehe Karte Bild 93) umweltbewussten Bürgern ein Dorn im Auge.

Bild 93 – Ausschnitt aus einer Wanderkarte des Westerzgebirges

unspektakulär ab. Das Wichtigste, was wir in den siebziger Jahren unbedingt erreichen wollten, erreichen mussten, gelang leider nicht. Es war die Trennung der Hauer im Abbau (Firstenstoßbau) und Überhauenvortrieb vom Bohrhammer, um die Zunahme der Gelenkschäden oder wie der Volksmund sagte, der „Pressluftkrankheit", zu stoppen. Alle Versuche, und das waren nicht wenige und teilweise sehr kostspielige, die der Betrieb allein oder gemeinsam mit dem WTZ anstellte, schlugen regelmäßig fehl.

Der Hauptgrund dafür war, dass die Abbaugassen in den Firstenstoßbauen des Bergbaubetriebes 9, das galt übrigens bis auf wenige Ausnahmen für den gesamten Gangerzbergbau von Annaberg bis ins Vogtland, durchschnittlich nur zwischen 1,0 bis 1,5 Meter breit waren. In diesen schmalen Gassen, die zudem vielfach noch durch das Gangeinfallen schräg standen, spielte sich die gesamte Arbeit der Hauer ab, also die Fahrung, die Bohr-, Gewinnungs- und Ausbauarbeiten, der Transport von Material und Gezähe und der Erz- und Bergetransport mit dem Schrapper.

Mit anderen Worten: Ein Bohrwagen oder ein gleisloses Bohrgerät, soweit es nicht gerade im Einsatz war, stand die meiste Zeit der Schicht immer im Weg, bildete eine zusätzliche Gefahren- und Unfallquelle und verengte den Wetterquerschnitt. Die Anzahl der Sprengbohrlöcher an einem Stoß betrug maximal zwölf Stück, meistens aber weitaus weniger, teilweise nur sechs bis acht, und die Rüstzeiten dauerten für jedes entwickelte und erprobte Bohrgerät grundsätzlich zu lange. Bevor ein solches Aggregat an die Einsatzstelle transportiert, angeschlossen und verspannt worden war, hatte der Hauer das herkömmliche Gezähe Bohrhammer und Bohrstütze aufgebaut, die Schläuche angeschlossen, die Sprengbohrlöcher gebohrt, das gesamte Gezähe wieder abgeschlossen und weggeräumt.

Folglich brachte jeder zu irgendeiner Zeit im Abbau erprobte Bohrgeräteträger eine spürbare Senkung der Abbauleistung mit sich, wurde zur Gefährdung und deshalb von den Abbaubrigaden konsequent abgelehnt. Selbst ein Mitte der achtziger Jahre in Kleinserie gebautes Bohrgerät (Bild 97 zeigt eine Aufnahme aus dem Erprobungszeitraum) fand man nach wenigen Wochen weder im Abbau noch auf Teilsohlenstrecken.

Zudem konnte an einem pneumatisch beaufschlagten Gerät viel mehr kaputt gehen als an dem einfachen herkömmlichen Gezähe, zum Beispiel die Manschetten des Vorschubzylinders oder ein Seilzug. Man musste auf den Schlosser warten. Einen Bohrhammer, eine Bohrstütze und ein paar Meter Schlauch konnte man hinter jedem Verzug als Reserve haben, einen Bohrgeräteträger nicht. Schon allein aus diesem Grunde kam es im Firstenstoßbau mit Versatz nie zu einer allgemeinen Leistungssteigerung.

Eine kontinuierliche und generelle Erhöhung der Schichtleistung, gemessen in Kubikmeter je Hauer und Arbeitsstunde bzw. alle erreichten Fortschritte auf diesem Gebiet waren vor allem einer Verbesserung der Arbeitsorganisation geschuldet, die in den späten fünfziger Jahren wirksam wurde und ausgereizt war. Das begann mit der ausreichenden und kontinuierlichen Belieferung der Hauerbrigaden mit Förderwagen und Material und setzte sich fort mit der planmäßigen Vorbereitung der Betriebspunkte durch die Hilfsdienste wie Grubenzimmerlinge, Wetterleute, Schlosser. Nach 1970 sank diese so genannte Kopfleistung wieder stetig und messbar, da sich mit der Verlagerung der Bergarbeiten auf die tieferen Sohlen sowie in die Flanken der Lagerstätte und der damit verbundenen Erhöhung der Wegezeit die reine Arbeitszeit der Hauer vor Ort auf sechs Stunden und weniger verringerte.

Die Entwicklung des Abbauverfahrens Firstenstoßbau und der Arbeitsorganisation hatte unter den damals verbindlichen Prämissen, wie Gewinnung ohne Erhöhung der Erzverluste im Abbau, Minimierung der Abbaubreite und taub abgebauter Flächen sowie der geomechanischen Verhältnisse, ihre technischen Grenzen erreicht. Jede Erhöhung der Abbauleistung konnte nur auf Kosten der Gesundheit der Hauer erreicht werden.

Bild 94 – Treff am Schichtende in der Steigerstube auf der Sohle –1125 m

Zu jeder Zeit und auf jedem Schacht gab es Vorzeigebrigaden, denen angeblich der große Durchbruch gelungen war. Allerdings waren die Maßnahmen und Ergebnisse nie reproduzierbar, sondern grundsätzlich auf Kosten der körperlichen Belastung der Hauer und damit letzten Endes von deren Gesundheit erreicht worden. Um Ergebnisse und politische Aktivitäten vorzutäuschen scheuten die Schacht- und Revierleitungen nicht davor zurück, Hilfskräfte einzusetzen, deren Leistung in keiner Norm, Abrechnung oder Statistik erschienen.

In den fünfziger Jahren machte auf unserem Nachbarschacht 13 in Oberschlema eine Abbaubrigade von sich reden, die in einem Monat mehr als 1300 Quadratmeter Gangfläche abgebaut hatte. Natürlich waren alle ob dieser immensen Leistung des Lobes voll und es hagelte Auszeichnungen. Allmählich sickerten Einzelheiten über diesen Wismutrekord durch, bei dem es schon einige Merkwürdigkeiten gegeben haben sollte. So bekam diese Arbeitsgruppe soviel Hunte und Material in der Schicht wie sie brauchte. Ein Vorteil, von dem „normale" Brigaden zu dieser Zeit nur träumen konnten.

Böse Buben wollten sogar wissen, dass der Reviersteiger die Abbaurollen von den Reparaturzimmerlingen abziehen ließ, eine Arbeit die selbstverständlich im Aufgabenbereich und in der Normvorgabe der Hauerbrigade enthalten war und dieser bezahlt, aber hier als Teil der „Normerfüllung" ausgewiesen wurde.

Ein Gerücht, das sich hartnäckig hielt, besagte, dass die gesamten 1300 Quadratmeter Gangfläche taub waren, also so gut wie kein Uranerz gebracht hätten. Es erwies sich nach der Zusammenlegung der Schächte 13 und 250 als richtig: es war eine reine Gesteinsspalte aus dem Gebirge herausgenommen, oder, wie man im Erzbergbau sagte, ein Steinbruch gefahren und der eigentliche Gang stehen gelassen worden. Nach dem Zusammenlegen der Schächte 250 und 13 durften die Erzhauer des Schachtes 250, eine für die Gewinnung kleinerer und kleinster Erzvorkommen zuständige Arbeitsgruppe aus älteren Bergleuten, den Erzgang der „Hochleistungsbrigade" nacharbeiten. Sie bekamen für diese Arbeit zwar weder Orden noch höchstes Lob von der Partei, wohl aber soweit ich das noch in Erinnerung habe, ein recht vernünftiges Erzgeld.

Bis ans Ende der achtziger Jahre wurden meistens zu „Ehren" bestimmter politischer Ereignisse wie Parteitage oder runde Jahrestage der DDR, ähnliche Experimente gestartet. Sie liefen unter solchen Namen wie Hochleistungsabbau, Schnellabbau oder Schnellvortrieb, aber zu reproduzierbaren und von allen Abbaubrigaden auf Dauer zu bringenden Leistungen ist es dabei nie gekommen. Mit richtigen und ehrlichen Methoden ging es dabei fast nie zu.

Um aber keine Missverständnisse aufkommen zu lassen: Die an diesem Strohfeuer, mir fällt kein anderes Wort ein, beteiligten Brigaden gingen stets mit viel Elan, Feuereifer und Fleiß an die Arbeit und waren so gut wie immer davon überzeugt, einer vernünftigen Sache zu dienen. Bei der Auswertung stellte sich dann heraus, dass von den Beteiligten keine Vorschläge kamen (und kommen konnten), wie man denn nun ihre Leistung wiederholen oder auf andere Kollektive übertragen könnte. Sie hatten geschuftet wie die Berserker – ob und wie lange man auf Dauer mit einer solchen Arbeitsweise auch leben und überleben könnte, wusste niemand zu sagen.

Im Januar 2002 sah ich im Fernsehen eine Reportage aus einer der letzten Steinkohlengruben im Ruhrpott. Ich war recht überrascht, als der Reporter darüber berichtete, dass man gerade dabei war, einen Hochleistungsmonat in einem Streb durchzuführen. Es ging wohl darum, den Stand der deutschen Steinkohlenindustrie im internationalen Maßstab zu demonstrieren. Ich habe seit meiner Wismutzeit von solchen Schauveranstaltungen nie viel gehalten. Sie zeigen zwar technische Ergebnisse und Grenzen des Verfahrens und der Produktionsorganisation auf, können also eventuell sogar dazu einmal nötig sein, aber im Großen und Ganzen sind sie wertlos und gehen grundsätzlich zu Lasten der Arbeiter und Ingenieure und der technischen Ausrüstung.

Bild 95 – Der Firstenstoßbau ist eines der ältesten Abbauverfahren der Montangeschichte. Er ist zwar verschiedentlich modifiziert worden, blieb aber im Prinzip immer das gleiche Schema: In einer Ganglagerstätte wurde ein Abbaustreifen (ein Stoß) über dem anderen gefahren bis man die Gangstrecke der oberen Sohle ereichte. Da dieses Verfahren es gestattet, das gewonnene Erz direkt vor Ort zu sortieren, kann die Erzgewinnung sehr sortenrein und mit wenig Verlust erfolgen. Diese Forderung erhob die sowjetische Besatzungsmacht bereits in den Anfangszeiten und sie stand bis zum Ende des Uranerzbergbaues auf der Tagesordnung. International wurde und wird wegen der Mechanisierungsfeindlichkeit dieses Abbauverfahrens kaum noch Gangerzbergbau wie zu Wismut-Zeiten im Erzgebirge getrieben.

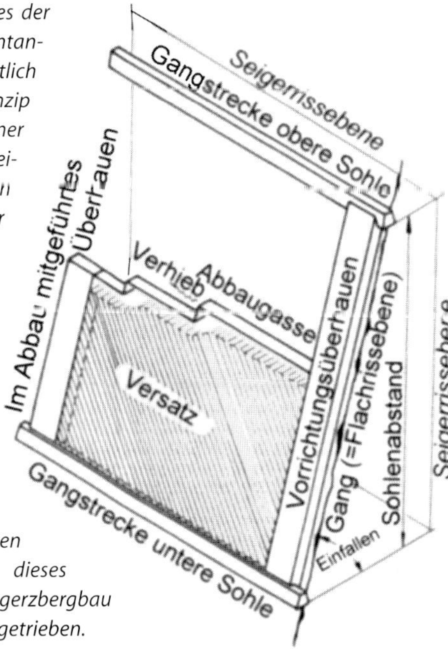

Bild 96 – Ausbau des im Abbau mitgeführten Überhauen – im Bild 95 ist das die Schnittstelle zwischen diesem Überhauen und der Abbaugasse.

Bild 97 – Dieses „Bohrgerät für den Firstenstoßbau"(BGF) wurde 1985/86 mit viel Engagement von Ingenieuren, Hauern und Mechanikern des Bergbaubetriebes Aue entwickelt. In den mechanischen Werkstätten des BB bauten Schlosser die ersten Erprobungsmuster. Trotzdem kam dieses Aggregat nie in breitem Umfang zum Einsatz, da es in den schmalen Abbaugassen des Firstenstoßbaues keine geeigneten Abstellmöglichkeiten gab. Die Hoffnungen einiger Hauer, sich mit dem BGF über die drohende Umsetzung aus der Hauergruppe wegen Gelenkerkrankungen hinweg retten zu können, zerschlugen sich sehr schnell.

Bild 98 – Der druckluftbetriebene Kleinschrapper S 500 war für die Verhältnisse im Firstenstoßbau des Objektes/Bergbaubetriebes 9 hervorragend geeignet. Mit einer Zugkraft von 5 Kilonewton (= 500 Kilopond), einer Arbeitsgeschwindigkeit von 0,45 Meter je Sekunde, Schrappgefäßen von 0,06 bis 0,1 Kubikmeter Inhalt und einem optimalen mittleren Förderweg von 15 Meter war seine Leistung nicht sehr hoch, aber auf die Verhältnisse des Firstenstoßbaues ideal abgestimmt. Durch seinen Druckluftantrieb und die nicht zu hohe Zugkraft gefährdete er den Türstockausbau in den Abbaugassen nicht, der ab der 70er Jahre in 80 Prozent aller Abbaue eingebracht werden musste. Versuche, diesen Kleinschrapper durch Schrapper mit höherer Zugleistung von 10 Kilonewton, teils mit Druckluft, teils mit Elektroantrieb, zu ersetzen, brachten keine Ergebnisse. Erst ein in der zweiten Hälfte der 80er Jahre von den mechanischen Werken der Wismut entwickelter Schrapper S 800 mit Druckluftantrieb, einer Zugkraft von 8 Kilonewton (kN) und einer Arbeitsgeschwindigkeit von 0,8 Meter je Sekunde führte sich bei den Abbaubrigaden gut ein, kam aber infolge der Schließung des Betriebes nicht mehr zum generellen Einsatz.

Bild 99 – Die Schrapparbeit im Firstenstoßbau mit dem S 500 in einer Abbaugasse.

Eine überraschende Dienstreise

Wir hatten uns als Technologen sowohl in der Verwaltung des Bergbaubetriebes wie auch zwischen den Grubenbereichen und Bereichen zusammengebissen. Es hatte sich Routine in der Arbeit und im Umgang miteinander herausgebildet, aber es gab im Wesentlichen nichts Neues. Die tagtägliche Kleinarbeit hatte uns im Griff. Das war einerseits gut und förderte die Zusammenarbeit, andererseits führte es dazu, dass man meinte, es gäbe nichts mehr zu tun, nichts mehr zu verbessern. Wir, die Technologen der ersten Stunde, hatten die Fünfzig überschritten und bereiteten uns auf die Rente vor, die ja nun nur noch zehn Jahre und weniger vor uns lag. Um dieses Ziel im Betrieb zu erreichen machte jeder von uns Kompromisse, um nicht mit den Tonangebern von Partei und Gewerkschaft in den letzten Arbeitsjahren in Konflikt zu geraten, so zum Beispiel bei der Vorbereitung und Durchführung solcher „Veranstaltungen" wie Schnellvortrieben oder Hochleistungsabbauen.
Es muss wohl im Juni oder Juli 1982 gewesen sein, als bei mir auf der Dienststelle das Telefon klingelte. Eine unbekannte Stimme verkündete mir: „Also hör mal zu,

deine Dienstreise im September nach Ungarn ist genehmigt." Da einem nach knapp zweiunddreißig Arbeitsjahren bei der Wismut nur noch selten etwas aus der Ruhe brachte, die Erfahrungen hatten gezeigt, dass interessante Dienstreisen nur an die haute volee vergeben wurden und ich gerade über irgendetwas verärgert war kam als Blitzreaktion die Antwort: „Veralbern kann ich mich alleine – wer ist denn dort?" Mein telefonischer Gegenüber äußerte etwas erstaunt, dass er der Wissenschaftliche Mitarbeiter des Fachdirektors für Technik in der Generaldirektion wäre. Ob ich denn gar nicht wüsste, dass man mich für eine Exkursion in die Volksrepublik Ungarn nominiert hätte. Es blieb mir nichts anderes übrig, als mich für meine flapsige Reaktion zu entschuldigen, denn schließlich wollte ich mir eine eventuell einmalige Gelegenheit nicht vergeben.
Um es vorauszuschicken: es wurde diese unerwartete, einmalige Überraschung. Für mich ist diese Reise, sind diese gastfreundlichen Menschen, ja auch meine eigenen Kollegen, die ich hier unter „Beinahe-Urlaubs-Bedingungen" kennen lernte, ein unvergessliches Erlebnis geblieben, an das ich heute noch begeistert zurückdenke.
Ich erfuhr, dass im September eine Arbeitsgruppe von sechs Mann unter der Leitung eines Thüringer Betriebsdirektors in den ungarischen Uranerzbergbau im Mecsek-Gebirge eingeladen war und ich zu den Auserwählten gehörte, die mitfahren durften. Nun war ich und bin auch heute kein großer Reisefan, weil ich den ganzen Tourismusrummel schon immer für ausgemachten Bluff, Geldschneiderei und Renommiergehabe halte. Ich habe mich deshalb auch nie in der DDR besonders in meiner „Reisefreiheit" eingeschränkt gefühlt. Die Aussicht aber, einmal Bergleute anderer Länder, dazu noch aus dem Uranerzbergbau, kennen zu lernen, andere Bergwerke, andere Technik und andere Abbauverfahren zu sehen, reizte mich ungemein. Dank der Organisation durch die Generaldirektion lief die gesamte Vorbereitung wie ein Uhrwerk ab und so hielt ich im September auf dem Flughafen in Dresden das erste und letzte Mal meinen grünen DDR-Reisepass in der Hand.
Jetzt musste ich Farbe bekennen: ich war noch nie in meinem Leben geflogen und hatte tüchtig weiche Knie, als ich am 20. September in eine alte IL 18 stieg und plötzlich die Sächsische Schweiz mit ihren markanten Bergen viele Meter unter mir sah. Die hatte ich immer von der Ebene aus bewundert und war auf ihnen in jungen Jahren sogar geklettert. Nach kurzem Flug in zehntausend Meter Höhe setzte unser Flieger schon wieder zur Landung auf dem Flughafen Budapest an. Die Formalitäten waren nur Minutensache und ein überaus freundlicher ungarischer Kollege begrüßte uns auf Deutsch.

Bei herrlichstem Sommerwetter, es war einer der schönsten Spätsommer die ich je erlebt habe, war die knapp 200 Kilometer lange Reise von Budapest nach Pecz entlang der Donau über Dúnaujváros und Dunaföldvár so ein richtiger Urlaubstag, um den uns sicherlich mancher der heutigen Profitouristen beneidet hätte. Übrigens: Die ungarischen Städtenamen habe ich von der Landkarte abgeschrieben, die kann sich ein durchschnittlicher Mitteleuropäer auf Dauer gar nicht merken.
Die Begrüßung in der Direktion des Mecseker Kombinats war von einer umwerfenden Herzlichkeit. Der Hauptingenieur des Betriebes, Gyulay Somolany, war von der Statur und vom Aussehen her das, wie man sich unter einem Ungarn gemeinhin so vorstellt. Er war, wie wir so im Verlaufe unseres Aufenthaltes mitbekamen, Mitte der Fünfzig, hatte einen Herzschrittmacher, war aber von ungebrochener Vitalität. Er machte uns als erstes einen Vorschlag zur Verständigung: „Ungarisch wird nur von 2 Prozent der Leute in Europa gesprochen. Sprechen wir deutsch, wenn das nicht klappt, sprechen wir russisch und wenn es da Probleme gibt, nehmen wir englisch." Dieser Modus war einwandfrei, und wir haben auf diese Art alle fachlichen und persönlichen Fragen gut in den Griff bekommen.
Sein Temperament ging nur einmal im Verlaufe unseres Aufenthaltes mit ihm durch, als er erfuhr, dass ein Mitglied unserer Delegation, Viktor Kara, ein Ingenieur aus dem Wissenschaftlich-Technischen Zentrum (WTZ) des Industriezweiges Wismut, sowjetischer Staatsbürger war. „Was, du bist Sowjetbürger, warum hat man mir das nicht mitgeteilt?", grollte er. Er beschränkte seitdem das Gespräch mit diesem Mitarbeiter auf das Nötigste, um nicht als Gastgeber unhöflich zu erscheinen.
Es würde alle Rahmen sprengen, vor allem meine Fähigkeiten als Berichterstatter, wenn ich nur einige Details dieses Aufenthaltes in Ungarn beschreiben wollte. Unsere Gastgeber waren bemüht, uns jede Attraktion ihres Landes, so weit das in der kurzen Zeit möglich war, vorzuführen. Das begann mit einem Besuch auf den Fernsehturm in Pecs, dem Fünfkirchen der einst aus Deutschland eingewanderten Schwaben. Es ging weiter mit einem Besuch im Thermalbad Harkány, wo das Bergbaukombinat ein Heim bewirtschaftete, einem Abendessen in einer Csarda mit echter Zigeunermusik, einen Abstecher zu einem Weinbauern, einem geselligen Abend mit Unmengen von Gulasch und Rotwein bis hin zu einem abendlichen Bummel durch Budapest am Vortag unseres Abschieds.
Einige Eindrücke sind unvergesslich. Ich habe noch heute das Bild vor mir, wie einer der Ingenieure des Kombinats, ein gesetzter älterer Kollege und Absolvent einer Bergakademie, seinen Erzählungen nach stand er kurz vor der Rente, in der Kaue unter der Dusche stand, nackt mit Brille, weil er sonst nicht die Seife gefunden hätte, aber mit der brennenden Zigarette im Mund.

Das politische Klima war aus unserer damaligen Sicht als DDR-Bürger recht eigenartig. Wir kamen aus einem Land, in dem die Partei die Macht noch voll in der Hand hatte, ohne die nichts lief, die nicht alles, aber alles besser wusste, und für die „die enge Verbundenheit mit der Sowjetunion ein unabdingbarer Bestandteil der Politik war". In Pecs traten die Vertreter der Ungarischen Sozialistischen Arbeiterpartei, der USAP, überhaupt nicht in Erscheinung.

Bilder 100 und 101 – Meine Dienstreise im September 1982 führte mich in eine der schönsten Gegenden Ungarns. Nicht nur, dass ich fachliches Neuland betrat, mir waren auch die Begegnungen mit ausländischen Fachkollegen, Menschen mit südländischem Temperament und einer selbstverständlichen, aufrichtigen und herzlichen Gastfreundschaft etwas völlig Ungewohntes, jenseits aller konventionellen Verbindlichkeiten und akademischen Zierereien.

Wir wussten nicht einmal, ob unsere Gastgeber Mitglieder der USAP waren oder nicht. Wir fragten nicht danach und wir wurden auch nicht gefragt, ob wir Mitglieder der SED waren. Zur Sowjetunion äußerten sich unsere ungarischen Gastgeber überhaupt nicht und waren stolz darauf, dass sowjetische Dienststellen in ihrem Betrieb nichts zu sagen hatten.

Unsere Gastgeber vertraten die Ansicht, dass Ungarn die wirtschaftliche Talsohle durchschritten und sich vom Abwärtstrend der Entwicklung im RGW-Bereich abgekoppelt hätte. Sie nannten diese Erscheinung „wengerskoje tschudo", „the Hungarian wonder", das „ungarische Wunder". Es war das Schlagwort, das in jedem zweiten Satz auftauchte, wenn unser multinationales Gespräch auf die zur damaligen Zeit recht guten Lage in der Ungarischen Volksrepublik kam. Als Grundlagen für dieses „Wunder" nannte man drei Voraussetzungen,

- die moderne Schwerindustrie, so zum Beispiel die riesigen Werke der Stahlindustrie von Dunaújváros,
- die umfangreiche und blühende Landwirtschaft, die die Selbstversorgung Ungarns garantieren und
- der kräftig wachsende Tourismus, der Devisen ins Land bringen sollte.

Ob aus Höflichkeit, aus taktischen Gründen oder wie auch immer, ließ man nur anklingen, dass die vierte Voraussetzung die Abkoppelung vom RGW, vor allem aber von der Sowjetunion, war. Wie gut es allen Menschen wirklich ging, wusste niemand genau zu sagen. Wir bemerkten, dass viele Ungarn eine zweite Tätigkeit, vor allem im Dienstleistungsbereich ausübten, weil das Einkommen aus einer Arbeit nicht reichte und nur einen bescheidenen Lebensstandard zuließ.

Der Uranerzbergbau im Mecsek-Gebirge war ein Kammerbau in einem Sedimentgestein (Sandstein oder ähnliches), die Vererzung lag als Imprägnation vor und die Urangehalte entsprachen in etwa denen der Thüringer Lagerstätten. So richtiges Uranerz, Pechblende wie wir sie bei jeder Grubenfahrt in unseren Gängen sahen, kannten unsere ungarischen Kollegen nur aus den Vorlesungen in Mineralogie. Bei einem Gegenbesuch 1983 in Aue haben sie sich dann einmal einen richtigen Uranerzgang angesehen.

Die Gruben waren mit modernsten Bergbaumaschinen west- bzw. nordeuropäischer Herkunft (ATLAS COPCO) ausgerüstet. Für die Bohrarbeiten kamen elektrohydraulische Bohrwagen mit 2,5 Meter langen Vorschubeinheiten (Lafetten) zum Einsatz, die fantastische Bohrleistungen brachten. Es war das Modernste, was die Literatur der großen Bergbauländer seinerzeit beschrieb. Die Lade- und Förderarbeiten erfolgten mit dieselgetriebenen Frontschaufelfahrladern mit einem Schaufelvolumen um die drei Kubikmeter.

Uns war klar, dass derartige Aggregate nie für die Wismut zur Verfügung stehen würden. In dieser Größenordnung könnten sie in den kleinen Grubenbauen in Aue und im Thüringer Raum gar nicht effektiv genutzt werden. Um so mehr weckten die generell für den Ausbau verwendeten Anker, die so genannten Split-set-Anker, unser Interesse.

Dieser Anker war Anfang der 70er Jahre im amerikanischen Steinkohlenbergbau entwickelt und eingeführt worden und hatte in kürzester Zeit – man sprach von drei bis fünf Jahren – seinen Siegeszug durch den US-amerikanischen und internationalen Bergbau über Kanada, Südafrika bis nach Europa angetreten. Die Grenze zum RGW-Bereich war nur an wenigen Stellen, wie z.B. hier in Ungarn, überschritten worden. Schon seit dem Jahre 1980 schlugen Ingenieurstudenten und Ingenieure aus dem Bergbaubetrieb Aue vor, diese sehr einfache und sehr effektive Ankerart im Industriezweig Wismut einzuführen. Mit schöner und beschämender Regelmäßigkeit wurde dieser Vorschlag von den Fachabteilungen der Generaldirektion mit Hinweis auf ein Gutachten des WTZ abgelehnt. In Ungarn erfuhr ich auch, wer der Urheber der Ablehnung war.

Das Mecseker Kombinat stellte seine Split-set-Anker selbst her. Man hatte die Produktion weitgehend mechanisiert und konnte daher unabhängig von einem Zulieferbetrieb die jeweils benötigten Längen in beliebiger Stückzahl anfertigen. Auf unsere Bitte hin bekamen wir einen Originalanker in einer Länge, den man in der Aktentasche im Flugzeug transportieren konnte. Ich habe Blut und Wasser geschwitzt bis ich dieses große, vielleicht drei Kilogramm schwere Stahlstück durch die Kontrolle am Flughafen gebracht hatte. Ich glaube aber, dass hier unsere ungarischen Kollegen ihre Beziehungen ausspielten. Niemand nahm an meinem etwas suspekten Tascheninhalt Anstoß, den heute wahrscheinlich jeder nur halbwegs aufmerksame Kontrolleur am Flughafen für eine Rohrbombe halten würde.

Bei den internen Gesprächen in unserer Reisegruppe wendete sich Viktor Kara, der WTZ-Spezialist, entschieden gegen die Einführung des Split-set-Ankers und gab dem so genannten Klebeanker, der allerdings das Mehrfache kostete und dessen Einbringung einem Puzzlespiel glich, den Vorzug. Schließlich arbeitete er seit mehreren Jahren mit seinem Kollektiv im WTZ an der Entwicklung und Einführung dieses Ankertyps im Industriezweig Wismut. Er hatte etliche Varianten dazu ausgearbeitet und war gar nicht daran interessiert, einer wirtschaftlich und technologisch günstigeren Variante zum Durchbruch zu verhelfen. Er war derjenige, dessen Gutachten immer wieder die Vorschläge unserer Studenten und Ingenieure zu Fall gebracht hatte.

Ein Blick voraus: Natürlich konnte man in der DDR und in einer sowjetisch-deutschen Aktiengesellschaft nicht unbesehen übernehmen, was in Ungarn und darüber hinaus im nichtsozialistischen Wirtschaftssystem, erfolgreich angewandt wurde. Es verging ein weiteres Jahr mit einer nochmaligen Befahrung der ungarischen Gruben, mit Versuchen und Erprobungen durch das WTZ bis endlich 1985, mit zehn Jahren Verspätung, dieser technisch und wirtschaftlich sehr effektive Anker auch in den Bergwerken der SDAG Wismut zum Einsatz kam.
Ich war zu dieser Zeit schon nicht mehr als Technologe tätig, habe aber mit einem lachenden und einem weinenden Auge diese Entwicklung miterlebt.
Der erfolgreiche Abschluss ist vielleicht etwas auf die politische Wende in der Sowjetunion zurückzuführen. Dort hatte man begonnen, auch Erfahrungen aus den Staaten des Nichtsozialistischen Wirtschaftssystems zu akzeptieren, während man in der DDR zwar auf die DM scharf war, aber weiter seine eigene politische Suppe kochen wollte. Übrigens, als ich das 1986/87 in einer Diskussion aussprach, da war ich schon Referent des Betriebsdirektors, waren einige Funktionäre aufs Höchste empört. Ich hatte das in Zusammenhang mit den Intershops etwas unfeiner als „westgeldgeil" bezeichnet.
Meinem Verständnis vom Sozialismus hat diese Dienstreise doch etwas Abbruch getan, weil mir zu denken gab, dass unsere sehr weltoffenen und hochintelligenten ungarischen Berufskollegen darin absolut keine Perspektive sahen. Dabei hat das Geschehen um den Split-set-Anker kaum eine Rolle gespielt, weil mir klar war, dass wissenschaftliche Engstirnigkeit, Egoismus und Rechthaberei keine Begrenzung auf ein politisches System haben und auch die hochgepriesenen sowjetischen Wissenschaftler nicht dagegen gefeit waren.

Ein neuer Arbeitsabschnitt

Am Dienstag, dem 21. Dezember 1982, drei Tage vor Heilig Abend machten wir in der Gruppe Technologie ein bisschen Zusammenfassung zum Jahresabschluss. Das, was das ganze Jahr über liegen geblieben war, sollte nun noch schnell zu Ende gebracht werden. Da klingelte das Telefon. Die Sekretärin des Betriebsdirektors meldete sich: „Genosse Beyer, der Direktor bittet Sie, sofort zu ihm zu kommen". Ich musste nicht im Vorzimmer warten und wurde sofort an den Chef weitergeleitet. An der Direktionstafel saßen nur zwei Mann, der Betriebsdirektor und der Kaderleiter.

„Es wird sich wohl herumgesprochen haben, dass ich schon seit Tagen einen persönlichen Referenten suche – jetzt habe ich es satt, Gott und alle Welt zu bitten. Du bist mir empfohlen worden und dabei wird es wohl bleiben. Es wäre mir trotzdem lieb, wenn du dein persönliches Einverständnis gibst, das fördert die Zusammenarbeit." Ich, nein, jeder im Betrieb wusste, dass es um den Wissenschaftlichen Mitarbeiter des Direktors in den vergangenen Wochen einen Skandal gegeben hatte, in den noch einige andere hochrangige Mitarbeiter einschließlich des Direktors und des Parteiapparates verwickelt waren. Man munkelte sogar davon, dass der Staatsanwalt seine Hände im Spiel hätte, aber keiner wollte so richtig heraus mit der Sprache.
Wie das bei solchen Sachen üblich war, hatte der Kaderleiter, natürlich rein zufällig, meine Personalunterlagen dabei. Ich versuchte, mich mit meiner Westverwandtschaft aus der Affäre zu winden, aber das funktionierte nicht: „Du bist für ‚Vertrauliche Verschlusssachen' (die zweithöchste Zulassungsstufe im Betrieb) zugelassen, das ist das Gleiche, was deine Vorgänger hatten. Wenn du weiter keine Einwände hast, sehen wir uns am 3. Januar hier unten", so das Machtwort des Direktors. Dabei blieb es. Da ich seit anderthalb Jahren schon Bergmannsrentner war, gab es keine Probleme. Mein neues Gehalt konnte sich ebenfalls sehen lassen, es lag, wie man mir sagte über dem einiger Wissenschaftlicher Mitarbeiter in den anderen Bergbaubetrieben. Mit einem Wort, es war alles zu meiner Zufriedenheit geregelt, und es gab einfach keine plausiblen Ausreden.
So verabschiedete ich mich bei der Mettenschicht am letzten Arbeitstag vor Weihnachten von meinen Kollegen im Fachbereich Technik und der Gruppe Technologie, die mir als Abschiedsgeschenk noch die Wismutauszeichnung „Meister der Arbeit" überreichten. Bei dieser Gelegenheit erfuhr ich, dass unser Fachdirektor für Technik den Grundstein für meine neue Tätigkeit gelegt hatte. Mit den Worten: „Ich wüsste da schon einen", hatte er die Frage des Betriebsdirektors beantwortet, als dieser ihn um Rat bei der Suche nach einem neuen WiMi fragte.
Es war erstaunlich, wie schnell sich in diesem großen Betrieb mit etwa 6000 Werktätigen Neuigkeiten herumsprachen. Noch vor Schichtende wusste fast jeder, dass es einen neuen WiMi gab und dass das der Beyer Klaus wäre. Noch erstaunter muss ich geblickt haben, als ich so gegen drei Uhr nachmittags nach Hause kam und mich meine Frau, sie arbeitete zu dieser Zeit im Kinderheim am Nachtsanatorium, also weit weg vom Bergbaubetrieb, mich fragte: „Hast du mir nichts zu erzählen?" Ich hatte!
Am Montag, dem 3. Januar 1983, trat ich meine neue Arbeit an und meldete mich bei meinem Vorgänger. Ich war zwar nicht sehr zartbesaitet, nach dreiunddreißig

Bild 102 – Neben den in der gesamten Volkswirtschaft gültigen Auszeichnungen vergab die Wismut seit Anfang der fünfziger Jahre eine eigene Auszeichnung, den „Meister der Arbeit". Zuerst in zwei Klassen wurde er später in Gold, Silber und Bronze verliehen.

Arbeitsjahren bei der Wismut hatte sich das gegeben, aber solche Übergabegespräche mit einem abgelösten Kollegen haben etwas Peinliches an sich. Man fühlt sich irgendwie schuldig und mit verantwortlich für dessen Schicksal. Er sah aber ein, dass daran nichts zu ändern war. Ich hatte mich mit den Vorkommnissen etwas vertraut gemacht und wusste, dass er eigentlich mehr Opfer als Täter war und für andere Leute seinen Kopf hinhielt. Trotz seiner Ablösung fiel er nicht ins Bodenlose, sondern erhielt als Kulturbeauftragter des Betriebes eine dank- und lösbare Aufgabe mit dem gleichen Salär. Wahrscheinlich hatten da einige Leute ein schlechtes Gewissen. In Eintracht arbeiteten wir noch drei Tage gemeinsam weiter. Ich bekam von ihm alle notwendigen Unterlagen und Informationen, um ohne Übergangsschwierigkeiten weiter arbeiten zu können. Seine Unterweisung war so umfassend, dass ich ihn nicht mehr mit den unangenehmen Erinnerungen an seine ehemalige Tätigkeit behelligen musste, wir aber in unseren betrieblichen Funktionen in den folgenden Jahren einen guten Faden miteinander spannen. Ein entscheidender Vorteil für mich war, dass ich seit 1968 in der Verwaltung tätig war. Ich kannte das gesamte Leitungspersonal der Betriebsabschnitte, der Grubenbereiche und Bereiche und war dort ebenfalls bekannt. Jeder wusste, dass ich auf bergbaulichem Gebiet vom Fach war. Ich brauchte mich also nicht vorzustellen und habe mich in den Jahren bis zum Ende meiner Tätigkeit immer bemüht, nicht unangemeldet in die Tätigkeit anderer leitender Mitarbeiter hinein zu platzen, selbst wenn sich das in Ausnahmefällen nicht vermeiden ließ. Soweit ich mich erinnern kann, gab es keine nennenswerten Auseinandersetzungen zu irgendwelchen Problemen.

Ich möchte behaupten, dass auch die beiden Direktoren, die ich in meiner Dienstzeit als WiMi erlebte, mit dem gleichen Gedanken an ihre Arbeit gingen. Es fanden nicht selten harte und sehr kritische Diskussionen statt, das konnte in einem

so großen Betrieb gar nicht anders sein, aber ich habe beide Direktoren immer wieder bewundert, dass keiner jemals richtig „ausflippte". Wenn ich da an diese oder jene Situation denke, weiß ich nicht, ob ich da immer so ruhig und sachlich geblieben wäre.
Technische oder ökonomische Probleme schreckten mich überhaupt nicht, da unsere zwei obersten Ökonomen, der Hauptbuchhalter und der Fachdirektor für Ökonomie, mich von Anfang an unterstützten. Sie erläuterten mir vieles, was für mich bis dahin ein Buch mit sieben Siegeln war. Echte Schwierigkeiten hatte ich am Anfang bei den Reden und Berichten, die anfielen.
Das ging los mit den monatlichen Wettbewerbs-Auswertungen im Kulturhaus „Aktivist". An denen nahmen immer 150 bis 200 Vertreter aller Kollektive des Betriebes und natürlich die Spitzen der gesellschaftlichen Organisationen teil. An erster Stelle kam der Sekretär der Betriebsparteileitung und nach ihm der Vorsitzende der Betriebsgewerkschaftsleitung. Beide wachten gewissenhaft darüber, dass die „führende Rolle" von Partei und Gewerkschaft in den Berichten der Direktoren auch entsprechend zum Ausdruck kam. Es musste breit herausgearbeitet werden, dass der Betrieb nur durch die Erfüllung der Parteibeschlüsse seine Erfolge erzielen konnte.
Da wir noch etliche Jugendbrigaden und „Kollektive der Deutsch-Sowjetischen Freundschaft" hatten, durften die Spitzen der Freien Deutschen Jugend (FDJ) und der „Gesellschaft für Deutsch-Sowjetische Freundschaft" (DSF) nicht fehlen. Diese beiden Funktionäre waren für mich viel vernünftiger und zurückhaltender. Sie legten vor allem Wert auf eine gute Zusammenarbeit. Nicht zuletzt entsandten die übergeordneten Leitungen, die Generaldirektion und die gesellschaftlichen Organisationen des Industriezweiges, ihre Vertreter. Sie wollten wenigstens einmal im Monat wissen, wie es an der Basis aussah und dort in Erscheinung treten.
Jeder Rechenschaftsbericht musste vor allem ein politischer Knüller mit einigen fachlichen Einsprengungen sein. Da die beiden Direktoren, unter denen ich wirkte, selbst langjährige und überzeugte Parteimitglieder sowie Mitglieder der Gebietsleitung Wismut der SED waren, gab es eigentlich von Haus aus keinen Grund, hier noch den Sekretär der zentralen Parteileitung als Kontrolleur einzusetzen. Es war schon manchmal zum Weinen schön, wenn dann aus einem der zurückliegenden Plenen des Zentralkomitees oder des letzten Parteitages der SED Zitate herausgesucht werden mussten, um die unbedingte Treue und Hingabe des Betriebskollektivs zur „Politik von Partei und Regierung" zu demonstrieren.

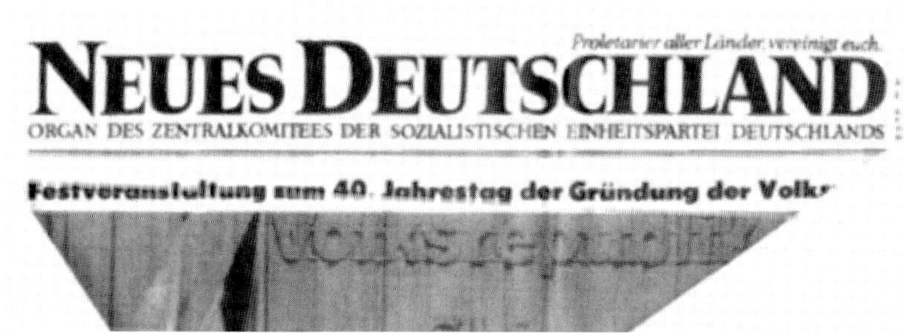
Proletarier aller Länder, vereinigt euch
NEUES DEUTSCHLAND
ORGAN DES ZENTRALKOMITEES DER SOZIALISTISCHEN EINHEITSPARTEI DEUTSCHLANDS
Festveranstaltung zum 40. Jahrestag der Gründung der Volk

Bild 103 – Das „Neue Deutschland", das Zentralorgan der SED, war Pflichtliteratur für jedes Parteimitglied. In Familien, in denen beide Ehepartner in der Partei waren, hätte man am liebsten beide als Abonnenten gewonnen.

Es war unbedingt notwendig, beim Schreiben das „Neue Deutschland" in Griffweite zu haben. Die Realität sah anders aus, denn ab 1986/87 traten die Arbeiter in Massen aus der Arbeiterpartei aus oder stellten Anträge zur Ausreise in die BRD. Mit diesen Referaten gab es gleich am Anfang meiner Tätigkeit die erste Auseinandersetzung mit dem Sekretär der Zentralen Parteileitung. Er hatte bemerkt, dass ich meine Redeentwürfe grundsätzlich mit Schreibmaschine schrieb. Er wollte, noch ehe mein unmittelbarer Vorgesetzter, der Direktor, diese Konzeption kannte, eine Abschrift haben. Ich machte ihn, sehr sachlich, darauf aufmerksam, dass ich Angestellter des Betriebes und nicht der Partei wäre. Niemand hatte mich berechtigt, dass, was für den „Alten" bestimmt war, vorfristig aus der Hand zu geben. Er war ernsthaft beleidigt und hat sich wohl über mich beschwert, aber unserem Direktor schien das gefallen zu haben, denn es kam nie eine Weisung von ihm, dem „Genossen Sekretär", meine Konzeptionen und Entwürfe auszuhändigen.

Das Protokoll

Ich weiß, dass heute das Protokoll eine ungleich größere Rolle spielt als das in den volkseigenen Betrieben jemals der Fall war. Ich hatte mir angewöhnt, Bankette, Besuche und Veranstaltungen mit dem Direktor, dem Parteisekretär und dem Gewerkschaftsvorsitzenden vorher abzusprechen. Vor allem einige obere Parteifunktionäre haben stets großen Wert darauf gelegt, dass man ihre Funktion respektierte und sie neben dem richtigen Partner saßen.

Ich bemerkte das besonders deutlich auf den Banketten zum jährlichen „Tag des Bergmanns" am ersten Sonnabend im Juli oder aber bei Betriebsveranstaltungen wie zum „Internationalen Frauentag" am 8. März. Wenn von der Generaldirektion bis hin zum Rat des Kreises und den Anliegergemeinden Vertreter eingeladen waren, war es notwenig, die Reihenfolge der Bedienung festzulegen. Selbst vor internen Veranstaltungen des Leitungsgremiums zum Jahresabschluss, den „Mettenschichten" der Bergleute, habe ich diese Details grundsätzlich mit dem Bedienungspersonal der Gaststätten abgesprochen. Ich hatte im Laufe der Monate und Jahre mitbekommen, dass es unseren Direktoren gleichgültig war, wenn sie ihr Essen einmal fünf Minuten später erhielten, aber weniger wichtige Personen achteten schon streng darauf. Und wozu wegen solcher Lappalien Ärger machen oder haben? Dabei muss man der Gerechtigkeit halber feststellen, dass unsere Funktionäre aus der zweiten Reihe bis auf wenige Ausnahmen meistens sehr bescheiden waren und wenige Ansprüche stellten.
Von der Sache her war die Vorbereitung von Feierlichkeiten meistens nicht allzu aufwändig. Wir hatten für die Betriebsveranstaltungen im Kulturhaus „Aktivist" und für Veranstaltungen im kleineren Kreis mit der Küche im sowjetischen Sektor gute und zuverlässige Partner. Die Gaststättenleiter mussten in den achtziger Jahren öfters mal ihre Beziehungen spielen lassen, damit ein nicht ganz alltägliches warmes Essen auf den Tisch oder ein attraktives kaltes Buffet zustande kam. Hier galt das schöne Sprichwort „Beziehungen schaden nur dem, der keine hat".

Mangel bringt Stress

Die fachliche Arbeit in meiner Tätigkeit, ob es sich nun um Analysen, Berichte, Befahrungen oder was auch immer handelte, hat mich eigentlich nie richtig aus der Ruhe gebracht oder gar aufgeregt – eine Lösung fand sich immer. Man konnte diesen Teil der Arbeit unter das Motto stellen: „Unmögliches wird sofort erledigt, Wunder dauern etwas länger."
Drei Ordner in meinem Stahlschrank machten mir vielmehr Kummer und Sorgen. Ihr Inhalt hatte seine Ursache in der in den achtziger Jahren zunehmenden Mangelwirtschaft der DDR. Man konnte sie unter drei Überschriften stellen: Autos, Wohnungen, Material.
Die Generaldirektion teilte dem Betrieb jährlich achtzehn PKW zu – vorwiegend die Marken „Trabant" und „Wartburg". In den Jahren bis 1986 gab es sogar einmal einen „Skoda" oder „Lada". Über deren Verteilung entschied der Betriebsdirektor

gemeinsam mit dem Vorsitzenden der Betriebsgewerkschaftsleitung. Dieses Verfahren war der Belegschaft bekannt. Daher flatterten jährlich mindestens dreißig, in den letzten Jahren, wo die Wartezeiten für den „Wartburg" auf dreizehn, vierzehn Jahre angestiegen waren, sogar bis zu siebzig Anträge auf meinen Tisch. Ich denke aber, ab 1989 wird mancher froh gewesen sein, dass das mit dem Auto aus der „Betriebsleiterreserve" nicht mehr geklappt hat.

Jedes Jahr im Februar, wenn die „Lieferung" von der Generaldirektion kam, musste ich eine große Aufstellung machen. Darin listete ich die Antragsteller mit einigen Kriterien, zum Beispiel Betriebszugehörigkeit, politische Aktivitäten wie Funktion in der Partei, der Kampfgruppe oder anderen Organisationen, Auszeichnungen und familiären Problemen, kranke oder behinderte Familienangehörige, auf. Sowohl der Direktor wie auch der Gewerkschaftsvorsitzende erwarteten bereits eine gewisse Vorauswahl. Das war immer die Zeit, da ich den Mann aus Bethlehem beneidet habe, der mit drei Broten und fünf Flaschen Wein 5.000 Menschen gesättigt haben soll. Weder der Direktor noch unser Gewerkschaftsvorsitzender und am allerwenigsten ich haben das bis 1989 jemals geschafft! Übrigens erfuhr ich von meinen Amtskollegen aus den anderen Wismutbetrieben, dass da genau derselbe „Kampf ums Auto" herrschte. Jeder Antragsteller war der Meinung, dass er bei seinen Leistungen eigentlich eine Sonderzuteilung verdient hätte.

Es muss wohl im Herbst 1985 oder 1986 gewesen sein, als der zweite Sekretär unserer Betriebsparteileitung bei mir auftauchte und verlangte, dass ich umgehend einen PKW „Trabant" besorgen sollte. Einem Gruppenführer der Kampfgruppe, den die Parteileitung zu einem Lehrgang nach Gera delegiert hatte, war das gute Stück vor der Schule geklaut worden, und er verlangte nun von der Parteileitung Ersatz. Was lag da näher, als zum Wissenschaftlichen Mitarbeiter zu gehen und den mit der Beschaffung eines neuen Gefährts zu beauftragen, weil er über die „Betriebsleiterreserve" verfügte, die für das laufende Jahr natürlich längst vergeben war.

Ihn brachte in Rage, als ich in meinen Schreibtisch schaute und ihm versicherte, dass ich da kein Auto hätte. Ich beruhigte ihn allerdings sehr schnell, als ich ihm erläuterte, dass vor Jahren einmal ein Wissenschaftlicher Mitarbeiter wegen nicht ganz durchsichtiger Geschäfte mit Autos, an denen sogar Parteifunktionäre beteiligt gewesen sein sollten, über die Klinge gesprungen sei. Er nahm meine Versicherung wohl sehr ernst, dass ich mich an die Staatsanwaltschaft wenden und nicht so schweigsam wie einer meiner Vorgänger sein würde, wenn er von mir unsaubere Geschäfte verlangen sollte.

Bild 104 – Man kann sich heute gar nicht mehr vorstellen, dass es um ein so kleines Auto oft so großen Streit und Ärger gab.

Bild 105 – Dieser gute alte „Wartburg Tourist“ war seinerzeit ein sehr begehrtes Auto.

Jetzt verlegte er sich aufs Bitten, denn nicht zuletzt stand ja seine Autorität auf dem Spiel, wenn er dem Kampfgruppenangehörigen kein Auto besorgen konnte. Dank der Hilfe der Leiterin des Autohauses gelang es uns, unserem Kollegen legal zu helfen. Mir hat es ein bisschen gut getan, dass unser zweiter Sekretär nichts Besseres wusste, als den unfähigen Ingenieur, das waren bei ihm alle ITP-Angehörigen, um Hilfe zu bitten.
Mein zweiter Ordner, der mir während meiner ganzen Zeit als WiMi auf der Seele lag, hatte die Aufschrift: „Wohnungen“.
Die für die Wohnungswirtschaft verantwortliche Kollegin gab sich sehr viel Mühe und löste so gut wie nie ein Problem am Schreibtisch. Sie nahm die Wohnverhältnisse bei den Antragstellern selbst in Augenschein, organisierte Wohnungstausche mit den kommunalen Behörden und Betrieben, doch das Angebot reichte bei Weitem nicht aus, um alle Wünsche zu befriedigen. Das führte dazu, dass es jedes Jahr zu dutzenden Eingaben beim Betriebsdirektor, bei der Partei- und bei der Gewerkschaftsleitung bis hin zu den übergeordneten Leitungen kam.

Natürlich hatte unser Direktor gar keine Zeit, sich mit derartigen Dingen zu beschäftigen. Anders erging es den Sekretären und Vorsitzenden der Partei- und Gewerkschaftsleitungen, die sich nicht mit solchen Lappalien verzetteln konnten oder wollten, aber immer auf Lösungen drängten. Fazit: Die Kollegin vom Wohnungswesen musste gemeinsam mit dem Wissenschaftlichen Mitarbeiter den ganzen Vorgang nochmals aufrollen. Ich habe sie immer bewundert. Mit einer beneidenswerten Ruhe, Sachlichkeit und einem gehörigen Schuss Menschenkenntnis versuchte sie, optimale Lösungen zu finden. Das gelang nicht immer. Bloß das wiederum wollten die Partei- und Gewerkschaftsmitarbeiter nicht immer einsehen. So füllten unerledigte Wohnungsfälle meinen zweiten „unerwünschten" Ordner. Ich kann mir vorstellen, dass da manche Kollegin und mancher Kollege eingeordnet war, der mich zum Teufel oder sonst wohin gewünscht hat oder heute noch wünscht, weil wir ihm einfach nicht helfen konnten.

Irgendwie bedrückt es mich schon, wenn ich sehe, wie die noch vor zwanzig Jahren heiß begehrten Wohnungen in den Hauptwohngebieten um Aue auf dem Zeller Berg, auf dem Eichert und dem Brünlasberg, in Schneeberg in der Siedlung des Friedens, am Keilberg und am Griesbachhang zu Hunderten leer stehen. Man macht sich schon ernsthaft Gedanken über den teilweisen Abbruch der Plattenbauten.

Der dritte Ordner hatte seine Entstehung wie die Ordner 1 und 2 gleichfalls der Mangel- und Misswirtschaft der sozialistischen Gesellschaftsordnung zu verdanken. Leider gab es noch keine Baumärkte wie heute, wo man vom Brett in jeder gewünschten Dicke über den Nagel und die Schraube bis zum Fertighaus alles, aber auch wirklich alles, kaufen kann. Die wenigen Geschäfte, in denen Material angeboten wurde, hatten von allem so gut wie nichts. Und so brauchte die Schule in … ein paar Kubikmeter Hobeldiele, um das Dach ihres Hortes, eines Wiener Hauses aus den frühen Wismutzeiten, neu zu decken. Der Kindergarten in … wollte einen Buddelkasten einrichten und benötigte dazu einige Kanthölzer und zehn Bretter von zwei Meter Länge. Im Messgerätewerk in Zwönitz hatte es einen Kabelstrang aus dem Rennen genommen und es mussten 400 Meter Kabel ersetzt werden. Wenn ich das richtig in Erinnerung habe, haben wir dem Kindergarten sogar noch einen Kipper Sand hingefahren, weil unsere Enkel selbst irgendwo in einen Kindergarten gingen. Nicht zuletzt baten uns unsere eigenen Betriebsangehörigen um Hilfe, weil ein Arbeiter seine Wohnung etwas herrichten wollte oder in seiner „Datsche" noch ein paar Bretter fehlten.

Als ich 1990 aus dem Betrieb ausschied und meinem Nachfolger alles übergab, was da so in meinen Schränken an Ordnern herumstand, habe ich ihn etwas beneidet, weil er meine „geliebten" drei Mängelmappen, aber auch die Reden, Referate und Vorlagen an die Partei- und Gewerkschaftsleitungen aller Ebenen gleich ungelesen und unsortiert ins Altpapier werfen konnte.

Pläne und anderer Unsinn

Eine Jahresendzeremonie war die Aufstellung einer Reihe Pläne, deren Notwendigkeit ich nie eingesehen habe, die wahrscheinlich auch keiner brauchte und die nichts verränderten. Das waren der Jugend- und der Frauenförderungsplan und als Krönung der betrieblich-gewerkschaftlichen Zusammenarbeit der Betriebskollektivvertrag, der BKV. Die Festlegungen in diesen Plänen gingen im Wesentlichen nie über Allgemeinplätze hinaus. Sie verewigten bereits laufende Maßnahmen oder bestehende gesetzliche Festlegungen, wie dass der Jugendfreund ... sein Fernstudium an der Bergakademie Freiberg weiter führt und dabei vom Betrieb unterstützt wird. Die Tanzkapelle „Combo" erhält für die Beschaffung neuer Instrumente eine bestimmte Summe aus dem Kulturfonds. Ähnlich gehaltvoll war der Inhalt des Frauenförderungsplanes, der die Teilnahme der Frauen am betrieblichen Leben und ihre Unterstützung absichern sollte.

Selbstverständlich musste die Erfüllung dieser Pläne und Förderungsmaßnahmen abgerechnet und ausgewiesen werden. Da der Verantwortliche dafür der Betriebsdirektor war, gab es im Januar jedes Jahres zwei weitere Veranstaltungen mit zugkräftigen politischen Referaten, wo die Pläne des Vorjahres abgerechnet und die fürs neue Jahr bestätigt wurden. Grundsätzlich wurden diese Pläne immer erfüllt.

Für die Ausarbeitung des Betriebskollektivvertrages stellten Betrieb und Gewerkschaft gemeinsam eine Kommission auf, die aus etwa zwanzig Leuten bestand. Der Vorteil war, dass man viele Passagen aus den Festlegungen des Vorjahres unbesehen ins neue Jahr übernehmen konnte und nur die Zahlen mit den neuen staatlichen Produktionsplänen abgestimmt werden mussten. Die Abrechnung des alten Vertrages, die zeitgleich mit der Bestätigung des zukünftigen vor Vertretern aller Brigaden und Kollektive stattfand, war einer der Höhepunkte im betrieblichen Leben. Daran nahmen neben Vertretern der Industriezweigleitung die der Partei- und Gewerkschaftsleitungen aus Siegmar teil.

Ich möchte behaupten, dass mit solchen Auswüchsen der Planwirtschaft sich nicht nur die Funktionäre der oberen Ebenen, sondern auch die auf Betriebsebene unentbehrlich zu machen versuchten. Inwieweit sie an der Ausarbeitung des Planes beteiligt waren, ja dazu überhaupt in der Lage waren, entzieht sich meiner Kenntnis. Ich möchte zu meiner persönlichen Rechtfertigung ergänzen, dass ich eine sinnvolle Planung, die der betrieblichen Entwicklung diente, nie für einen Selbstzweck gehalten habe oder sie mir jemals überflüssig vorgekommen ist.

Wir und die „Russen“ – die „Russen“ und wir

Ich muss zu diesem Abschnitt eine Bemerkung vorausschicken: Ich kann, werde und will mich nicht daran gewöhnen, die Bürger der sowjetischen Verwaltung unseres Betriebes als „Russen“ zu bezeichnen. Dafür gibt es zwei Gründe:
Erstens wurde diese Bezeichnung nach 1945 als indirekte Fortsetzung des „Russlandfeldzuges“ benutzt, um die Bürger dieses Staates, den Deutschland 1941 überfallen hatte, zu diffamieren.
Zweitens kamen die Leute, mit denen ich bei der Wismut zusammenarbeitete, nur zum Teil aus dem heutigen Russland, waren also im eigentlichen Sinne keine Russen. Wir hatten Bürger vieler Sowjetrepubliken im Betrieb, von denen es sich etliche energisch verbeten hätten, als „Russen“ bezeichnet zu werden, denn sie waren Ukrainer, Kasachen, Usbeken. Das trifft auch auf die jungen Soldaten zu, die ich am Beginn meiner Tätigkeit auf dem Schacht 248 kennen lernte.
Als ich 1950 kundtat, dass ich in den Uranerzbergbau, zur „Wismut“ gehen wollte, stieß das auf viel Unverständnis im Familien- und Freundeskreis. „Wie kann man nur in so einen Betrieb arbeiten wollen, in dem die Russen das Sagen haben?“ Hinzu kam, dass über den Erzbergbau im mittleren und westlichen Erzgebirge sich Horrormeldungen überschlugen. Die „sach- und fachkundige“ Presse der Bundesdeutschen und Westberliner Zeitungen, Zeitschriften und Magazine mit Massenauflagen überboten sich gegenseitig in der Aufzählung toter Bergleute.
Ich glaube nicht, dass jemand aus meiner Verwandt- und Bekanntschaft nur annähernd so viel dagegen oder überhaupt etwas einzuwenden gehabt hätte, wenn ich in einem amerikanischen, britischen oder französischen Betrieb eine Tätigkeit aufgenommen hätte. Begründen aber konnte das niemand.

Vor Ort sah das dann alles ein bisschen anders aus. Als Fördermann, Hauer oder irgendein Arbeiter im Schacht und über Tage hat man kaum etwas davon gemerkt, dass man in einem „Russenbetrieb" arbeitete. Im Herbst 1950 gab es auf dem Schacht 248 noch nicht einmal einen Posten, den man beim Betreten des Schachtes passieren musste. Man konnte als Betriebsfremder ungehindert bis an die Rasenhängebank gelangen. Erst Anfang 1951 wurde das Gelände eingezäunt. Am Schachteingang stand ein sowjetischer Soldat, den man zweimal am Tag seinen „Propusk", den Schachtausweis, vorzeigen musste.

In den Fachabteilungen wie Geophysik, Geologie, Markscheiderei und Ökonomie traten die sowjetischen „Natschalniks", die Abteilungsleiter und ihre Vertreter, schon in Erscheinung. Sie hatten sich aber zu ihren deutschen Mitarbeitern deutsche „Verbindungsleute" geschaffen, meistens Personen, die gut russisch sprachen. Die Steiger von unseren Schächten und aus Johanngeorgenstadt, die bei uns in Antonshöhe wohnten, gaben manche Story von der Spontanität der sowjetischen Schachtleiter und Hauptingenieure zum Besten. Sie erzählten aber nichts von den dramatischen Vorkommnissen, Großbränden oder Wassereinbrüchen mit vielen tausend Toten, die man der „russisch" geleiteten Wismut AG in der Presse der BRD tagtäglich nachweisen wollte.

Den ersten tödlichen Unfall habe ich im August 1951, meinem ersten Arbeitsjahr auf dem Schacht 248, kurz vor meinem Weggang zum Bergtechnikum, erlebt. Was war geschehen? Zwei Hauer hatten auf einer Etagenstrecke die Bohrlochpfeifen, das waren ganz oder teilweise stehen gebliebene Sprengbohrlöcher mit Sprengstoffresten, der vorhergehenden Schicht, nachgebohrt. Dabei war es zu einer Detonation gekommen. Herausgerissene Gesteinsbrocken hatten einen Hauer tödlich, den anderen lebensgefährlich verletzt.

Man hatte mich zwar bei Antritt meiner Tätigkeit überhaupt nicht belehrt, aber einige grundlegende Dinge brachten uns die etwas älteren Bergleute, im Laufe der Monate bei. Dazu gehörte, dass man beim Nachbohren von „Bohrlochpfeifen" sich und andere grundsätzlich in Lebensgefahr bringt. Man brauchte mich bei der Wismut nicht zu agitieren, dass jeder Unfall und erst recht jeder tödliche einer zu viel ist. Das ist das Schlimmste, was sich auf einer Arbeitsstelle ereignen kann. Was aber hier auf unserem Schacht geschehen war, kann man beim schlechtesten Willen nicht der sowjetischen Leitung in die Schuhe schieben. Diese schlimmen Erfahrungen mussten wir bis zum Endes des Uranerzbergbaues leider immer wieder einmal machen, selbst als wir nur noch Facharbeiter als Hauer und deutsche Ingenieure als bergmännisches Leitungspersonal hatten.

Den ersten sowjetischen Mitarbeiter, den ich etwas näher kennen lernte, war der Hauptmarkscheider auf dem Schacht 248, der mich in „seine" Markscheiderei holte. In den Jahren nach meinem Fachschulbesuch, seit 1958, habe ich neben vielen verträglichen sowjetischen Zeitgenossen auch sehr unangenehme Menschen angetroffen. Nicht minder waren unter den deutschen leitenden Mitarbeitern, mit denen ich zusammentraf oder zusammenarbeiten musste, echte Fieslinge vertreten. Wenn ich nach 1990 die Liste einiger Ingenieurkollegen aufaddiere, die als Informelle Mitarbeiter (IM) des Staatssicherheitsdienstes manche belanglose oder weniger belanglose Äußerung von mir weitergaben, dann waren mir viele sowjetische Mitarbeiter lieber, und es verbinden sich angenehmere Erinnerungen mit ihnen.

Als Wissenschaftlicher Mitarbeiter hatte ich einige wenige, bei weitem nicht alle und die wichtigsten Probleme des sowjetischen Kollektivs mit zu bearbeiten. Das beschränkte sich vor allem auf fachliche Belange. Die Hauptlast für die persönlichen Bedürfnisse der sowjetischen Mitarbeiter und ihrer Familien, die Instandhaltung der Wohnungen, des Klubhauses und die Pflege der Außenanlagen im sowjetischen Sektor an der Schlemaer Straße in Aue trug unser deutscher Fachdirektor für betriebliche Betreuung mit seinen Mitarbeiterstab, vor allem der Bauabteilung und der Hausmeisterei.

Die Häuser im sowjetischen Wohnbereich waren in den 50er Jahren gebaut worden. Die Wohnverhältnisse waren alles andere als komfortabel. Der Putz bröckelt an allen Ecken und Enden, die Dächer waren undicht, es war langsam lebensgefährlich, die winzigen Balkons zu betreten. Die Bauabteilung hatte alle Hände voll zu tun, um die notwendigsten Reparaturen durchzuführen. Es wundert mich noch heute, dass die sowjetischen Mitarbeiter mit ihren Familien diese teilweise miserablen Zustände widerspruchslos hinnahmen.

Die Zeiten der „Befehlsausgabe" durch leitende sowjetische Mitarbeiter waren 1983, als ich meine neue Tätigkeit antrat, schon lange vorbei. In den Fachabteilungen der Objekte und der Generaldirektion hatten bis auf wenige Ausnahmen in den Abteilungen Geologie, Geophysik, Technische Kontrolle (ATK), Investition und Verschlusswesen in der Generaldirektion deutsche Fachleute, Absolventen von Hochschulen der DDR, die Leitung übernommen. Im Bergbaubetrieb 9 gab es nur noch einen sowjetischen Hauptingenieur, den Hauptgeophysiker und den Hauptgeologen sowie einige Mitarbeiter in der Kameralabteilung, der geologischen Forschungsgruppe. Noch aber stand an der Spitze des Industriezweiges ein sowjetischer Generaldirektor, einer der gefürchtetsten Leute, wenn man so den Ängsten der deutschen Betriebsdirektoren und ihrer sowjetischen Vertreter, der Hauptingenieure, Glauben schenken darf. Eine Rechenschaftslegung, eine Bera-

tung oder nur eine Vorsprache bei S. N. Woloschtschuk muss nach dem, was ich so bei den Vorbereitungen unseres Direktors erlebte, ein Alptraum für die Betroffenen gewesen sein.
Der Anfang einer solchen Aktion war die Bekanntgabe des Themas durch einen Mitarbeiter der Generaldirektion und sie endete früh, bevor unser Chef nach Siegmar zum Rapport abreiste. Da musste noch schnell dieses oder jenes Papierchen besorgt werden, nach dem der „General" fragen könnte. Die Vorbereitung im Bergbaubetrieb glich einem Horror-Szenarium. Unsere Fachdirektoren, Fachabteilungsleiter und ich schleppten kiloweise Abrechnungen, Analysen und Einschätzungen zusammen, die unser Chef auf das für „Geheime Verschlusssachen" vorgesehene Rot-Strich-Papier zusammenschrieb.
Ich habe S. N. Woloschtschuk, der immerhin entgegen den Festlegungen des Statuts der SDAG Wismut fünfundzwanzig Jahre von 1961 bis 1986 als uneingeschränkter Herrscher über etwa 45.000 deutsche und sowjetische Mitarbeiter dem Industriezweig vorstand, nie selbst erlebt. Ich habe ihn nur 1- oder 2-mal bei Veranstaltungen am Rednerpult gesehen. Er war ein kleiner untersetzter, sehr selbstbewusster älterer Mann. Ihm wurde von vielen Seiten ein ausgeprägter Zynismus nachgesagt. Wenn ich daran zurückdenke, in welchem Zustand unser vorletzter Betriebsdirektor, der schon von einem Schlaganfall gesundheitlich gezeichnet war, von derartigen Besprechungen zurückkam, glaube ich diesen Gerüchten uneingeschränkt.
Um auf die Zusammenarbeit mit dem sowjetischen Kollektiv des Bergbaubetriebes Aue zurückzukommen, ich habe gerne mit diesen Leuten zusammengearbeitet. Sie waren sehr gute Spezialisten auf ihren Fachgebieten, die ausgesucht wurden, um die Interessen ihres Landes in einem der teuersten Auslandsunternehmen zu vertreten. Es waren auch sehr kontaktfreudige und anpassungsfähige Menschen, die im Gegensatz zu ihren Vorgängern in den vierziger und fünfziger Jahren die Verbindung mit den Bürgern des Landes, in dem sie zu Gast waren, bis hin zu den kommunalen Behörden suchten.
Der Mittelpunkt im gesellschaftlichen Leben des sowjetischen Kollektivs war das Klubhaus, eine ehemalige Villa am Hang oberhalb des Wohngebietes. Man sah es nachts von allen höher gelegenen Stellen in Aue, da es auf dem Dach mit einem riesigen erleuchteten Leninkopf „verziert" war. Von außen sah dieses Gebäude alles andere als attraktiv aus, war aber mit mehreren Gesellschaftsräumen, einem Jagdzimmer, dem Theatersaal, den auch unsere gesellschaftlichen Organisationen zu Veranstaltungen nutzten, mit einem riesigen Foyer und einer großen Küche recht zweckmäßig eingerichtet. Die kulturellen Aktivitäten der sowjetischen Mit-

Bild 106 – Dieses heute noch bewohnte Haus an der Schlemaer Straße in Aue war eines der ersten Häuser, das für sowjetisches Leitungspersonal gebaut wurde.

Bild 107 – Im Erdgeschoss dieses Hauses befand sich zu „unserer Zeit" die so genannte sowjetische Küche, in der auch kleine Feierlichkeiten von Mitarbeitern stattfanden. Im Mittelteil war ein Industriewarenladen des Wismuthandels untergebracht.

Bild 108 – Das ehemalige Klubhaus im sowjetischen Sektor in Aue; 2002 beherbergt es ein Kaufhaus für Sonderangebote.

arbeiter und ihrer Familienangehörigen waren entsprechend der Isolation der Gruppe, der Wirkungskreis beschränkte sich im Wesentlichen auf den Kreis Aue, recht groß. Jeder von ihnen war irgendwie im Chor, der Theaterspielgruppe oder einem Zirkel integriert.
In den achtziger Jahren kam es in dieser Gemeinschaft allerdings zu gewissen Separationserscheinungen, analog den Verhältnissen in den deutschen Familien. Der Eine oder Andere saß lieber mit der Frau vor dem Fernseher, vor allem seitdem es offiziell „Westfernsehen" gab. Ich merkte dies daran, dass mich morgens ein sowjetischer Kollege ansprach: „Klaus, hast du gestern Abend ferngesehen?"

Bergbau und militärische Disziplin

Solche Erscheinungen wie der Umgang des Generaldirektors Woloschtschuk waren ab Anfang der sechziger Jahre die Ausnahme, wobei mir eine gewisse militärische Disziplin für den Bergbau unabdingbar erscheint. Die hatte ich bei meinem Praktikum in der Steinkohle, einer Exkursion im Kupferschieferbergbau und beim Besuch im ungarischen Uranerzbergbau bedeutend nachhaltiger erlebt. Dort sprach nur der Ortsälteste oder der Drittelführer mit dem befahrenden Aufsichtspersonal und berichtete über den Ablauf der Arbeiten.
Als Praktikant 1962 im Steinkohlenwerk „Martin Hoop IV" war ich schockiert, als der Schichtsteiger dem Ortsältesten in unserem Streb ohne Umschweife erklärte: „Ich habe hier gestern einige Kopfstempel angewiesen – warum wurden die nicht geschlagen? Ich streiche Ihnen dafür für vier (oder waren es sogar fünf) Tage die Untertageprämie." Keine Diskussion, kein Schimpfen – betretenes Schweigen. Auf meine Frage an meinen damaligen Vorgesetzten, den Strebältesten, nachdem der Steiger den Streb verlassen hatte, ob er denn ein Recht zur Beschwerde hätte und dieses nicht wahrnehmen wolle, kam für mich als Wismutkumpel eine recht interessante Antwort: „Natürlich kann ich mich bei der Betriebsleitung und Gewerkschaft beschweren, aber in einem Falle wie diesem, da wir Steigeraufträge nicht ausgeführt haben, fällt dann die Bestrafung meistens noch härter aus." In unserem Betrieb hätte eine solche durchaus berechtigte Maßnahme des Steigers zu endlos langen Diskussionen geführt, bei denen am Ende meistens nichts herausgekommen wäre und der Steiger als der Dumme dagestanden hätte.
Wir, die Wismutkumpel in einer Befahrungsgruppe im mansfeldischen Kupferschieferbergbau, waren nicht wenig erstaunt, als sich bei einer Befahrung der Strebsteiger vor dem uns führenden Technischen Leiter aufbaute, mit militärischer Kürze

berichtete und am Ende hinzufügte: „Aufsichtsführender Strebsteiger Schulz“. Nun bin ich alles andere als ein Freund militärischer Floskeln, aber diese Ordnung und Disziplin, die ich so von der Wismut her nicht kannte, hatte schon etwas für sich. Ähnliches beeindruckte mich bei meinem Besuch im ungarischen Uranerzbergbau. Ein leitender Mitarbeiter des Betriebes führte uns zu einer Werkstatt, in der die Split-set-Anker gefertigt wurden. Die sechs Arbeiterinnen und Arbeiter waren gerade bei ihrer Pause, packten aber ohne Aufforderung das Frühstück weg und erhoben sich zur Begrüßung. Der Werkstattleiter führte uns die Anfertigung eines Ankers vor, ohne dass seine Kolleginnen oder Kollegen hereinredeten.

Klatsch und eine gewerkschaftliche Intrige

Um die Jahreswende 1987/1988 sprach mich ein Kollege, den ich schon jahrzehntelang kannte, auf dem Heimweg an: „Warum willst du als WiMi aufhören?“ Ich hatte nie einen Gedanken in dieser Hinsicht gehabt geschweige denn geäußert, sondern wollte meine Tätigkeit bis zur Altersrente nicht noch einmal wechseln. Nun hatte ich mich einmal auf diese Arbeit eingelassen und wollte sie in Ehren bis zum Schluss durchstehen. Die Ursache für seine Äußerung lieferte mein Kollege nach: „Der Gregor, Albert (nicht der richtige Name) hat im Freundeskreis erzählt, dass er im Bergbaubetrieb 9 Wissenschaftlicher Mitarbeiter wird. Du wirst dafür das Sachgebiet Wettbewerb übernehmen.“ Jetzt war die Richtung klar, aus der das kam. Der angesagte neue Wissenschaftliche Mitarbeiter war der Schwiegersohn des BGL-Vorsitzenden und hatte schon in mehreren Abteilungen, unter anderem in der Kaderabteilung gearbeitet, besaß also beste, vor allem politische Referenzen für so eine Tätigkeit. Es war nicht zu erwarten, dass er bei den Funktionären von Partei und Gewerkschaft einmal ein Widerwort finden würde wie etwa ich. Wer legt sich schon gern mit seinem Schwiegervater an, zumal wenn dieser ein so einflussreicher Mann in einem so großen Betrieb ist?
Ich weiß nicht, ob unser Kaderleiter an dieser Intrige mit beteiligt war. Als ich ihn zur Rede stellte, machte er ein verdutztes Gesicht: „Davon weiß ich gar nichts!“ Da es in der DDR schon seit längerer Zeit das Gesetz gab, dass man Betriebsangehörige, die über 55 Jahre alt waren, nicht mehr ohne Weiteres umsetzen konnte, hatte sich die Diskussion zu dieser Sache erledigt. Eine Aussprache beim Betriebsdirektor, an der unser Personalchef teilnahm zeigte, dass dieser an sich mit meiner Arbeit recht zufrieden war und keinen Grund sah, seinen persönlichen Mitarbeiter zu wechseln.

Das Ende kündigt sich an

1989 wurde für alle Wismutangehörigen sichtbar, dass der Uranerzbergbau in der DDR einem baldigen Ende zuging. Unser Betrieb hatte vor wenigen Monaten die Ausrichtungsauffahrungen auf der Sohle –1800 Meter, also 1470 Meter unter der Höhe des Marx-Semmler-Stollens am Bahnhof Niederschlema, begonnen. Anfang April kehrte unser Betriebsdirektor von einer Beratung in der Generaldirektion zurück. Wir waren sehr optimistisch und jeder erhoffte sich, dass er die notwendigen Gelder für weitere Auffahrungen auf „der tiefsten Sohle Europas", wie wir als Betrieb stolz verkündeten, mitgebracht hatte.
Er aber hüllte sich in finsteres Schweigen, bestellte die für Investitionen und Finanzen zuständigen Mitarbeiter, den Fachdirektor für Ökonomie und den Hauptbuchhalter, zu sich und verhandelte mit ihnen hinter verschlossenen Türen. So dicht waren diese nicht! Es sickerte durch, dass weitere Auffahrungen auf der Sohle –1800 Meter wohl nicht mehr erfolgen werden. Vielmehr würde der Ministerrat der DDR im April einen Beschluss über das weitere Schicksal der Wismut fassen. Beim damaligen etwas unterkühlten Stand der Beziehungen zwischen der DDR und der Sowjetunion ließ das nichts besonders Gutes hoffen.
Der Beschluss der Regierung der DDR vom 27. April 1989 zur „Entwicklung der SDAG Wismut im Zeitraum 1990/95 und zur Nutzung freiwerdender Kapazitäten" übertraf alle schlechten Erwartungen. Die Zeit ab Mai 1989 wurde für die Menschen im Uranerzbergbau, die hier gelernt und sich qualifiziert hatten, die am Anfang ihres Berufslebens standen, die sich noch eine gute Perspektive für ihr weiteres Leben erhofften, zum Alptraum. In der Präzisierung des Regierungsbeschlusses war der Abbau der Belegschaftsstärke der einzelnen Bergbau- und Produktionsbetriebe exakt aufgeschlüsselt. Das zerstörte jäh viele Träume von einem ganzen Arbeitsleben im Uranerzbergbau. So musste, soweit mir das noch im Gedächtnis ist, der Bergbaubetrieb Aue seine Belegschaftsstärke von etwa 5700 Betriebsangehörigen im Mai 1989 bis 1993 um 3300 Mann verringern. Ähnliche Größenordnungen waren in allen anderen Betrieben vorgesehen. Unter anderem sollte der Bergbaubetrieb Beerwalde bei Ronneburg mit der gesamten Belegschaft aus der Wismut ausgegliedert und dem Kombinat NAGEMA, einem Verpackungsmittelbetrieb der Lebensmittelindustrie, angeschlossen werden. Das war ein harter Brocken, denn NAGEMA gehörte zur Leichtindustrie und war nach Ablauf der Übergangsbezahlung kein sehr attraktiver neuer Arbeitgeber.
Jeder Wismutbetrieb erhielt detaillierte Vorgaben, in welche volkseigenen Betriebe seine Mitarbeiter abzusetzen waren. Nur Belegschaftsangehörige, die in

diese listenmäßig aufgeschlüsselten Betriebe versetzt würden und dem zustimmten, sollten in den Genuss der von einer gemeinsamen Kommission von DDR-Regierung und Industriezweigleitung festgelegten Vorteile kommen. Das war die Weiterzahlung des Bergbaulohnes für zwei Jahre, die anteilmäßige Gewährung des Bergbau-Urlaubs und die Zuschreibung von Zeiten der Bergbauzugehörigkeit. Man wollte damit den Bergleuten den Übergang in die volkseigene Industrie, die Umschulung auf andere Berufe und den Wegfall von Vorteilen der Bergbautätigkeit schmackhaft machen. Wollte jemand in einen Betrieb umgesetzt werden, der nicht auf der Liste der vorgegebenen VEB (Volkseigene Betriebe) stand, entfielen alle Vergünstigungen, wenn nicht die überbetriebliche Kommission diesem Vorhaben zustimmte. Das sollte aber nur in Härtefällen erfolgen.
Die Diskussionen mit den Kumpeln waren zum Teil sehr heftig, weil niemand freiwillig gehen wollte. Darüber hinaus lagen die angebotenen Arbeitsplätze vielfach so ungünstig zu den Wohnorten unserer Werktätigen, dass sich deren Lebensbedingungen spürbar verschlechtert hätten. Jeder wusste, dass nach der Karenzzeit von zwei Jahren der Wismutverdienst und -urlaub der Vergangenheit angehörte. Ganz anders sahen das natürlich die Wirtschaftsfunktionäre der Generaldirektion und einige Parteifunktionäre in Siegmar und im Bergbaubetrieb. Sie hofften darauf, sich ein Bleiberecht in der Wismut wenigstens bis zur Rente sichern zu können. Mir steht heute noch das ungläubige Gesicht des stellvertretenden Generaldirektors für Ökonomie vor Augen, als man ihm in einer Leitungssitzung bei unserem Betriebsdirektor eröffnete, dass bis jetzt die geforderten Umsetzungen in die vorgesehenen volkseigenen Betriebe noch in den Sternen stünden. Es ging diesem Theoretiker nicht ein, dass unsere Menschen, unsere Werktätigen, andere Vorstellungen von ihrer persönlichen Zukunft hatten als die Funktionäre in den oberen Leitungsebenen der Wismut sowie in den Partei- und Gewerkschaftsgremien. Dort war man wahrscheinlich davon überzeugt, dass ein fünfzigjähriger Arbeiter aus dem Vogtland voller Elan und Freude tagtäglich 60, 70 oder mehr Kilometer (eine Tour) nach Karl-Marx-Stadt (Chemnitz) ins Heckert-Werk fahren würde.
Ich hatte in meiner vierzigjährigen Tätigkeit im Uranerzbergbau viele parteipolitische Utopien erlebt, ich denke dabei an die Besttechnologien. Das, was hier geschehen sollte, übertraf jede reale Möglichkeit und griff unverantwortlich tief in das Leben jedes Betriebsangehörigen ein. Ich könnte mir vorstellen, dass diese Maßnahmen dazu beigetragen haben, die Stimmung in der Belegschaft voll gegen die Partei und letzten Endes gegen die DDR anzuheizen.
Um einen Begriff von dem Vorhaben zu bekommen, habe ich mir verschiedene der geplanten neuen Arbeitsplätze angesehen. Im Laufe meiner Arbeitszeit hatte

ich viele Bergwerke besucht, im Kupferschiefer, in der Steinkohle, im Kali oder im Flussspat. Ich war erschrocken, unter welchen Arbeits- und Lebensbedingungen die Produktionsarbeiter in der volkseigenen Schwerindustrie 1989 teilweise noch arbeiten mussten. Da kam mir der Bergbau beinahe wie ein freundlicher heller Maschinensaal vor. Einen unauslöschlich negativen Eindruck machte auf mich das Eisenwerk im erzgebirgischen Elterlein, das mich mit seiner großen Gießhalle an das berühmte Gemälde „Eisenwalzwerk" Adolph von Menzels, gemalt 1875, erinnerte. Nur waren inzwischen eben 114 Jahre technischer Entwicklung in Elterlein vorbeigegangen.

Es war mir damals nicht klar, ob und wie ich einem Kumpel, der vielleicht schon zwanzig oder dreißig Jahre im Bergbau zugebracht hatte, diese Arbeit schmackhaft reden und ihm zumuten sollte. Ähnlich stellte sich die Frage, wie man einem Ingenieurkollegen, dem ich noch vor einem Jahr beim Abendstudium das ABC des Bergbaues beigebracht und bei seiner Ingenieurarbeit geholfen hatte, jetzt gegenüber treten wollte. Ich war bestimmt mit keinem Argument persönlich glaubwürdig, wusste doch jeder, dass mir nur noch knapp zwei Jahre bis zur Altersrente fehlten. Ich konnte leicht über Dinge reden, die mich selbst gar nicht mehr betrafen. Ich hatte kein Rezept, wie ich meine Kollegen motivieren sollte, das Programm der Regierung der DDR und der Industriezweigleitung Wismut für sich anzunehmen und in irgendeinen der vorgesehenen volkseigenen Betriebe zu gehen.

Die ganze Affäre der Verkleinerung der Wismut hatte sich nebenbei von selbst erledigt. Ob das allerdings immer zum Besten der Menschen war, wage ich nicht zu beurteilen, und könnte mir vorstellen, dass mancher von meinen ehemaligen Kumpeln heute vielleicht froh wäre, auch eine minderbezahlte Arbeitsstelle in der volkseigenen Industrie zu haben.

Wen man so in vierzig Jahren alles kennen lernt

Blicke ich in die tiefsten Fernen meiner Arbeitszeit zurück, sind mir viele, sehr viele Menschen nicht immer mit dem Namen, aber als Person im Gedächtnis geblieben. Sie hatten sich durch ihre ganz persönlichen Eigenschaften von anderen abgehoben. Mit einem freundlichen Lächeln, manchmal auch mit einem Zähneknirschen, denke ich an sie zurück. Hier in diesem großen Betrieb, im Uranerzbergbau, wo sehr viele Menschen zusammen kamen, prägten oft ausgesprochene Individualisten das Bild der Arbeitsgruppen, Brigaden und Ingenieurkollektive. Es dauerte oft eine gewisse Zeit, bis man mit dem Einzelnen warm wurde. Ich bin mir selbst jetzt noch nicht klar darüber, ob es richtig und moralisch vertretbar ist, von Menschen zu erzählen, mit denen man Jahre oder sogar Jahrzehnte auf ein Ziel hingearbeitet hat, mit denen man sich gemeinsam über Erfolge gefreut oder über Misserfolge geärgert hat. Andererseits, nicht über diese Menschen zu sprechen hieße, das Wichtigste, was einem im Leben begegnet ist, außen vor zu lassen. Jeder von meinen Mitstreitern, Freunden, Kumpeln, Kollegen, Genossen, Kommilitonen und Widersachern hat doch zu meinem Werden beigetragen. Ohne sie wäre ich nicht das geworden, was ich war und bin.

Ein Kollege aus alten Zeiten, der den Bergbaubetrieb 9 aus der Sicht einer höheren Leitungsebene kannte und Vergleiche im Industriezweig zog, meinte im Gespräch über gemeinsame Bekannte, dass gerade im Bergbaubetrieb Aue ein Sammelsurium der eigenwilligsten und individualistischsten Charaktere der Wismut vertreten gewesen wären. Ein Grund dafür war, dass der Auer Betrieb Ende der fünfziger Jahre neben den neuen Thüringer Betrieben ein Auffangbecken für Ingenieure und Arbeiter aus den aufgelösten Objekten des mittleren und oberen Erzgebirges und des Vogtlandes bildete. Für mich war diese Bemerkung am Rande der Anlass, einmal darüber nachzudenken, was ich diesen kauzigen Fachleuten mit ihrem fanatischen Eintreten für „ihren" Betrieb, ihrem Machtbedürfnis und ihrer fast zerstörerischen Selbstverliebtheit zu verdanken habe. Es war sehr, sehr viel. Begonnen hatte der Einfluss anderer schon ganz am Anfang beim Stadionbau in Aue, bei den Arbeiterinnen und Arbeitern meiner Betonbrigade, wo ich zum ersten Male Menschen aus einer mir ganz fremden Umgebung kennen lernte. Hier ging es nicht sehr zimperlich zu: „Beyer, das habe ich auch schon schneller gesehen", schnauzte der Polier Hoppe in den ersten Tagen, wenn dem verweichlichten Oberschüler die Kräfte ausgingen. Er war bestimmt nicht böse, als ich nach vier Wochen die gastliche Stätte verließ. Die Brigademitglieder sahen das anders, besser, sie mussten es anders sehen, denn von meiner Leistung hing ja ihr Lohn mit ab. Also zeigten mir die kräftigen Frauen in meiner Schicht, wie man überhaupt eine Schaufel richtig anpackt und sein Arbeitstempo einrichtet, dass man von abends acht bis morgens acht Uhr durcharbeiten kann. Bis dahin hatte ich keine Vorstellung davon, wie lang zwölf Stunden sein können. Ohne diese Leute wäre mein Leben ganz anders verlaufen, denn ich hätte am zweiten, spätestens am dritten Tag, die Schippe weggeworfen und wäre kleinlaut zu Muttern nach Hause gefahren.

Wie ich schon bei meiner Zeitreise feststellte, ist der Schacht 38 in Niederschlema so etwas wie der Kreuzweg in meinem Arbeitsleben gewesen. Die Menschen, die ich dort traf, tauchten in den folgenden Jahren immer wieder in meinem Leben auf. Wenn ich sie alle bis in die 90er Jahre hinein Revue passieren lasse, habe ich es seit damals seltener mit fachlichen, dafür aber mit einigen wenigen menschlichen Versagern zu tun gehabt.

Bild 109 – Das Stadion in Aue anlässlich des Besuchs des Vorsitzenden des Zentralrates der Freien Deutschen Jugend, Erich Honecker, am 19.07.1953.

Ich bin mir sicher, dass mich etliche meiner ehemaligen Kollegen ebenfalls in diese nicht sehr schmeichelhafte Kategorie einreihen werden. Bestimmt habe auch ich in entscheidenden Momenten anders gehandelt als man es von mir erwartet hätte. Ich traf vor einigen Jahren einen Ingenieurkollegen aus der Frühzeit meiner Wismutjahre. Unser Kennenlernen begann 1953 auf dem Schacht 250, wo er bis 1959 Revier- und dann Schachtleiter war. Es war übrigens der, der mich nach Abschluss meines Ingenieurstudiums zu sich auf den Schacht holte. Nach dem üblichen Hin und Her, wie geht's, wie steht's, kam er darauf zu sprechen, dass er seine Stasi-Unterlagen eingesehen hatte. Es ist ein Riesenpaket, „in dem übrigens auch du erwähnt bist". Ich war erschrocken und mir keiner Schuld bewusst, da ich nie mit jemanden über ihn gesprochen hatte. Er tröstete mich: „Du bist nur als KP (Kontaktperson) angegeben.

Bild 110 – Das Geschehen auf dem Schacht 38 habe ich immer besonders aufmerksam verfolgt. Es hat mich etwas wehmütig gestimmt, als ich gesehen habe, wie die erste Großförderanlage des Bergbaubetriebes 9 Ende der 80er Jahre in die Demontage ging und nur noch Fragmente wie hier der Förderturm in der Landschaft „herumstanden".

Was war geschehen? In einem gemeinsamen Freundeskreis hatte mein guter Bekannter nach dem 13. August 1961 die Frage gestellt, wer denn der größte Feldherr aller Zeiten gewesen wäre. So zwischen Hannibal über Hindenburg bis Napoleon fiel jeder Name, von einem der jemals Krieg geführt hatte, aber keiner war richtig. Die höchst suspekte Antwort: „Es war August der Dreizehnte – er hat siebzehn Millionen Menschen zu Gefangenen gemacht". Ohne böse Ahnung erzählte ich einem meiner engsten Mitarbeiter diese ganze Chose. Ich konnte mir bis zum Treff mit meinem alten Kumpel, Ende der neunziger Jahre, einfach nicht vorstellen, dass er mich verpfiffen hatte.

Eine viel angenehmere Erinnerung verbindet mich mit dem Leiter unserer Bohr- und Sprengabteilung. Er war nicht nur als Allroundmann für alle möglichen und unmöglichen Sprengverfahren im und ums Kreisgebiet bekannt und begehrt, sondern galt auch als sehr gefällig und hilfsbereit. Er lud mich öfters ein, ihm bei einer „Sonderaktion" zu begleiten und einige Bilder zu machen. Eine Einladung, der ich nur allzu gerne nachkam, wenn es meine Zeit erlaubte. Ich habe dabei viel über Bohr- und Sprengarbeiten gelernt, was man in keinem Lehr-

buch findet. Er wiederum war froh, einen interessierten Sprenghelfer gefunden zu haben, der als Hobbyfotograf die interessantesten Details im Bild festhielt. Ich ärgere mich noch heute, dass ich nicht einige Fotos von damals behalten habe.
Immer wieder frappierend, schockierend und eigentlich wesensfremd für mich waren einige leitende Mitarbeiter in meinem Alter. Sie hatten ein unbändiges Machtstreben, man könnte sie sogar machtbesessen nennen. Sie waren nicht bereit, notfalls sogar unter Verzicht auf materielle Vorteile, sich unterzuordnen. Sie wollten Positionen einnehmen, wo sie „etwas zu sagen hatten". In Anlehnung an das bekannte Napoleon-Wort „lieber Bürgermeister im kleinsten Dorf als der zweite Mann in Rom" prägte einer aus diesem illustren Kreis das markige Wort „lieber der Erste im Bergbaubetrieb 9 als der Zweite in der Generaldirektion". Diese Ingenieure, nicht selten Fachleute der Spitzenklasse, waren allerdings immer ausgesprochene Hemmschuhe beim Einsatz junger Hoch- und Fachschulabsolventen. Es wollte ihnen, die vehement auf die Sechzig zusteuerten, nicht eingehen, dass der Betrieb eines Tages ohne sie auskommen sollte und würde. Sie hatten sich in den Anfangsjahren der Wismut im oberen und mittleren Erzgebirge sowie im Vogtland ihre Sporen verdient, sich an einer Hoch- oder Fachschule qualifiziert und seit Mitte der fünfziger Jahre im Objekt und späteren Bergbaubetrieb 9 jeden Schacht mit geteuft und jede Sohle mit aufgefahren – wer wollte oder sollte sie da überhaupt noch übertreffen oder sogar ersetzen?
Sie, die in die oberen Etagen der Leitungspyramide auf den Schächten und in der Betriebsleitung geklettert waren, hatten an jedem neuen Hoch- oder Fachschulabsolventen etwas auszusetzen. Der eine war nicht wendig genug, dem anderen fehlten Härte und Durchsetzungsvermögen, dem dritten die Entscheidungsfreudigkeit und so weiter und so fort. Etliche dieser Studenten waren als Abendstudenten meine Schüler gewesen, hatten bei uns in den Fachabteilungen ihre Praktika gemacht und ihre Beleg- oder Abschlussarbeiten geschrieben. Wir Betreuer und ehrenamtlichen Lehrkräfte wussten, dass diese Leute genau so gut waren wie wir und jeder andere Ingenieur im Betrieb.
Ich ärgere mich heute noch darüber, dass wir dieses Kritikastertum einiger sehr von sich eingenommenen Leiter kommentarlos geduldet haben. Sie wussten nicht alles, aber alles besser, und ihr wichtigstes Wort hieß „ICH". Wahrscheinlich lag das aber daran, dass sie in ihren gehobenen Positionen keine sachliche Kritik vertrugen und diese grundsätzlich als Angriff auf ihre Person und auf die Politik von „Partei und Regierung" werteten. Sie konnten damit dem Kritiker sehr scha-

den und ihm gegebenenfalls die Karriere verderben. Obgleich die Selbstkritik, die Selbsteinschätzung der eigenen Leistung, eines der Grundprinzipien der Arbeit der SED sein sollte, war sie für diese Leute wohl eher ein Fremdwort.
Es mutet heute daher schon wieder beinahe wie ein Witz an, wenn einer von ihnen sich 1996 zum 8. Deutschen Bergmannstag mit der Forderung zu Wort meldete „mit Kompetenz, fachbezogen, objektiv und sachlich von Bergmann zu Bergmann zu diskutieren. Dabei wird sicherlich deutlich, dass nicht jeder, der das Habit des Bergmanns überstreift oder im Bild in Bergmannsuniform erscheint, ein Bergmann sein muss" (Zitiert nach „Brennnessel", Kreiszeitschrift Aue-Schwarzenberg der PDS, Ausgabe 51/ Mai 1996).

Politische Meinungsbildung

Wenn ich die Jahre ab 1975 bei der Wismut unvoreingenommen rückwirkend betrachte, möchte ich behaupten, dass da der Durchschnittswerktätige, egal ob Arbeiter, Angestellter oder Ingenieur, sofern er nicht an exponierter Stelle stand, von sich aus keine politische Diskussion mehr suchte. Wollte man hin und wieder vor oder nach wichtigen Ereignissen wie Wahlen, Parteitagen oder Tagungen des Politbüros die Meinung einzelner Personen oder Personengruppen erfahren, musste man schon sehr offensiv, um nicht zu sagen provokativ, diskutieren. Nur so konnte man vielleicht irgendwie die gewünschte zustimmende Meinung erfahren. Ob und wie ehrlich diese war, stand auf einem ganz anderen Blatt.
Als ich in den 70er Jahren als oberster Technologe des Bergbaubetriebes zufällig die Technologen in einem Grubenbereich des Schachtes 371 besuchte, hatte einer von ihnen einen Riesenstapel Papier auf seinem Schreibtisch liegen. Neugierig, wie ich von Haus aus war, warf ich einen Blick darauf und stellte zu meinem Erstaunen fest, dass es sich um die Wettbewerbsverpflichtungen aller Brigaden dieses Abschnittes handelte, begonnen bei den Hauern über Schlosser, Zimmerleute bis hin zu den Steigern. Ich muss da ziemlich dumm ausgeschaut haben, denn nun vertraute man mir unter dem Siegel der Verschwiegenheit an, dass unser Kollege Technologe, der vom Beruf Bergingenieur, auf einer Ingenieurplanstelle saß und ein schreibgewandter Mann war, in bestimmten Zeitabständen die so genannten Wettbewerbsverträge aller Brigaden bis hin zur Unterschriftsreife aus- und überarbeitete.
Diese Praxis war in allen Struktureinheiten des Bergbaubetriebes gang und gäbe und jeder, der im Betrieb etwas zu sagen hatte, vom Betriebsdirektor über alle

Parteisekretäre, Gewerkschaftsvorsitzenden bis hinunter zum Leiter jedes Grubenbereiches und Bereiches kannte und förderte sie. Der einzige Unterschied bestand darin, dass die Ausarbeitung einmal wie im genannten Beispiel von einem Technologen, einmal von einem Ökonomen, einmal vom Statistiker oder einem Angestellten für die bürotechnische Betreuung vorgenommen wurde. Die Leute, die sie nicht machten und erst die fertige Wettbewerbsverpflichtung sahen, waren die Verantwortlichen und Angehörigen der Brigaden aller Berufsgruppen, die eigentlich ihre ureigensten Arbeitsziele zu Papier bringen sollten. Der sozialistische Wettbewerb, der Motor der sozialistischen Arbeitswelt, war im Bergbaubetrieb Aue und sicherlich auch in anderen Betrieben der Wismut und der DDR zumindest ab den 70er Jahren eine reine Beschäftigungstheorie.
Wie weit dieser Selbstbetrug ging zeigte sich daran, dass die Beiträge für die hundertprozentige Mitgliedschaft in der „Gesellschaft für Deutsch-Sowjetische Freundschaft" (DSF), die als eine der Verpflichtungen im Brigadevertrag stand und in einer sowjetisch-deutschen Aktiengesellschaft selbstverständlich war, vorsichtshalber aus der Brigadekasse bezahlt wurden, damit ja keine Rückstände aufliefen. Der interne Fonds „Brigadekasse" war zwar ebenfalls verboten und niemand durfte davon wissen, – aber jeder wusste davon.
Im Prinzip wollten die meisten Arbeiter, Angestellten und Ingenieure im Betrieb in Ruhe ihre Arbeit machen und waren bereit, wenn Not am Mann war, jederzeit ohne Blick auf die Uhr zu helfen. Ich habe oft mit Mitarbeitern des bergmännischen Dienstes der Grubenbereiche Hauerbrigaden und Arbeitsgruppen der Hilfsdienste befahren, kann mich aber nicht erinnern, dass mich jemals jemand zu politischen Fragen angesprochen hätte, während wir immer lebhafte Dispute zu fachlichen und sicherheitstechnischen Problemen hatten.
In der Steinkohle fehlten auf dem Laufzettel, den ich natürlich machen musste, die politischen und gesellschaftlichen Organisationen. Ob das bloß bei Gästen so war, weiß ich nicht. Wie üblich, drehten sich die Gespräche mit dem Neuling und Fremden aus dem Uranerzbergbau um fachliche Probleme. Für die Steinköhler war der Gangerzbergbau, selbst wenn er nur 20 km von Zwickau entfernt war, genauso ein Buch mit sieben Siegeln wie mir der Steinkohlenbergbau mit seinen flachen, engen und trocken-warmen Streben.
Unter dem Uranerz konnten sich die meisten der Kohlekumpel nicht so richtig etwas vorstellen. Nur die Mineraliensammler, die es hier wie überall gab, hatten schon in Schneeberg, Oberschlema und im mittleren bis zum oberen Erzgebirge alle alten und in Betrieb befindlichen Wismuthalden abgegrast.

Bild 111 – Bei Verwahrungsarbeiten im oberen Erzgebirge standen die Arbeiter plötzlich vor diesem etwas ramponierten Uraltbild zum Ruhme des sozialistischen Bergmannes. Wann dieses Kunstwerk entstanden ist, ließ sich nicht mehr nachweisen.

Bild 112 – Sicherlich eines der begehrtesten Sammelobjekte für Mineraliensammler: Uranpechblende UO_2/U_3O_8, das hochwertigste Uranerz mit theoretisch knapp 85% Metallgehalt, in der Praxis bis zu 50%. Bei den Hauern war das „Blasenerz" beliebt, da es hohe Erzgelder, Fund- und Gewinnungsprämien für verlustlose und weitgehend unverdünnte Gewinnung vor Ort, einbrachte.

Sicher war dabei auch mancher fündig geworden, aber Anfang der sechziger Jahre kam noch keiner so richtig mit der Sprache heraus. Natürlich wollte jeder vom anderen wissen, wie es um Verdienst, Wohnungen und Ferienschecks bestellt war. Das lieferte für sechs Wochen Gesprächsstoff, zumal ich die Arbeitskollektive laufend wechseln musste, um möglichst viel vom Steinkohlenbergbau zu sehen. Versuche, etwas über den Vorzeigekumpel der Steinkohle, Adolf Hennecke, zu erfahren, schlugen mit schöner Regelmäßigkeit fehl. Es sah nicht viel anders aus, wenn man von den Arbeitern der Wismut etwas über ihr großes Vorbild Sepp Wenig hören wollte.

Wie unproblematisch und unpolitisch, man möchte bald sagen nostalgisch, im Steinkohlenbergbau der Alltag der Menschen verlief, zeigte sich in kleinen Episoden am Rande. Jeder langjährige Kumpel oder dessen Sohn oder Enkel, der im Steinkohlenbergbau arbeitete, hatte einen Spitznamen. Oft gab es recht ehrrührige Namen, wenn ich da an den „Ziegenschänder" oder den „Gesenkscheißer" denke. Diese Namen vererbten sich mit dem Lederhelm von Generation zu Generation, und ich möchte fast bezweifeln, ob der Enkel des „Blindschachtschläfers" noch wusste, was denn da sein Großvater vor dreißig, vierzig Jahren einmal verzapft hatte.

Dass diese alte Bergmannstradition ab den sechziger Jahren langsam bei der Wismut einzog, vor allem bei den Bergleuten der ersten Generation, zeigt die folgende Anekdote aus den Endachtzigern, die meine Frau von der Arbeit mitbrachte. Sie fuhr mit dem Schichtbus zum Schacht 371 und schon beim Zusteigen auf dem Brünlasberg wurden die neuen Fahrgäste mit einem kräftigen „Wauwau" begrüßt. Das flaute nach der nächsten Haltestelle in Oberschlema ab und wurde durch ein vielstimmiges „putt-putt-putt" abgelöst, als ein älterer Lokführer einstieg. Der musterte die Anwesenden mit bösen Blicken. An der letzten Haltestelle vor dem Schacht am Bahnhof Niederschlema begrüßten die Fahrgäste einen weiteren Neuankömmling mit einem lauten „määäh".

Gute Freunde klärten meine Frau rasch auf. Das „Wauwau" galt einem Hundefreund, der wegen der vielen Erzählungen über seinen Spitz diesen Spitznamen besaß, aber nichts mit Hunderassen zu tun hatte. Übrigens: Freunde und Bekannte durften ihn so ansprechen und er reagierte mit der notwendigen Gelassenheit oder einem kräftigen Bellen. Dieser Humor fehlte aber der Nummer Zwei, dem „Putt-putt", einem Hobby-Hühnerzüchter aus Schlema. Er war dafür bekannt, dass er sich über seinen Spitznamen maßlos ärgerte und schnell ausflippte. Das war ein guter Grund, ihm hin und wieder einen Hühnerkopf an den Spind zu nageln oder ein totes Huhn an die Lok zu binden. Bei dem „Mäh", einem passionierten Schafhalter, hielt sich der Spott in Grenzen; er machte sich nichts daraus. Sein Motto war: Die sind ja dümmer als meine Schafe.

Bestimmt könnte ich noch viel mehr über alle diese Menschen schreiben, bestimmt bedeutend Wichtigeres. Vielleicht erhellen gerade diese „unwichtigen" Episoden, dass sich hier im Uranerzbergbau im Westerzgebirge eine ganz normale Arbeitsatmosphäre entwickelt hatte. Die Bergleute, die hier arbeiteten, waren einfache Menschen und wollten auch nicht mehr sein. Sie gingen wie alle anderen Leute im Lande ihrer Arbeit nach, meckerten über Mängel, ertrugen sie jedoch. Diese Wismutbergleute sahen sich nie, wie ihnen das die offizielle Propaganda und etliche Partei- und Gewerkschaftsfunktionäre einzureden versuchten, als etwas Besonderes an. Solche schwülstigen Thesen wie „Mein Arbeitsplatz – mein Kampfplatz für den Frieden" nahmen sie als das hin, was sie waren, als Phrasen.

Bild 113 – Der zentrale Anlauf- und Umsteigeplatz für den Werksverkehr der Wismut in Niederschlema: der Gummibahnhof. Dieses Bild stammt aus der zweiten Hälfte der 50er Jahre, als noch Busse zum Objekt 2 in Oberschlema fuhren. Ab Mitte der 60er Jahre waren die Schächte 366 und 371 mit vielen Buslinien direkt zu erreichen. Im Hintergrund ist eine Kompressorenstation des Objektes 9 und der noch in Betrieb befindliche Schacht 66 zu sehen. (Quelle: „Chronik der Wismut," Chemnitz 1999)

Lernen bei der Wismut

Ich habe selbst mit dem Lernen im Industriezweig Wismut die besten Erfahrungen gemacht. Vielleicht bin ich deshalb später als Technologe wie auch als Wissenschaftlicher Mitarbeiter immer einbezogen worden, wenn es um Lehr- und Lernprobleme im Bergbaubetrieb Aue ging. Im Gegensatz zu einigen Besserwissern, gab es unter dem älteren Leitungspersonal viele Kollegen, die sich tatkräftig für die Einbindung der „Neuingenieure" in die Praxis engagierten.
Das ging so weit, dass der Leiter eines Grubenbereiches die frisch gebackenen Ingenieure erst einmal in seine Lehrbrigade hohlte, wo Lehrmeister ihnen in vier Wochen Praxis die speziellen bergtechnischen Probleme des Betriebes und deren Beherrschung vermittelten. Dabei sollten sie als Leiter in absehbarer Zeit selbst Brigaden anleiten, mussten sich also zum Beispiel mit geomechanisch günstigen Lösungen für die nachgiebige Gestaltung des Ausbaues in der Abbauvorrichtung auf den tieferen Sohlen vertraut machen.
Anfang der siebziger Jahre bekam die Abteilung für Erwachsenenqualifizierung der Betriebsberufsschule Schlema den Status einer Außenstelle der Fachschule für Bergbau und Energetik in Senftenberg. Sie erhielt damit das Recht, mit eigenen Dozenten in einem fünfjährigen Abendstudium Studenten in den Fächern Bergbau und Ökonomie zu Ingenieuren auszubilden. Was lag da für die Schule näher, als die Fachleute des im gleichen Territorium angesiedelten Bergbaubetriebes 9 als Lehrkräfte für den Unterricht in den bergbauspezifischen Fächern zu gewinnen.
So traten etliche Mitarbeiter aus Fachabteilungen der Betriebsleitung und der Schächte 1- bis 2-mal in der Woche, je nach dem Ausbildungszyklus der Abendstudenten, früh um 6.00 Uhr, mittags um 15.00 Uhr oder abends ab 18.00 Uhr als Dozenten für Bergbau-, Maschinen-, Markscheidekunde, Geologie oder Betriebswirtschaft an. Die Bezahlung war mit 15 bis 17 Mark minus 20% Steuerabzug je 45 min Unterrichtsstunde insofern recht gering, da ja für uns als Nichtpädagogen die Vorbereitungszeit für den Unterricht relativ hoch war. Zum Glück für uns Nebenberufler nahmen uns die Lehrer der Betriebsberufsschule die Grundlagenfächer wie Deutsch, Russisch, Mathematik, Politische Ökonomie und Marxismus-Leninismus ab.
Es wundert mich und ich finde es sehr bedauerlich, dass sich bis heute kein kompetenter ehemaliger oder noch im Amt befindlicher Mitarbeiter der Betriebsschulen gefunden hat, der einmal etwas zu diesem vorbildlichen Aus- und Weiterbildungssystem schreibt. Die Betriebsberufsschule (BBS) Schlema braucht ihr Licht

nicht unter den Scheffel zu stellen. Immerhin hat sie als Außenstelle der Ingenieurschule Senftenberg in den 70er und 80er Jahren insgesamt 363 Studenten der Fachrichtungen Bergbau und Ökonomie zu Fachschulingenieuren ausgebildet.

Dazu haben wir als nebenberufliche Dozenten des Bergbaubetriebes Aue sowohl in der Lehrtätigkeit wie als Mentoren bei der Anfertigung von Beleg- und Abschlussarbeiten gemeinsam mit den Lehrern der Abteilung AWW (Aus- und Weiterbildung Werktätiger) die grundlegenden Voraussetzungen geschaffen. Es ist für mich immer wieder ein Erlebnis, wenn ich einen „meiner" ehemaligen Studenten in die Arme laufe, der mich anlacht, mir die Hand schüttelt und erzählt, wie gut oder manchmal leider schlecht es ihm gerade geht.

Bild 114 – Die Abteilung Aus- und Weiterbildung der Werktätigen (AWW) der Betriebsschule der Deutsch-Sowjetischen Freundschaft in Niederschlema spielte im Rahmen der Qualifizierung der in den Auer Wismutbetrieben beschäftigten Menschen eine außerordentlich wichtige Rolle. Sie sorgte dafür, dass Arbeiter, die aus gesundheitlichen Gründen nicht mehr im Produktionsprozess tätig sein konnten, eine Ausbildung für die Rehabilitation in eine neue Tätigkeit erhielten – Arbeiter und Angestellte ein Fachschulstudium absolvieren und Betriebsangehörige wie Hauer eine zusätzliche Qualifikation z.B. als Lokfahrer oder Sprengmeister erwerben konnten. Im Bild aus dem Jahre 2001: Die Abteilung AWW – sie war bis zu ihrer Auflösung 1990 in der obersten Etage untergebracht.

Der Unterricht bei den Abendstudenten war trotz teilweiser Doppelbelastung, es musste die eigene Arbeit und der Unterricht koordiniert werden, eine angenehme und dankbare Aufgabe. Wir kannten jeden Studenten von seiner Arbeit als Hauer, Hauerbrigadier, Steiger oder Ökonom und wussten, dass diese Leute, die wie wir damals in den Endfünfzigern in Breitenbrunn alle mindestens dreißig, wenn nicht sogar schon vierzig Jahre alt waren, nicht zum Spaß auf der Schulbank saßen. Sie hatten hier die einmalige, einige Hauer sogar die letzte Chance, ihre bergmännische Tätigkeit in leitender Funktion über eine drohende Berufskrankheit und Rehabilitation hinweg bis zum Rentenalter fortzuführen. Bei diesen langjährigen Bergleuten war das entsprechend der Rentengesetzgebung der DDR das sechzigste Lebensjahr. Mit anderen Worten, es lohnte sich für sie, einen guten Fachschulabschluss zu erreichen und damit den Weg in ihre Zukunft offen zu halten.
So hatten wir als Lehrer trotz des kollegialen Verhältnisses keine Schwierigkeiten bei der Anwesenheit oder Mitarbeit, bei der Anfertigung von Belegarbeiten und schon gar nicht bei der Disziplin. Ich hatte acht Jahre Fernstudium hinter mir und konnte mir vorstellen, dass einem Hauer in der Mittel- oder Nachtschichtwoche durchaus einmal der Schlaf überwältigte. Weder ich noch meine nebenberuflichen Lehrerkollegen brauchten dann den bösen Dozenten zu spielen, denn das Wecken besorgten meistens mit viel Gelächter und gutmütigem Spott seine Kommilitonen. Ich habe meine Studenten stets wegen ihres Fleißes und ihres Ehrgeizes bewundert, mir Mühe gegeben, ihnen in jeder Hinsicht zu helfen und bin der Überzeugung, dass die hauptamtlichen- und nebenberuflichen Lehrer in dieser Hinsicht ebenso gehandelt haben.
Im Kreis Aue gab es im Bereich der SDAG Wismut seit Anfang der 50er Jahre gute Möglichkeiten zur Durchführung von Lehrveranstaltungen. Das begann damit, dass in Niederschlema unweit des Gummibahnhofes eine Betriebsakademie mit vielen Unterrichtsräumen gebaut wurde. Von Eintageslehrgängen über vierwöchige Facharbeiterausbildungen bis hin zur Ausbildung von Fernstudenten für die Bergakademie Freiberg reichte die Palette der Weiterbildung. Ich selbst habe dort noch Anfang der sechziger Jahre bis etwa 1963 in den ersten drei oder vier Semestern im Fernstudium die Schulbank gedrückt, bis unsere Studiengruppe der Ingenieurschule „Georgius Agricola" in Zwickau zugeordnet wurde.
Nach dem Aufbau der großen Betriebsberufsschule am Gummibahnhof mit zahlreichen Unterrichts- und Internatsgebäuden übergab die Wismut ihre alte Betriebsakademie an die Nationale Volksarmee zur Nutzung als Wehrkreiskommando. Seit der Wende fand das Gebäude als Filiale des Straßenbauamtes Zwickau Verwendung.

Bild 115 – Das Nachtsanatorium in Schlema war eine der Kureinrichtungen des Gesundheitswesens Wismut, die bis Mitte der siebziger Jahre den Kumpeln der Schächte und Betriebe die Möglichkeit boten, täglich zur Arbeit zu gehen und in der Freizeit Bäder, Massagen und andere gesundheitliche Betreuungen kostenlos in Anspruch zu nehmen. Ich habe 1957 (oder 1958) drei Wochen im Nachtsanatorium in Schlema gekurt und diese Einrichtung als sehr angenehm empfunden. Als die Belegung nachließ, da alle Mitarbeiter im Umkreis von 30 km wohnten, entstand hier eine gut ausgestattete Kureinrichtung, die vor allem Senioren nutzten.

Die Generaldirektion des Industriezweiges nahm ab Mitte der sechziger Jahre für die Weiterbildungslehrgänge leitender Mitarbeiter mit Vorliebe das Nachtsanatorium in Anspruch. Diese schöne Kureinrichtung in Niederschlema bot angenehme Übernachtungsmöglichkeiten und alle Versorgungseinrichtungen von der Betriebsküche bis zur Verkaufsstelle des Wismuthandels im Hause an. Für die Mitarbeiter des Bergbaubetriebes 9, die im Gebiet Aue-Schlema-Schneeberg zu Hause waren, gab es nach den Lehrveranstaltungen, die grundsätzlich bis 17 oder 18 Uhr gingen, immer noch Möglichkeiten, nach Hause zu fahren. Andere waren nicht traurig darüber, dass sie einer der wenigen Auer Gaststätten einen Besuch abstatten konnten.
Wir haben uns als Studenten in Freiberg viel über unsere Betriebe ausgetauscht, über die Arbeit und da vor allem über den technischen Stand, über die Arbeit in den Brigaden und Ingenieurkollektiven, über die Einflussnahme durch Partei und Gewerkschaft und natürlich auch über die Lern- und Qualifizierungsmöglichkei-

ten in den einzelnen Industriezweigen und Betrieben. Dabei wurde deutlich, dass die SDAG Wismut und vor ihr schon bis Ende 1953 die SAG Wismut, die Staatliche (sowjetische) Aktiengesellschaft, sehr große Bemühungen zur Aus- und Weiterbildung ihrer Belegschaft unternommen hat. Es waren mit Abstand wahrscheinlich die größten und erfolgreichsten in der gesamten volkseigenen Industrie der DDR.

Mein Verhältnis zum Sport – eine etwas zwiespältige Angelegenheit

Für die DDR war der Sport politisch und wirtschaftlich sehr wichtig. Ich selbst hatte beim Stadionbau geholfen, eine repräsentative Stätte zu schaffen, wo Sportveranstaltungen stattfinden konnten. Ich möchte etwas provokant die Behauptung aufstellen, dass für den Sport, vor allem solche Renommiersportarten wie Fußball, Schwimmen, Skispringen, Leichtathletik und einige andere immer unbegrenzt Gelder, sogar Valuta zur Verfügung standen, selbst wenn diese Mittel in der gesamten Volkswirtschaft knapp waren. Diese Situation habe ich nie verstanden. In meiner Berufszeit, vor allem in den Jahren ab 1960, wo ich viel mit Menschen in Berührung kam, von denen ich wusste, dass sie im Sport und in den Sportlern etwas besonderes sahen, war ich bemüht, mich mit dem Sportgeschehen im Lande vertraut zu machen. Als Mitglied der Partei musste ich doch die Mär von den „Diplomaten im Trainingsanzug" mit vertreten. Um in der Diskussion mitreden zu können, war in der ersten Hälfte der 60er Jahre die Zeitung die einzige Informationsquelle. Später ging das mit dem Fernsehen etwas einfacher.
Wenn ich es nicht selbst im Bergbaubetrieb Aue erlebt hätte, würde ich es nie glauben, wie sehr es schon in der DDR gelungen war, Menschen aller Schichten durch Sport von den tatsächlichen Problemen abzulenken. Als 1989 die Fußballoberligamannschaft der Betriebssportgemeinschaft Wismut Aue abstieg, habe ich hartgesottene Männer, die nichts erschüttern konnte, heulen sehen.
Selbst die Spitzen der Gesellschaft wie die zwei Betriebsdirektoren, denen ich als persönlicher Referent zu Seite gestellt war und der Parteisekretär verneigten sich ehrfürchtig vor solchen Fußballgrößen wie Erler, Ebert, Escher, Weißflog (den Torwart, nicht den Skispringer) und wie die Jungs der BSG Wismut Aue sonst noch hießen, die da zur Ehre des Industriezweiges kickten. Ich habe diese jungen Menschen während meiner Dienstzeit hin und wieder gesprochen und würde sagen, dass es ganz einfache, sympathische Burschen waren. Man hatte sie hochgewer-

tet und ihnen einen Nimbus von gesellschaftstragender Bedeutung eingeredet. Ich bin mir nie ganz sicher gewesen, ob jeder von ihnen dieses hohe Image tatsächlich mental verkraftet hat.

Vor Leuten, die in ihrer Freizeit den Ball übers Feld kickten, die im Schweiße ihres Angesichts um die Tischtennisplatte jagten, an einem Abend 100-mal die Kugel über die Kegelbahn rollen ließen oder sich sonst wie in ihrer Freizeit sportlich betätigten, um beweglich und gesund zu bleiben, habe ich stets den Hut gezogen.

Bild 116 – Irgendjemand muss mich da wohl doch für einen Sportfan gehalten haben, jedenfalls bekam ich immerhin zwei der begehrten Biergläser der BSG Wismut Aue geschenkt. Ich habe sie als kleines Souvenir an meine Arbeit aufbewahrt.

Wie verrückt, um nicht zu sagen gemeingefährlich mancher Fan im Betrieb war, wenn es um „seine" Mannschaft ging, erlebte ich 1959/60 auf dem Schacht 66 in Niederschlema. Neben vier Fußballidolen, die in der geophysikalischen Abteilung geführt wurden, die aber keiner jemals außer zum Geldholen auf dem Schacht gesehen hatte, gab es dort unter vielen anderen Wismutanhängern einen Arbeiter, den jeder wegen seiner unbedingten Fußballanhänglichkeit kannte. Er, nennen wir ihn Peter, arbeitete an einer Sturzrolle und jeder Sieg von Wismut Aue war sein persönlicher Erfolg, jede Niederlage, an der grundsätzlich andere schuld waren, eine ihm persönlich zugefügte Kränkung. Sein Arbeitsplatz war durch eine Blechwand vom Fahrweg abgegrenzt, hinter der man jedes Wort verstand, was die Vorbeigehenden sprachen. Hatte Aue sonnabends verloren, drehten sich montags früh die Gespräche an dieser Stelle provozierend laut um die „Rasenkasper" und die „Flaschenspieler“ von Wismut Aue. Nach einer kurzen Pause ging hinter der Verkleidung ein Wüten und Toben los und mit der Keilhaue in der Hand kam unser Fußballfan Peter hervorgestürzt. Natürlich kannte jeder von uns dieses Schauspiel, hatte sich in Sicherheit gebracht und lästerte aus gebührender Entfernung weiter.

Das war aber bei weitem kein Einzelfall. Ich habe auf dem Fußballplatz manchen Ingenieurkollegen, den ich als sachlichen und klar denkenden Mitarbeiter schätzte, bei echten oder vermeintlichen Fehlentscheidungen des Schiedsrichters total ausflippen sehen. Ich denke da nur an unseren Physikdozenten von der Außenstelle Zwickau der Bergakademie Freiberg. Er war ein Mann mit dem außerordentlichen pädagogischen Geschick, komplizierteste physikalische Prozesse bis hin zur Relativitätstheorie erläutern und seine Zuhörer für die schwierige Materie begeistern zu können. Er nahm uns Studenten mit auf den Fußballplatz in Zwickau. Ich habe nie wieder so viele Schimpfworte über einen Fußball-Referee gehört und einen Diplomphysiker aus dem Stand auf eine Bank im Fußballstadion springen sehen.

Ganz ernst ging es nicht immer zu – bei der Wismut wurde gern gefeiert

Ich muss hier vorausschicken, dass ich bei der Schilderung der Feiern und Festivitäten während meiner Wismutjahre nur von meiner Mentalität ausgehe. Ich bin nie ein Freund von großen Feierlichkeiten gewesen und habe lieber einmal im Familienkreise oder mit guten Kollegen ungezwungen beim Glas Bier oder Wein und einem Gespräch über Gott und alle Welt gesessen, als in der großen Menge bei einem organisierten Fröhlichsein. Ich kann mir aber vorstellen, dass es viele andere Leute gab und gibt, die sich gern im größeren Kreise amüsieren. Ich weiß zum Beispiel, dass die meisten unser etwa 350 Frauen im Betrieb sich immer auf ihre „Frauentagsfeier“ freuten. Sehr gut besucht war stets die jährliche Festveranstaltung zum „Tag des Bergmanns und Energiearbeiters“, die am Filzteich in Schneeberg mit vielseitigen Unterhaltungsangeboten ausgerichtet wurde.

Eine wichtige Rolle im Leben des Industriezweiges Wismut spielten die Bemühungen von Partei und Gewerkschaft, durch Veranstaltungen und Feierlichkeiten das Zusammengehörigkeitsgefühl der Belegschaft zu stärken. Damit sollte ein Stück

„Bitterfelder Weg", die „Teilnahme der Werktätigen an der sozialistischen Nationalkultur", ihre Verbundenheit mit Partei und Regierung demonstriert werden. Das Bemühen um das, was man ab Mitte der 70er Jahre als die „sozialistische Menschengemeinschaft" pries, begann aber schon mindestens fünfzehn Jahre vorher. Es war Anfang der sechziger Jahre, als mit dem Beginn der Bewegung „sozialistisch arbeiten, lernen und leben" teilweise sehr aufwendige Betriebsfeiern mit Stars der DDR-Unterhaltungsbranche aufkamen. Auch die einzelnen Brigaden und Abteilungen aller Berufe gingen dazu über, mit ihren Ehegatten, Freundinnen oder Freunden „Brigadeabende" zu veranstalten. An diesen internen Feierlichkeiten hatten die „Paten" der Arbeiterkollektive, besonders der Hauergruppen, teilzunehmen. Wer war das?
Es waren Angehörige des ingenieurtechnischen Personals, der Betriebs-, Schacht- und Revierleitungen vom Objektleiter, Abteilungsleiter der Objektverwaltung über die Schacht- und Abteilungsleiter der Schächte bis hin zu Reviersteigern und Steigern, Funktionären der Partei und Gewerkschaft. Sie erhielten die Brigaden zugewiesen, für die sie die „Patenschaft" zu übernehmen hatten. Sie sollten sich um die fachlichen, sachlichen und möglichst sogar persönlichen Belange und Sorgen „ihrer" Patengruppen kümmern. Das führte dazu, dass die Spitzen der Gesellschaft, die Objekt- und die Schachtleiter, die Partei- und Gewerkschaftsfunktionäre die Vorzeigebrigaden der Struktureinheiten persönlich übernahmen. Sie sorgten dafür, dass bei „ihren Patenkindern" stets Förderwagen, Material und ein ordentliches Gezähe vorhanden waren und diese eine gute Leistung vorweisen konnten. Das war zu dieser Zeit noch keine Selbstverständlichkeit. Auf normtechnischem Gebiet wurden alle möglichen Vergünstigungen zur Anwendung gebracht, um eine optimale Entlohnung zu gewährleisten. Nicht zuletzt lösten diese Paten Probleme wie die Wohnraumbereitstellung für ihre „Patenkinder". Hier waren natürlich die übrigen, die einfachen Paten, total überfordert. Sie konnten zwar die Sorgen und Nöte ihrer Patengruppen bei übergeordneten Leitungen vortragen und erhielten sogar manchmal Hilfe, aber meistens waren die Grenzen der möglichen Unterstützung schnell erreicht.
Ich kann mich noch daran erinnern, dass ich als Mitarbeiter der Abteilung Technische Erzkontrolle, die russische Kurzbezeichnung OTK war durch die deutsche ATK ersetzt worden, auf dem Schacht 66 in Niederschlema eine ganz normale Durchschnitts-Überhauenbrigade als Pate erhielt. Da ich weder eine fachliche noch politische Größe war, sah die Unterstützung für meine „Patenkinder" so aus, dass ich dem Reviersteiger manchmal ein Zugeständnis entlockte, das war's aber auch schon. An ein oder zwei Brigadeabenden, den obligatorischen Zusammen-

künften mit den Familienangehörigen, nahm ich teil, lernte dabei aber weder meine „Patenkinder" noch deren Frauen näher kennen. Wie sollte das bei einem einzigen Treffen im Jahr möglich sein. Meine Frau, die im Schichtdienst mit Sonn- und Feiertagsschichten im Kinderheim arbeitete, konnte ich sowieso nicht mitnehmen, also war ich recht einsam und allein bei diesen „Feierlichkeiten" vertreten. Ich kann mir vorstellen, dass die Kumpel meiner „Patentruppe" gern auf meine Anwesenheit verzichtet hätten und lieber unter sich geblieben wären wie ich lieber den Abend bei Frau und Kindern verbracht hätte.
Übrigens versuchten obere Partei- und Gewerkschaftsleitungen, dieses Bemühen um die Einbeziehung der Familien auch in der Kunst zu demonstrieren. Bekannte Künstler dieser Zeit erhielten den Auftrag, das Zusammenwachsen in den Brigaden, die Einbeziehung der Familien in das Brigadeleben, darzustellen. Man kann sich darüber streiten, ob diese Bilder vielleicht etwas plakativ gestellt sind – auf alle Fälle kann man auf ihnen erkennen, was der Künstler wollte.

Bild 117 – Eines der ersten Auftragswerke der SDAG Wismut, das Bild „Der neue Anfang" des Leipziger Malers Heinrich Witz (Vorsitzender des Verbandes Bildender Künstler im Bezirk Leipzig) von 1959. Entnommen aus: Düsedau/Bretschneider, „Die Wismut-Galerie und ihre Geschichte", Unternehmensleitung der Wismut GmbH, Chemnitz 1998/99

Bild 118 – Da fragte mich doch der in den sechziger Jahren sehr bekannte und beliebte Fernsehmoderator Sergio Günther mein Wissen über ökonomische Kennziffern ab – das war aber nicht mein Steckenpferd.

Diese sinnlose Patenschaftsarbeit schlief sehr bald ein, und ein Versuch, diese Form des „sozialistischen Zusammenlebens" zwischen Arbeitern und ITP in den siebziger Jahren nochmals aufleben zu lassen, blieb in den Ansätzen stecken. Nur ITP-Angehörige, die besondere Beziehungen zu Brigaden unterhielten, nahmen noch an deren internen Veranstaltungen teil. Da aber jeder von uns, ob Arbeiter, Angestellter oder Ingenieur in irgendeinem Kollektiv arbeitete, traf er sich sowieso mindestens einmal im Jahr bei einem „Brigadeabend", der im so genannten „Brigadevertrag" festgelegt war mit seinen Kollegen und deren Ehefrauen. Blicke ich heute so zurück, hatten diese Zusammenkünfte der einzelnen Kollektive einiges für sich. Wenn eine Gruppe, gleichgültig ob Hauer- oder Bohrerbrigade, Buchhaltung, Abteilung der Betriebsleitung den Titel „Kollektiv der sozialistischen Arbeit" erhalten wollte, war diese Zusammenkunft obligatorisch.

Allmählich war aus dem Zwang in den siebziger Jahren Gewohnheit geworden und diese trug letzten Endes dazu bei, dass sich die einzelnen Mitarbeiter der Arbeitsgruppe persönlich etwas näher kennen lernten und die Ehepartner in dieses Kennenlernen einbezogen waren. Ich merke das daran, dass heute noch, wenn ich einen ehemaligen Arbeitskollegen treffe oder ihn auch nur anrufe, die Frauen mich als bekanntes Gesicht begrüßen oder ich am Telefon höre: „Heinz, komm mal her, der Beyer Klaus will was von dir!" Umgekehrt ist es genauso, dass mir meine Frau mitteilt, dass der Müller Paul angerufen hat.

Weitaus aufwändiger waren die Schachtveranstaltungen in den sechziger Jahren, die als „ökonomisch-kulturelle Leistungsvergleiche" mit der melodisch klingenden Abkürzung Ökulei in die Betriebsgeschichte eingingen. Im Unterhaltungsteil waren sie meistens mit viel DDR-Prominenz von Film, Fernsehen und Musikgeschehen bestückt. So hängt seit dieser Zeit ein Bild an meinem Schreibtisch, das mich gemeinsam mit dem damals gut bekannten und leider viel zu früh verstorbenen Rundfunk- und Fernsehmoderator Sergio Günther zeigt. Ich erinnere mich gern an dieses Zusammentreffen, da dieser ein sehr freundlicher und wortgewandter Mann mit einer sonoren Stimme war. Gewonnen habe ich übrigens damals nichts, andere waren besser!

Ich habe als Wissenschaftlicher Mitarbeiter selbst viele zentrale Veranstaltungen mit vorbereitet. Mir fallen da nur einige ein wie der „Internationale Frauentag", der „Feiertag der Werktätigen" am 1. Mai, der „Tag des Bergmanns" am ersten Juliwochenende am Filzteich.

Überall war unser Betriebsdirektor als oberster fachlicher und politischer Leiter der Kollektive hauptverantwortlich. Zur Veranstaltung gehörte immer eine kurze, aber flammende Rede, in der die Verbundenheit der jeweiligen Organisation und der Gäste mit der Partei und Staatsführung der DDR herausgearbeitet wurde. Bewundert habe ich vor allem in den Jahren nach 1985, wie es unseren gastronomischen Leitern, den Küchenleitern, vor allem den Küchenchefs des Kulturhauses „Aktivist" in Oberschlema und des sowjetischen Klubs, immer wieder gelang, die großen Menschenmassen einigermaßen gut zu verpflegen. Sie brachten manches auf den Tisch, was es draußen im Handel nicht mehr oder nur noch unter dem Ladentisch für gute Freunde gab.

Die schönsten und angenehmsten Zusammenkünfte begannen 1986. Betriebsangehörige, die vierzig Jahre lang der Wismut die Treue gehalten hatten, wurden zu einer Feierstunde eingeladen und erhielten dort einen kristallenen Kognakschwenker als Erinnerungsgeschenk. Ich habe selten so eine ehrliche und aufrichtige Freude, eine freundschaftliche und aufgeschlossene Atmosphäre erlebt. Hier trafen sich Kumpel, die sich jahre- oder sogar jahrzehntelang nicht gesehen und auch nichts voneinander gehört hatten. Ich selbst habe Kollegen und Kommilitonen wieder gefunden, die ich das letzte Mal vor zwanzig Jahren auf dem Schacht 38 gesehen hatte. Es war wirklich ergreifend und diese Veranstaltungen gehören zu meinen schönsten persönlichen Erlebnissen und Erinnerungen aus meiner Zeit als Wissenschaftlicher Mitarbeiter.

Wahrscheinlich könnte ich seitenlang erzählen, was ich so bei oder um Festivitäten herum erlebt habe. Vielleicht noch eine Episode von einer der letzten Veranstaltungen am Filzteich.

Bild 119 – Das Erinnerungsgeschenk der Industriezweigleitung Wismut für vierzigjährigen Betriebsjubilare.

Ich hielt mich hinter oder seitlich der Bühne auf und hatte deshalb gleichermaßen gut das Publikum vor und die Künstler auf der Bühne im Blick. Ein Conferencier, der heute noch beliebte Günther „Günthi" Krause, gab folgenden „Bericht" zum Besten: „Da wurden dieser Tage die Fußballtrainer der drei größten Fußballnationen England, Sowjetunion und der DDR zum lieben Gott bestellt. Sie konnten jeder eine Frage stellen und was lag da wohl näher als die, welche Plätze ihre Länder bei der nächsten Fußballweltmeisterschaft einnehmen würden. Als der englische Trainer fragte, prophezeite ihm der liebe Gott einen dritten Platz. Da drehte sich der englische Trainer um, ging in die Ecke und weinte. Das Gleiche tat der sowjetische Trainer, als ihm Gott einen fünften Platz voraussagte. Als der DDR-Trainer seine Frage stellte, drehte sich der liebe Gott um, ging in die Ecke und weinte."

Nun saßen in der vordersten Reihe des Publikums unter anderem die Spitzen der Gesellschaft vom Sekretär der Betriebsparteileitung über den Gewerkschaftsvorsitzenden, den Betriebsdirektor, unsere sowjetischen Mitarbeiter bis hin zu den Gästen. Sie verharrten einen Moment im Schweigen und erst als die anwesenden Parteimitarbeiter klatschten, klang Beifall auf. Ich habe selten so viel Hörigkeit unserer Wirtschaftsfunktionäre augenfällig erlebt wie hier.

Ich habe das Geld, das für solche Betriebsfestivitäten, für die Zirkelarbeit oder den Massensport ausgegeben wurde nie als „hinausgeschmissen" betrachtet. Diese

Hobbys haben für viele Betriebsangehörige und deren Familien eine sinnvolle Freizeitbeschäftigung bedeutet.
Ich habe das selbst in der eigenen Familie eindrucksvoll erlebt. Es kam für uns als Eltern etwas überraschend, als uns Mitte der sechziger Jahre unsere zehnjährige Tochter mitteilte, dass sie in den Puppenspielzirkel im Kulturhaus „Aktivist" in Oberschlema gehen wolle. Wir hatten uns an sich nie um das, was man so gemeinhin als „Kulturarbeit" bezeichnete gekümmert. Wir waren beide berufstätig, die Mutter im Dreischichtbetrieb mit Sonntagsarbeit, vier Kinder und eine große Wohnung, da war soviel zu tun, dass wir gerade so zeitlich über die Runden kamen. Wir wussten zwar zu dieser Zeit, dass es neben Kulturveranstaltungen wie Konzerten, Theateraufführungen und geselligen Abenden im Klubhaus eine Reihe Zirkel gab, aber welche und was die so machten, war uns nicht bekannt. „Soll sie doch hingehen, vielleicht ist es doch nur eine Eintagsfliege", meinten wir und hatten uns in unserer Tochter sehr getäuscht und die überaus engagierte Leiterin des Puppenspielzirkels gründlich unterschätzt.
Wir staunten nicht schlecht, als die Erzählungen unserer Tochter mit fortschreitender Zeit immer begeisterter wurden, sie von dem vielen Spaß berichtete, den ihr die Zirkelarbeit machte und von ihrer Zirkelleiterin schwärmte.

Bild 120 – Hannelies Hilmer vom Puppenspielzirkel des Kulturhauses „Aktivist" in Oberschlema

Mittlerweile hatte ich zwei Fans des Zirkels im Hause, dem sich noch unsere zwei jüngeren Söhne anschlossen. Als Frau Hannelies Hilmer Anfang der achtziger Jahre im Alter von nur 58 Jahren starb, hatte sie eine kleine Gemeinschaft hinterlassen, die sich wie sie dem Puppenspiel verschrieben hatten und einen Leiter, der ihre Arbeit weiterführte. Es war unser zweitjüngster Sohn, der trotz einer Lehre als Schlosser im Bergbaubetrieb 9 und der Dreischichtarbeit im Untertagebetrieb „seinen" Zirkel bis 1990 weiterführte.

Der Vorwurf, dass diese Zirkel dazu dienten, die Politik der SED zu verbreiten, ist absurd. Eine Frau wie Hannelies Hilmer, die christlich gebunden war, hätte sich nie dazu hergegeben, in ihrem Wirkungskreis politische Propaganda zu betreiben. Das gleiche trifft auf alle Zirkelleiter zu.

Die Partei, die hat immer recht ...

Es muss so im Dezember 1989 gewesen sein. Ich hatte im Auftrag des Betriebsdirektors eine Absprache mit dem Leiter eines Bereiches und traf bei ihm seine fünf Abschnittsleiter an. Wir saßen an einem runden Tisch, ganz zur Zeit passend, eine recht illustre akademische Runde, alles Leute (außer mir), die neben der Hochschule oder Universität ein Jahr lang die Bezirksparteischule Karl-Marx-Stadt in Mittweida besucht hatten. Natürlich wurde zuallererst einmal über das aktuelle Geschehen diskutiert. Weil sich die Partei seit Wochen in Schweigen hüllte, kam das Gespräch ganz schnell auf die hauptamtlichen Funktionäre, die zwar überall mitmischen wollten, aber von nichts eine Ahnung hatten.

Was ihre Fähigkeiten betraf, war ich ganz und gar nicht der gleichen Meinung wie meine Diskussionspartner. Mich verdross dieses Gespräch, weil unsere Wirtschaftsfunktionäre doch mindestens genauso standhaft die Politik von Partei und Regierung vertreten hatten.

Wir konnten und durften uns doch nicht mit dem Hinweis auf die politischen Funktionäre, die wir alle mit geduldet oder sogar gewählt und gegen deren Bevormundung wir uns nicht gewehrt hatten, aus der Verantwortung für das, was in der DDR geschehen war, stehlen. Jedem Parteischulabgänger, auch meinen Gesprächspartnern war am Ende des Lehrganges eine politische Karriere angeboten worden. Ich traute ihnen sogar zu, dass sie als politische Funktionäre in der Partei oder Gewerkschaft ihren Mann besser gestanden hätten als einige der Leute, die bei uns im Betrieb das politische Sagen hatten, aber das wollten sie nicht.

Sie hatten sich mit Händen und Füßen gewehrt, eine Funktion in der Partei oder Gewerkschaft anzunehmen. Um es einfacher auszudrücken, wer in seinem Beruf ein Fachmann war oder es sich zumindest einbildete, wollte das auf gar keinen Fall. Das hatte kurioserweise dazu geführt, dass nicht selten die fachlich weniger Tüchtigen oder Leute, deren Stärken auf ganz anderen Gebieten lagen, in die Politik eingestiegen waren und plötzlich über die Fachleute zu befinden hatten, die eine politische Tätigkeit abgelehnt hatten. Ich wusste, dass dieses Argument meinen Kollegen nicht gefiel, aber sie mussten mir wohl oder übel zustimmen.

Wenn ich so in meinen Erinnerungen krame, ist dieses Thema für mich das problematischste. Ich habe immerhin von Oktober 1956 bis Januar 1990 der Sozialistischen Einheitspartei Deutschlands die Treue gehalten und aus Parteidisziplin manches in deren Wirken mit unterstützt, was sich schon von Beginn an als nicht unterstützenswert erwies. Ich denke dabei auf meinem ureigensten Fachgebiet an die Besttechnologien. Sie sollten von der Konzeption her den großen Aufschwung in der Arbeitsproduktivität bringen, waren aber eine utopische Vorstellung. Wie viele Genossen, denen ich freundschaftlich oder kollegial verbunden war, habe ich mich manchmal mit dem pauschalen Argument vor mir selbst herausgeredet, dass „die da oben" einen größeren Überblick haben und mehr sehen als wir kleinen Leute an der Basis. Es war bestimmt nicht mehr als eine Ausrede, eine Augenauswischerei mir und anderen gegenüber. Da ich nun einmal diesen Weg gewählt hatte, wollte ich ihn auch gehen.

Da man ja als junger Mensch natürlich alles besser weiß als die Eltern, habe ich die Ratschläge meines Vaters nicht befolgt und trat im Oktober 1956 in die Sozialistische Einheitspartei Deutschlands ein. Ich bin mir heute nach mehr als fünfzig Jahren im Klaren darüber, dass dieser Schritt von der damaligen Zeit her richtig war. Ich weiß heute noch, dass ich seinerzeit keinen schlechten und Vorteile erheischenden, sondern vielmehr einen sehr aufrichtigen, zuverlässigen und mir wohlwollend gesonnenen Ratgeber hatte. Darüber hinaus hatte ich bis dahin keine schlechten Erfahrungen mit Parteimitgliedern und -funktionären gehabt, also an sich keinen Grund, diese Partei und ihre Mitglieder zu meiden und nicht im Interesse des Staates zu handeln, in dem ich ja mindestens noch vierzig Jahre arbeiten wollte und musste.

Im Oktober 1957 wurde ich nach einem Jahr Kandidatenzeit an der Ingenieurschule Breitenbrunn als Mitglied in die SED aufgenommen. Ich bin mir heute, nach 15-jähriger Lebenserfahrung in der Marktwirtschaft sicherer denn je, dass die theoretischen marxistischen Grundlagen eine echte Alternative zur alten kapitalistischen Gesellschaftsordnung darstellen. Ich bin aber nicht mehr davon

Bild 121 – Das Parteidokument, so der offizielle Name für das Mitgliedsbuch der SED. Sein Verlust zog immer eine Parteistrafe nach sich.

überzeugt, ob vom Charakter, der allgemeinen Veranlagung und der egoistischen Grundeinstellung des Menschen, diese Ziele überhaupt realisierbar sind.

Das erste Mal enger mit Partei- und Gewerkschaftsfunktionären kam ich nach dem Abschluss meines Ingenieurstudiums in Breitenbrunn in Berührung. Für mich knüpfen sich allerdings an diese Begegnungen weder gute noch schlechte

Bild 122 – Der Schacht 66 am Gummibahnhof in Niederschlema, der erste Wismutschacht mit einem stählernen Fördergerüst, vor der Demontage im Jahre 1968.

Erinnerungen. Ich kann heute nicht einmal mehr sagen, wer Parteisekretär oder BGL-Vorsitzender auf den Schächten 250, 66 oder 207 war. Diese Schächte, von denen aus die oberen Sohlen bis zur 630-m-Sohle abgebaut wurden, gingen bis 1963 der Reihe nach in Liquidation. Es war gar keine Zeit, sich näher kennen zu lernen. Nicht zuletzt hatte ich mich so ins System eingeordnet, dass ich weder positiv noch negativ auffiel und wie jeder andere Wismutingenieur meine tagtägliche Arbeit machte.

Die einzige Erinnerung ist, dass ich 1960 auf dem Schacht 66 in Niederschlema einen Antrag auf Delegierung zum Fernstudium in Freiberg abgegeben hatte. Mein sowjetischer Chef informierte mich darüber, dass sich der Gewerkschaftsvorsitzende und der Parteisekretär nach meiner politischen Einstellung und meiner fachlichen Leistung erkundigt hätten. „Und, Nikolai, bist du zufrieden?" Er grinste mich freundlich an: „Wsigda, Klaus, wsigda!" Nun, da der Nikolai immer (wsigda) zufrieden war, war auch die Delegierung zum Fernstudium genehmigt. Als Wissenschaftlicher Mitarbeiter lernte ich die hauptamtlichen Sekretäre und Vorsitzenden der einzelnen Organisationen besser kennen. Sicherlich war dieser oder jener dabei, der froh war, einen gut bezahlten Posten zu haben, der keine

Bild 123 – Die politische „Schaltzentrale" in der Verwaltung des Bergbaubetriebes 9 in der Schlemaer Straße in Aue. Anfang bis Mitte der 80er Jahre gab es zwischen der SED-Gebietsleitung Wismut und den Grundorganisationen in den Grubenbereichen und analog dazu bei der Gewerkschaftsorganisation dazwischen geschaltete weisungsberechtigte Leitungsebenen. Der Sekretär der Zentralen Parteileitung war der mächtigste Mann im Betrieb. Er war nur der Gebietsleitung Wismut der SED über seine Tätigkeit rechenschaftspflichtig.

besonderen Kenntnisse erforderte und sich mit einer fragwürdigen Machtstellung verband. Öfters waren es recht patente Mitarbeiter, von denen man einige mit einem kräftigen Schulterklopfen und noch mehr Versprechungen „Mach das mal – wir helfen dir, Genosse!" in seine Funktion gelobt hatte. Aber wie wollte er nun wieder mit Anstand und Würde, noch mehr aber ohne persönliche Nachteile, aus dieser Funktion herauskommen!

Kurz vor oder nach meinem Amtsantritt als Wissenschaftlicher Mitarbeiter im Januar 1983 war der amtierende Sekretär der zentralen Betriebsparteiorganisation abgelöst worden, weil eine seiner Töchter einen Ausreiseantrag in die BRD gestellt hatte. An seine Stelle trat ein Abteilungsleiter der SED-Gebietsleitung Wismut. Ich kann mir kein Urteil über seine fachlichen Qualitäten erlauben und wie er eine betriebliche Funktion ausgefüllt hätte, habe jedoch selten in meinem Leben einen so introvertierten, kontaktarmen Menschen erlebt, der keine Beziehung zu seinen Mitmenschen, selbst zu seinen engsten Mitarbeitern im Parteiapparat aufbauen konnte und sein Selbstbewusstsein nur an seiner Funktion aufrichtete.

Das machte ihn allerdings kreuzgefährlich, da er mit der Kritik an seiner Person grundsätzlich einen Angriff auf die Partei sah. Seine Ergebenheit gegenüber Mitgliedern übergeordneter Parteileitungen war grenzenlos. Ob es sich um Funktionäre der Parteileitung des Industriezweiges Wismut oder gar um Besucher aus dem Politbüro oder Zentralkomitee handelte, er war der Chefideologe des Betriebes und er legte Rechenschaft darüber ab, was im Betrieb geschah. Er hatte die Erfolge des Betriebes organisiert, die Misserfolge gingen zu Lasten des ingenieurtechnischen Personals.

Die Arroganz einiger Funktionäre und Mitarbeiter habe ich mehr als einmal in meiner Zeit als Wissenschaftlicher Mitarbeiter des Direktors im Bergbaubetrieb Aue erlebt und mich maßlos darüber geärgert. So war es eine der Hauptaufgaben des Betriebes, in bestimmten Abständen zu vorgegebenen Themen so genannte Vorlagen für das Büro der „Gebietsleitung Wismut der SED" abzugeben. Diese Vorlagen hatten ein vorgeschriebenes Deckblatt und einen Grobablaufplan nach dem Motto:

- Wie hat die Betriebsparteiorganisation die Arbeiter, Ingenieure und Angestellten befähigt, die Beschlüsse der Parteigremien in der Praxis umzusetzen?
- Wie haben die staatlichen Leiter die Beschlüsse der Partei realisiert?
- Welche Aufgaben wurden nicht erfüllt und wo hat das ingenieurtechnische Personal, haben die Leiter, es nicht verstanden, die Werktätigen im Sinne der Partei zu erziehen?
- Welche Aufgaben sind zukünftig in Realisierung der letzten Beschlüsse des Zentralkomitees und des Büros der Gebietsleitung Wismut der SED zu lösen?

So war es nicht zulässig, diese Vorlagen nach systematischen Gesichtspunkten oder gar nach der in der DDR verbindlichen dekadischen Gliederung zu ordnen. Ein Instrukteur der Gebietsleitung wurde damit beauftragt, die Anfertigung einer Vorlage vor Ort anzuleiten.
In meine Amtszeit fielen mehrere Besuche von hochrangigen Mitarbeitern des Politbüros der SED. Besonders sind mir die Besuche des Kandidaten des Politbüros Günther Kleiber (1984) und des Politbüro-Mitglieds Harry Tisch (1986) in Erinnerung geblieben. Irgendwie unseriös war die Situation zum Besuch von Harry Tisch. Ich hatte mir nie etwas unter Potjomkinschen Dörfern vorstellen können und lernte sie jetzt in der Praxis kennen. Der Weg des Vorsitzenden des Freien Deutschen Gewerkschaftsbundes auf dem Schacht war auf den Meter genau vorgegeben und von den Sicherheitsorganen abgenommen worden. Auf dieser Wegstrecke, aber wirklich nur dort, wurden Renovierungs- und Ausbesserungsarbeiten im großen Stil betrieben, jahrzehntealte Löcher im Putz mit Gips ausgebessert und mit Lackfarbe überpinselt, Türen und Fensterrahmen auf den alten abgeblätterten Lack gestrichen und sogar Gras und Moos zwischen der Pflasterung im Schachthof sorgfältig herausgekratzt. Bloß gut, dass Harry Tisch die Spielregeln gut kannte und keinen Wunsch nach einer anderen Befahrungsroute äußerte.
Der Sekretär der Betriebsparteileitung und der Vorsitzende der Betriebsgewerkschaftsleitung folgten ihrem hochrangigen Gast ständig auf den Fersen, immer gewärtig, dass dieser einen Wunsch äußern könnte. Was die Besucher aber eigentlich wollten und sollten, konnte uns keiner sagen, nicht einmal der Betriebsdirektor. Erst 15 Jahre danach habe ich von einem Mitglied des Zentralvorstandes der Industriegewerkschaft Wismut den Grund des Besuches erfahren. Harry Tisch war vom Zentralvorstand eingeladen worden und sollte sich dafür einsetzen, dass das Gesundheitswesen Wismut eine eigenständige Einrichtung bleibt.
Vom Besuch des Kandidaten des Politbüros Günther Kleiber in unserem Betrieb im Jahre 1984 sind für mich zwei Ereignisse in Erinnerung geblieben:

- Erstens belehrte mich unser Parteisekretär sehr eindringlich darüber, dass beim Besuch des Genossen Kleiber nur Sekt getrunken wird. Und ich wollte tatsächlich Bier und Wein auftischen lassen.
- Zweitens musste ich bis zur Generaldirektion telefonieren, um für den Genossen Kleiber drei Flaschen Wismutschnaps zu besorgen, da im Bergbaubetrieb niemand die Berechtigungsscheine dafür ausgeben durfte.

Ich war bei der Auswertung des Besuches nicht dabei, aber ich nehme an, dass sich unsere Genossen wie üblich ganz herzlich für die „wertvollen Hinweise des Genossen Kleiber" bedankt haben.

Wenn ich einzelne Erlebnisse mit Parteifunktionären einmal so rekapituliere, muss ich zu meinem Bedauern, mit einem gewissen Schamgefühl, Ärger oder Frust feststellen, dass diese Amtsträger der Partei wahrscheinlich nicht allein den Kult um ihre Person verursacht hatten. Zu einem guten Teil hatten die Wirtschafts- und Staatsfunktionäre, also wir alle, diese Anbetung mit unserer Loyalität und Unterwürfigkeit im Laufe der Jahre gezüchtet und groß gezogen.
1987 oder 1988 sollte ein Vertreter unseres Dispatcherkollektivs auf der Kreisschulkonferenz über die Patenschaftsarbeit in „seiner" Klasse berichten. Wenige Tage vor dem Termin wurde unser Kollege krank, so dass der Diskussionsbeitrag ins Wasser zu fallen drohte. Der Schuldirektor, den ich von meiner eigenen Arbeit im Elternbeirat her kannte und schätzte, bat mich händeringend, unbedingt einen anderen Vertreter der Patenbrigade zu delegieren. Dieser Diskussionsbeitrag sei eingeplant und der erste Sekretär der Kreisleitung Aue erwarte ihn. Woher nun aus einem dreischichtig arbeitenden Kollektiv jemand von heute auf übermorgen für eine diffizile Aufgabe gewinnen? Ich sprach mich mit meinem Direktor ab und versprach dem Schuldirektor, selbst zu dieser Veranstaltung zu kommen und zu reden. Vom Stellvertreter unseres erkrankten Hauptdispatchers ließ ich mich über die Einzelheiten der Patenschaftsarbeit informieren und setzte mich am Abend an die Schreibmaschine. Am übernächsten Morgen saß ich dann mit meinem Papier im überfüllten Saal des Kulturhauses der NVA (Nationale Volksarmee) in Wolfgangmaßen und harrte der Dinge, die da kommen sollten.

Bild 124 – Besuch vom Zentralvorstand Wismut der „Gesellschaft für Deutsch-sowjetische Freundschaft" bei der Aufbruchbühnen-Brigade Hölig. Hier konnte die Leitung des Betriebes nur Gutes zeigen. Das Kollektiv war eine Jugendbrigade und Brigade der DSF, es arbeitete mit neuer sowjetischer Ausrüstung und hatte hohe staatliche Auszeichnungen. Da sollte man sich als Funktionär einer übergeordneten Leitung schon einmal vor Ort mit den Werktätigen fotografieren lassen.

Irgendwie konnte ich mich des Eindrucks nicht erwehren, dass der Kreisschulrat, ein sehr guter Bekannter aus meiner Zeit als Mitglied im Elternbeirat, unser Schuldirektor und die Parteisekretärin der Schule sichtlich nervös waren. Ich hielt meinen Diskussionsbeitrag, den ich ohne große politische Agitation auf den Fakten aufgebaut hatte, denn dazu hatte ich gar keine Zeit gehabt. Alle starrten den Kreissekretär an, der während meiner zwanzigminütigen Rede öfters zustimmend nickte und am Ende Beifall klatschte, dem alle im Saal folgten.
Jetzt ließen die zwei Schulexperten und die Parteisekretärin der Schule die Katze aus dem Sack: jeder Diskussionsbeitrag auf dieser Konferenz war vom Büro der Kreisleitung gecheckt worden. Da meiner dort nicht geprüft war, hatte man große Bedenken, dass ich an irgendeiner Stelle in meinem Diskussionsbeitrag eine Spitze einbauen könnte. Meine etwas vorlaute und manchmal sarkastische Art und Weise war nicht unbekannt und das hätte den Genossen Kreissekretär gegen die Schule und ihre Vertreter einnehmen können.
Es war schon irgendwie bedrückend, diese Leute der Kreis- und Betriebsparteileitungen dann im Oktober/November 1989 zu sehen: hilflos, sprachlos. Es war plötzlich niemand mehr da, der ihnen sagte, wie sie zu denken, was sie zu tun und zu sagen hatten. Weggeschlossen in ihren eigenen Büros warteten sie die Entwicklung ab, die auf der Straße an ihnen vorbeilief. Die einzig richtige Taktik der Staats- und Parteiführung im Oktober/November 1989, eine Konfrontation mit den aufgebrachten Menschen zu vermeiden, hatte ihnen den Rest gegeben. Auf der letzten Parteiversammlung im November 1989 stand unser Betriebsparteisekretär völlig wehr- und hilflos der Meute der Leute, seinen eigenen Genossinnen und Genossen gegenüber, die ihm noch vor wenigen Wochen wohl gesinnt waren. Übrigens wussten wir nach dieser Versammlung, dass unser Genosse Sekretär etwa das Gehalt eines Betriebsdirektors bekam, das wollte ein ganz Neugieriger auf der Versammlung wissen und erhielt auch prompt eine Auskunft.
Noch mehr habe ich in dieser Zeit einige meiner Ingenieurkollegen verachtet, die plötzlich ihre eigene revolutionäre und oppositionelle Meinung entdeckten. Sie mutierten im Handumdrehen zu Widerstandskämpfern, und jetzt, wo keine Sanktionen mehr drohten, wurden sie plötzlich sehr mutig.
Ich wollte nicht mehr in dieser Partei bleiben und habe im Februar 1990 darauf verzichtet, in die PDS überzuwechseln. Hauptsächlich aus dem Grund, weil gerade in unserer Wismutgegend einige langjährige Funktionäre ihre Funktionen in der Partei behielten oder neue einnahmen.

Ein etwas unfreundlicher Epilog

Sicherlich gäbe es noch manches aus dem Jahre 1990, dem letzten Jahr meiner Tätigkeit im Uranerzbergbau der SDAG Wismut zu berichten. In den neun Monaten, die ich noch im Bergbaubetrieb arbeitete, lernte ich seriöse, weniger seriöse und windige Geschäftemacher aus den alten Bundesländern kennen, die sich auf den Nachlass der DDR stürzen wollten.

Im ersten Halbjahr 1990 nahm ich als Wähler an den ersten Betriebsratswahlen teil, um zwei Jahre später bei einem Besuch in meinem alten Betrieb den Betriebsratsvorsitzenden, dem ich damals meine Stimme gegeben hatte, als Personalchef wieder zu treffen. Da war das, was ich im Parteilehrjahr gelernt hatte, gar nicht falsch, dass sich die Vertreter der Arbeitnehmer in den Dienst der Unternehmer stellen – oder?

Am 27. September 1990 verabschiedete ich mich von meiner alten Dienststelle und von den vertrauten Freunden und Kollegen. Viele meiner langjährigen Kumpel waren schon vorher aus dem Betrieb ausgeschieden. Ich wusste, dass ich mich von nun an einen hoffentlich recht langen Urlaub gewöhnen musste.

Als der Urlaub dann kein Ende nahm, begann ich, nach einer sinnvollen Freizeitbeschäftigung nachzudenken.

Ich habe lange gesucht, bis ich das fand, was ich seit nunmehr zehn Jahren so sammele: Gedanken, Erinnerungen, Beiträge zur Geschichte des Industriezweiges Wismut. Da ich das Ganze nie zur Profession gemacht habe oder machen musste, mehr als einmal ganz persönliche Wertungen, Einflüsse aus der Studienzeit und Vorstellungen von Außenstehenden mit eingeflossen sind, habe ich da auch einige Irrungen und Wirrungen hinter mir. So nimmt mir ein ehemaliger hochrangiger Wirtschaftsfunktionär des Bergbaubetriebes 9 in Aue, einer der den Bergbau mit erfunden hat und schon in Johann'stadt alles besser wusste, heute noch übel, dass ich mir in einem Beitrag im Buch „Erz für den Frieden" (Druck- und Verlagsgesellschaft Marienberg mbH, 1995) erlaubt habe, das technische Niveau des ersten Wismutjahres 1946 als Fortsetzung von AGRICOLA im 20. Jahrhundert zu betrachten.

Ich habe mich gerade über diese Zeit, die ich nicht selbst erlebt habe, bei Wismutkumpeln dieses Jahrganges bei den Auszeichnungsveranstaltungen für die „Vierzigjährigen" umfassend informiert. Sie bestätigten mir, es war zu dieser Zeit so, wie es AGRICOLA in seinem „De re metallica" beschrieben hat. Übrigens, ich habe selbst noch 1950 auf dem Schacht 248 in Antonsthal mit der Schubkarre Etagenstrecken – kleine Untersuchungsstrecken zwischen zwei Sohlen – frei gefördert.

Unsere sowjetischen Mitarbeiter waren da toleranter. Sie wollten ab den siebziger Jahren nicht mehr, dass wir von der Sowjetunion siegen lernen, sondern waren bereit, von uns zu lernen. Aus diesem Grunde habe ich seit dieser Zeit gern einmal in russischen Fachzeitschriften wie dem „Gornij Shurnal" geblättert. Man fand darin zum Teil recht detaillierte Ausführungen, mit Metallangaben und Lagerstättenbeschreibungen, die im Wismutgebiet unter top secret liefen. In diesen Zeitschriften, die auch ins kapitalistische Ausland gingen, war klar formuliert, dass in der DDR Uranerz abgebaut wurde. Natürlich fand man dabei auch Kuriosa. Ein Artikel über den Einsatz der sowjetischen Aufbruchbühnen für die Herstellung von Wetterschächten, den wir 1974 in der „Neuen Bergbautechnik" veröffentlicht hatten, stand wortwörtlich mit unseren Tabellen und Zeichnungen im „Gornij Shurnal", allerdings mit einem Mitarbeiter des sowjetischen Kollektivs des Bergbaubetriebes 9 als Autor.
Als in den 70er Jahren das Sprengen mit ANO-Sprengstoff, einem Gemisch von 94% Ammoniumnitrat und 6 % Dieselkraftstoff aufkam, schickte uns die Generaldirektion einen sowjetischen Spezialisten als technische Hilfe. Unser Sprengleiter, dem dieser Fachmann helfen sollte und der laufend mit ihm einfuhr, kam aus dem Staunen nicht heraus. In vierzehn Tagen, die unser Helfer im Betrieb weilte, hatte er zwei A5-Journale mit dem voll geschrieben, was er im Betrieb gesehen hatte. „Und was für Unterstützung hast du bekommen?" Mein Freund Erich, unser Sprengleiter, ließ die Frage offen. Später als WiMi habe ich über dieses Problem einmal mit unserem sowjetischen Hauptingenieur gesprochen. Die Frage war ihm etwas peinlich, aber er gab ganz offen zu, dass diese Form der technischen Hilfe in einem zweistaatlichen Unternehmen nichts Außergewöhnliches sei.
Aber zurück zur Wismut und ihren „Beschreibern", – den Ausdruck Historiker habe ich hier bewusst vermieden. Ich habe in den letzten fünfzehn Jahren mehrfach alles, was über die Wismutgeschichte auf meinem Schreibtisch lag, zusammen- und weggepackt und einiges dem Altpapiercontainer anvertraut. Und trotzdem ärgere ich mich immer wieder, wenn Journalisten, die die Wismut wirklich nur aus Akten, Berichten, Reportagen kennen, mir erzählen wollen, wie unfrei ich gelebt und wie schlecht ich gehandelt habe, da ich mithalf, eine sowjetische Atombombe zu bauen.
In der Hoffnung, dass es nie wieder zu so einem fürchterlichen Weltbrand kommen würde, haben die Kumpel viel auf sich genommen, sogar die Mühen und Gefahren des Uranerzbergbaues. Das alles erfolgte unter der Tatsache, dass in dieser Zeit nationales und internationales Recht seine Geltung verloren hatte. Sieger und Besiegte hatten gleichermaßen keine Maßstäbe mehr für Gut und Böse.

Eine der neuesten Versionen dieser Machart hat da der Berliner Wirtschaftshistoriker Rainer Karlsch geliefert, der im Auftrage der VW-Stiftung gemeinsam mit seinem tschechischen Kollegen Sbynek Zeman ein Buch über die „Urangeheimnisse" (Chr. Lincks Verlag, Berlin 2002) geschrieben hat.
Darin fasst er seine Erkenntnisse über den Uranerzbergbau (er spricht nur von Uranbergbau) in der sowjetischen Besatzungszone bzw. ehemaligen DDR zusammen und kommt zu grundlegend neuen Erkenntnissen. Die gipfeln darin, dass der Uranerzbergbau nach den Daten, die er vom ehemaligen stellvertretenden Direktor der Behörde für Atomsicherheit der DDR, Professor Schüttmann, übernommen hat, viel gefährlicher war und viel mehr Opfer gefordert hat als die Atombomben der Amerikaner auf Hiroshima und Nagasaki. Dazu führt er eine Tabelle an, deren Zahlen wahrscheinlich stimmen, die aber politisch so verlogen und verbogen sind, dass ich sie in meine Erinnerungen aufnehmen musste.

Lungenkrebsfälle im internationalen Vergleich

Kohorte	Kohortengröße	Zahl der Lungenkrebsfälle
Colorado	3 400	256
CSR/CSSR	4 300	115
Eldorado	6 900	65
Ontario	13 000	87
Überlebende von Hiroshima und Nagasaki	76 000	638
Wismut	400 000	5000

Aus : Karlsch/Zeman „Urangeheimnisse", S. 248, Ch. Links Verlag, Berlin, 2002

„Glückliche" Japaner in Hiroshima und Nagasaki, sie brauchten nicht im sowjetischen Uranbergbau der DDR zu arbeiten und deshalb starben nur ganz wenige von ihnen an Lungenkrebs. Glücklicher Wissenschaftler Karlsch, so spät auf so fundamental neue Erkenntnisse zu kommen. Was sind da 160.000 Opfer der Atombombenabwürfe, was sind da mehr als 200.000 Strahlenopfer in den Jahren bis zur Jahrtausendwende. Ich habe da übrigens eine Frage, die mir der Wissenschaft-

ler bis heute nicht beantwortet hat. Wie sehen diese Zahlen für die ehemaligen Kolonien Südafrika und Belgisch-Kongo aus, die in den dreißiger Jahren des zwanzigsten Jahrhunderts die Hauptlieferanten von Uran für die Radiumgewinnung waren?
Es lohnt sich, hier eine neue Erkenntnis des Historikers Karlsch nachzureichen, die im März 2005 in der Deutschen Verlagsanstalt unter dem Titel „Hitlers Bombe" publiziert wurde und die sich lückenlos in Karlsch Arbeiten über die Wismut einfügt. Man kann sich hier wohl nur der Meinung des Einstein-Biografen Armin Hermann anschließen, der diese Aussagen für einen „totalen Schmarren hält, mit dem sich jemand wichtig machen will" (Spiegel-Online – 03. März 2005).
Mein Fazit von vierzig Jahren Leben, Arbeiten und Lernen im westerzgebirgischen Uranerzbergbau, mit Höhen und Tiefen, ist im Wesentlichen positiv. Dabei möchte ich nicht verhehlen, dass viele meiner Kumpel aller Berufsgruppen weniger Glück hatten als ich. Mir ist bekannt, dass es zahlreiche tragische Schicksale in diesem Industriezweig gegeben hat, mancher unserer Mitstreiter durch Unfälle und Berufskrankheiten frühzeitig seinen Beruf aufgeben musste oder aber viel zu früh starb. Ich hasse das Nichtssagende „Wir werden ihnen ein ehrendes Andenken bewahren". Ich möchte, wenn meine Erinnerungen gelesen werden, ob heute, ob morgen oder aber viel später, dass der Leser dabei vor allem an die Menschen denkt, die als Sonnensucher des zwanzigsten Jahrhunderts vielleicht ein bisschen zur Erhaltung des Friedens in der Zeit eines bitterkalten Krieges beigetragen und dafür mit ihrer Gesundheit oder ihrem Leben bezahlt haben.

Verwendete Literatur und Bilder

Diese Niederschrift ist eine ganz willkürliche Zusammenstellung von meinen Erlebnissen im Uranerzbergbau der ehemaligen DDR. Ich habe dabei auf fremdes Schrift- und Bildmaterial zurückgegriffen, wobei Fehler und „ketzerische" Gedanken grundsätzlich zu meinen Lasten gehen. Um dem Leser die Möglichkeit zu geben, sich noch umfassender zu informieren als das in meinen Unterlagen möglich ist, habe ich versucht, einige weitere Schriftquellen zusammenzustellen:

- *Autorenkollektiv:* Chronik der Wismut, CD-ROM der Wismut GmbH, Chemnitz 1999
- *Catherine Caufield:* Das strahlende Zeitalter, Verlag C.H. Beck, München 1994
- *Autorenkollektiv:* Seilfahrt, Doris Bode Verlag, Haltern 1990
- *Autorenkollektiv:* Technologie Firstenstoßbau, Werkstandard, Bergbaubetrieb Aue, Aue 1986
- *Ralf Mustroph:* Die Bergarbeitersiedllung „Rabenberg" oder die „204"; Uranerz, Kumpel und Begebenheiten aus der „Wismutzeit", Druckerei J.Schmidt, Schwarzenberg 2000
- *Gotthard Bretschneider:* Warum entstand die SAG/SDAG Wismut? Was kostete die Wismut ?, aus: Schriftenreihe der Traditionsstätte des sächsisch-thüringischen Uranbergbaues im Kulturhaus „Aktivst", Bad Schlema, 2000
- *Bochmann/ Lingott:* Von Best- zu Typentechnologien – warum und wie? Tribüne Verlag Berlin, 1968
- *Wismut GmbH:* Unterlagen des Archivs der Wismut GmbH
- *Kaden Karlsch:* Veröffentlichungen in Büchern, Broschüren, Fachzeitschriften

Viele Bilder sind mir freundlicherweise zur Verfügung gestellt worden. Ich möchte mich nochmals dafür bedanken. Nicht benannte Bilder stammen aus meinem Bestand, meinen Veröffentlichungen oder wurden eigens für diese Ausarbeitung angefertigt.

- Museum Uranerzbergbau im Klubhaus „Aktivist", Schlema – 3, 10, 26, 27, 43 bis 46, 50, 52, 53, 89, 92, 109 bis 111, 113, 121
- Archiv Wismut GmbH – 11
- Archiv Herr G. Bretschneider – 13, 14, 31
- Sanierungsbetrieb Aue – 79 bis 81
- Archiv Kaden – 6,7
- Karten: Herr Maaß, ReiseArt Verlagsgruppe GmbH, Weimar – 28, 47, 93
- Wismutlogo: Museum Uranbergbau Bad Schlema – Rücktitel

Impressum

Gesamtherstellung und Verlag:
Druck- und Verlagsgesellschaft Marienberg mbH
Industriestraße 7, 09496 Marienberg
www.buecher-aus-dem-erzgebirge.de

Titelbild: Fördergerüst des Schachtes 38 in Niederschlema

Printed in Germany
2006

ISBN 3-931770-66-4
ISBN 978-3-931770-66-2